四川省社会科学高水平研究团队
"四川青少年思想道德教育创新研究团队"建设计划资助项目研究成果

立德与树人：

青少年社会主义核心价值观培育研究

李群山　唐旭昌　陈建华　吕　冰／著

四川大学出版社

项目策划：梁　平
责任编辑：陈克坚
责任校对：傅　奕
封面设计：墨创文化
责任印制：王　炜

图书在版编目（CIP）数据

　　立德与树人：青少年社会主义核心价值观培育研究 /
李群山等著 . 一 成都 ：四川大学出版社，2020.7（2024.6
重印）
　　ISBN 978-7-5690-3753-1

　　Ⅰ . ①立… Ⅱ . ①李… Ⅲ . ①青少年－思想政治教育
－研究－中国 Ⅳ . ① D432.62

　　中国版本图书馆 CIP 数据核字（2020）第 102383 号

书名　　立德与树人：青少年社会主义核心价值观培育研究

著　者　　李群山　唐旭昌　陈建华　吕　冰
出　版　　四川大学出版社
地　址　　成都市一环路南一段 24 号（610065）
发　行　　四川大学出版社
书　号　　ISBN 978-7-5690-3753-1
印前制作　　四川胜翔数码印务设计有限公司
印　刷　　永清县晔盛亚胶印有限公司
成品尺寸　　170mm×240mm
印　张　　15
字　数　　227 千字
版　次　　2020 年 7 月第 1 版
印　次　　2024 年 6 月第 2 次印刷
定　价　　68.00 元

扫码加入读者圈

◆ 读者邮购本书，请与本社发行科联系。
　　电话：(028)85408408/(028)85401670/
　　(028)86408023　　邮政编码：610065
◆ 本社图书如有印装质量问题，请寄回出版社调换。
◆ 网址：http://press.scu.edu.cn

四川大学出版社
微信公众号

目　录

目
录

目
录

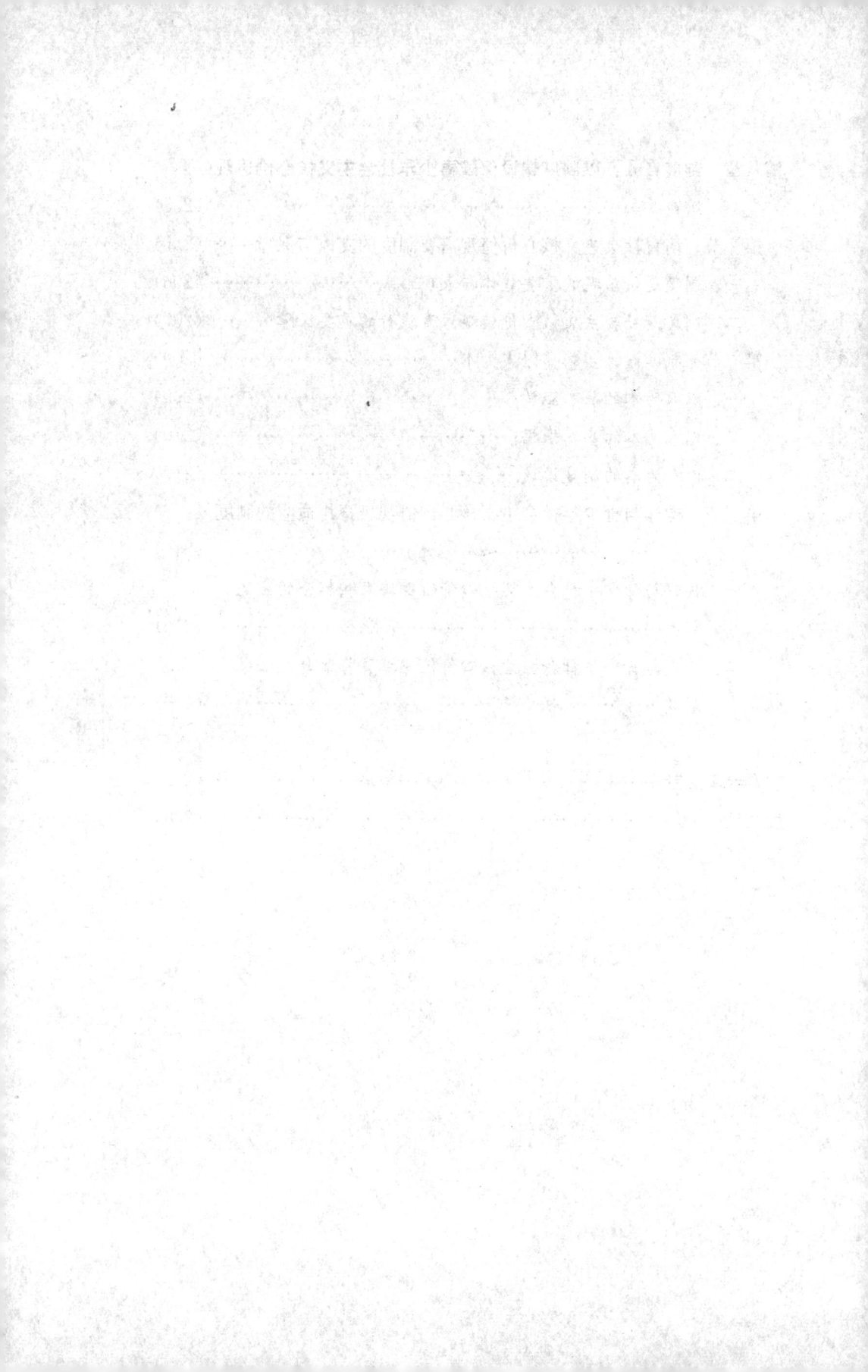

导论　春风化雨　润物无声

　　"国无德不兴，人无德不立。"[①] 高度重视德育工作是中国共产党人的优良传统。新中国成立后，毛泽东同志指出："我们的教育方针，应该使受教育者在德育、智育、体育几方面都得到发展，成为有社会主义觉悟的有文化的劳动者。"[②] 在这里，毛泽东把德育放在了教育的首要地位。改革开放以来，邓小平同志明确提出了社会主义"四有新人"的培育目标，其中之一就是"有道德"。进入 21 世纪，党的十七大报告提出了"坚持育人为本、德育为先"的教育方针。党的十八大报告则强调"把立德树人作为教育的根本任务"。由此可见，"立德树人"是社会主义社会教育的一项根本任务，是党的一项重要教育方针，事关中国特色社会主义合格建设者和可靠接班人的培养，体现了中国特色社会主义的本质与要求。

　　党的十八大以来，以习近平同志为核心的党中央高度重视社会主义核心价值观的培育和践行工作，把培育和弘扬社会主义核心价值观作为凝神聚气、凝心聚力、强基固本的基础工程。习近平总书记多次发表重要讲话，提出了许多新思想、新观点和新要求。那么"培育社会主义核心价值观"与"立德树人"之间究竟是一个什么样的逻辑关系？显然，两者并不是一个简单的并列关系，而是一种包含关系。社会主义核心价值观的提出进一步明确了新时代"德"之内涵、"德"之标准、"德"之

---

① 习近平谈治国理政：第 1 卷 [M]. 北京：外文出版社，2018：168.
② 毛泽东文集：第 7 卷 [M]. 北京：人民出版社，1999：226.

要求，正如习近平同志所指出："核心价值观，其实就是一种德，既是个人的德，也是一种大德，就是国家的德、社会的德。"① 换句话说，把立德树人作为教育的根本任务，在当前就是要高度重视社会主义价值观的培育与践行工作，将社会主义核心价值观融入学校教书育人的全过程，让社会主义核心价值观像空气一样弥散于社会的每个角落，使社会主义核心价值观在中华大地上生根、扎根。一言以蔽之，就是要始终坚持用社会主义核心价值观来引领立德树人工作，把社会主义核心价值观的培育和弘扬作为立德树人的中心工作，把社会主义核心价值观的培育作为当前和今后很长一段时间内的一项重大课题和重要任务。

一、"培育研究"的意义与价值

要讲清楚"青少年社会主义核心价值观培育研究"的意义与价值，需要从以下两个方面展开分析：首先，要从一般意义上讲清楚社会主义核心价值观之于"中华民族"的意义与价值；其次，要讲清楚社会主义核心价值观之于"青少年"的意义与价值。

（一）中华民族的伟大复兴需要社会主义核心价值观的支撑

实现中华民族伟大复兴的"中国梦"，这是近代以来中华民族最伟大的梦想，凝聚了几代中国人的夙愿。鸦片战争以来，由于帝国主义的入侵，山河破碎，中华民族陷入亡国灭种的危难之中。帝国主义、封建主义和官僚资本主义的压迫使中国民不聊生，中国人民生活在水深火热之中。正如习近平同志所指出，近代以来中华民族所遭受的苦难在世界历史上都是极其罕见的。为救民族于危难，拯黎民于水火，无数仁人志士抛头颅、洒热血，积极探索救国救民的真理，不同阶级代表纷纷提出自己的救国主张，开出自己的救国药方。然而，历史证明无论是洋务运动、戊戌变法，还是辛亥革命、新文化运动，最终都没有从根本上改变

---

① 习近平谈治国理政：第1卷［M］．北京：外文出版社，2018：168.

中国的处境与命运。五四运动以来，中国共产党领导中国人民以马克思主义为指导，将马克思主义基本原理与中国革命的具体实际相结合，最终寻找到一条救国救民的革命道路，推翻了三座大山，建立了新中国。新中国成立后，特别是改革开放以来，中国共产党人进一步将马克思主义基本原理与中国建设实际相结合，成功开辟了一条中国特色的社会主义建设道路，中华民族犹如插上了一双飞向复兴的强劲翅膀，在民族复兴道路上振翅高飞、展翅飞翔。鸦片战争以来的百年屈辱史和抗争史表明：实现中华民族的伟大复兴需要马克思主义先进思想理论的指导，需要中华民族文化的强力支撑。它们不仅给予我们以科学的指引，还给予我们精神的力量和民族的凝聚力。

实现中华民族的伟大复兴，是一项长期而艰巨的事业，需要一代又一代中国人不断接力，需要每一个中国人付出艰辛努力。随着中国特色社会主义事业的向前推行，尽管我们离中华民族伟大复兴的目标越来越近，但我们面临的困难也越来越大，遇到的难题也将越来越多，肩负的挑战前所未有。好吃的肉已经吃完，剩下的都是硬骨头。在这种情况下就更加需要全体中国人民齐心协力、攻坚克难。特别是随着改革的深入推进，必将触及深层次的利益关系，这种利益格局的深层次调整最后必然会反映到思想文化领域，带来价值观念的新变化。而随着对外开放的扩大，加之经济全球化与互联网时代的到来，西方资产阶级文化与价值观念依靠资本力量，借助互联网技术直达中国的城市与乡村，给国人的文化与价值观念带来巨大冲击。在文化与价值观念逐渐多元化的今天，我们迫切需要一种主流价值观来引领社会健康发展，否则我们将会陷入价值迷失的深渊之中。价值迷失又将引发道德失范、社会失序。何其危险！如果这样，何谈民族复兴？

那么，社会主义核心价值观在民族复兴当中主要发挥什么作用？这里重点阐述以下两个方面的作用。首先，培育社会主义核心价值观有利于坚持和发展中国特色社会主义，确保民族复兴的社会主义发展方向。社会主义核心价值观与资本主义核心价值观有着本质的区别，社会主义

春风化雨　润物无声

核心价值观是社会主义经济基础与政治法律制度在思想文化上的反映和要求，而资本主义核心价值观是为维护资产阶级根本利益和政治统治服务的。社会主义核心价值观旗帜鲜明地高举社会主义的旗帜，坚持走中国特色社会主义道路，体现了中国文化的根本性质与发展方向，从而确保了民族复兴的社会主义发展方向。其次，培育社会主义核心价值观有利于凝心聚力、凝神聚气，为民族复兴提供强大的"文化软实力"支撑。文化的灵魂与核心是价值观，不同文化之间最根本的冲突是价值观念的冲突，一个民族的凝聚力最集中地体现在价值观的认同上。价值观的背后总是承载着一个民族与国家的精神追求，"体现着一个社会评判是非曲直的价值标准"①。它告诉我们什么该做，什么不该做；什么应受到社会赞扬，什么应受到社会谴责。一个社会有了共同的价值目标、价值追求、价值标准，就必然会在行动上形成强大的合力。反之，一个国家与社会如果没有共同的价值观，就会出现魂无定所、行无依归、莫衷一是。② 如是，不仅无合力可言，反而会出现各种矛盾与冲突，甚至有可能四分五裂。所以，习近平指出："培育和弘扬核心价值观，有效整合社会意识，是社会系统得以正常运转、社会秩序得以有效维护的重要途径，也是国家治理体系和治理能力的重要方面。"③"构建具有强大感召力的核心价值观，关系社会和谐稳定，关系国家长治久安。"④

综上所述，国无德不兴，实现中华民族伟大复兴"中国梦"需要文化与价值的支撑，这就决定了我们必须深入研究社会主义核心价值观的培育问题，使社会主义核心价值观在中华大地生根发芽、开花结果，为民族复兴提供强大的文化与精神上的支撑力量。

（二）青少年的健康成长与发展离不开社会主义核心价值观的滋养

青少年是祖国的未来、民族的希望，在中国革命和建设历史上发挥

---

① 习近平谈治国理政：第 1 卷 ［M］. 北京：外文出版社，2018：168.
② 习近平谈治国理政：第 1 卷 ［M］. 北京：外文出版社，2018：168.
③ 习近平谈治国理政：第 1 卷 ［M］. 北京：外文出版社，2018：163.
④ 习近平谈治国理政：第 1 卷 ［M］. 北京：外文出版社，2018：163.

了重要的作用。早在 1900 年，梁启超先生在民族危机深重，国人民族自尊心、自信心倍受打击的背景下写下了著名的《少年中国说》。他大力讴歌少年的朝气蓬勃，呼唤出现一个"少年中国"，以振奋民心，增强民族自尊心和自信心。"少年智则国智，少年富则国富，少年强则国强，少年独立则国独立，少年自由则国自由，少年进步则国进步，少年胜于欧洲则国胜于欧洲，少年雄于地球则国雄于地球。"这一段慷慨激昂的文字，不断地点燃着青少年的爱国主义激情与热情，唤醒了无数青少年的民族责任意识与担当精神。1919 年 5 月 4 日爆发的五四运动就是一次以青年学生为主体的彻底的反帝反封建的爱国主义运动，标志着中国新民主主义革命的开端。青年学生在五四运动中发挥了重要的先锋作用，五四青年节也由此而来。在中国革命史上，无数老一辈无产阶级革命家都是从青少年时代就开始投身于中国革命事业，很多人后来成长为中国革命事业的领导者和中坚力量，也有很多人为中国革命事业付出了年轻的生命。在社会主义建设时期，青年一代奋战在社会主义建设的各行各业，他们往往有知识、有道德、有理想、有追求，在社会主义建设事业的各条战线上发挥着生力军的作用，他们中涌现出了许许多多的优秀青年代表，在社会主义建设的胜利史上写下了属于青年的光辉一页。

中国共产党始终站在国家和民族长远发展的战略高度重视和关心着青少年的成长与发展，并对青少年寄予了厚望。毛泽东同志曾经将青年比喻成"早晨八九点钟的太阳"，认为青年人朝气蓬勃，是最积极最有生气的力量，强调世界归根结底属于青年一代，希望寄托于青年一代。邓小平同志也指出："青年一代的成长，正是我们事业必定要兴旺发达的希望所在。"[①] 江泽民同志认为："青年是社会中最富有活力的部分，是我们事业的希望。二十一世纪是你们的世纪。中国社会主义现代化建

① 邓小平文选：第 2 卷［M］．北京：人民出版社，1994：95．

设的重任，历史地落在你们的肩上。"① 胡锦涛同志强调："代表广大青年，赢得广大青年，依靠广大青年，是中国共产党不断从胜利走向胜利的重要保证。"② 新时代，习近平同志从实现中华民族伟大复兴中国梦的角度寄语广大青年："青年一代有理想、有本领、有担当，国家就有前途，民族就有希望。"③ 总之，青少年的成长与发展事关中国特色社会主义事业的发展，事关国家前途，事关民族命运。

如前所述，在青少年的成长与发展过程中，一方面，我们特别强调要为社会主义现代化建设培养德、智、体、美、劳全面发展的青年一代，诚如有人所指出的：德育不好是危险品，智育不好是次品，体育不好是残品，美育不好是副品，劳动不好是样品。另一方面，我们在强调全面发展的同时，又要始终坚持育人为本、德育为先的原则，把立德树人作为教育的根本任务，用社会主义核心价值观引领立德树人工作。2014 年，习近平同志在上海考察时指出，培育和践行社会主义核心价值观要抓住四类重点人群，其中之一就是青少年群体。青少年之所以是社会主义核心价值观培育和践行的重点人群之一，主要是由青少年自身的特点决定的。习近平同志指出，"青年的价值取向决定了未来整个社会的价值取向，而青年又处在价值观形成和确立的时期，抓好这一时期的价值观养成十分重要。"④ 处在价值观形成和确立时期的青少年往往容易受到内外各种因素的影响，受到各种思潮的干扰，从而呈现出多种发展的可能性，在这种情况下对他们进行正确的引导，防止他们偏离社会主义核心价值观发展轨道，尤为重要和关键。所以，习近平同志把它形象地比喻为"穿衣服、扣扣子"，如果第一个扣子扣错了，后面的扣子都会扣错，人生的扣子从一开始就要扣好。

综上所述，人无德不立，青少年的健康成长与发展离不开道德的滋

---

① 江泽民文选：第 1 卷 [M]. 北京：人民出版社，2006：132-133.
② 胡锦涛文选：第 3 卷 [M]. 北京：人民出版社，2016：591.
③ 习近平. 决胜全面建成小康社会 夺取新时代中国特色社会主义伟大胜利——在中国共产党第十九次全国代表大会上的报告 [M]. 北京：人民出版社，2017：70.
④ 习近平谈治国理政：第 1 卷 [M]. 北京：外文出版社，2018：172.

养，这就决定了我们必须重点研究社会主义核心价值观在青少年人群中的培育问题，从而促进青少年在人生的关键时期树立正确的价值观。

二、"培育研究"的现状与特点

与"社会主义核心价值观研究"相比，"社会主义核心价值观培育研究"的研究范围相对较小，前者还包括"是什么"的追问，而这一问题恰好也是学术界曾经争论不止的热点与焦点问题，不同的学者针对社会主义核心价值观"是什么"的问题作出了多种不同的提炼与概括。然而，本书并不是要探讨"是什么"的问题，而是要聚焦于"怎么做"的问题，即探讨社会主义核心价值观培育的问题。因此，我们的综述主要是围绕社会主义核心价值观的培育问题展开，重点是青少年社会主义核心价值观的培育问题。

(一)"培育研究"的历程

社会主义核心价值观培育方面的研究成果可以说已经非常丰硕，涉及的方面十分广泛。因此，我们需要一个宽广的视野来全面了解该问题的总体性研究动态，而非陷入个别性问题的深挖之中。为此，我们试图借助数据说话，通过数据分析呈现该问题的研究发展历程及其总体走向情况。①

1. 党的十八大召开前社会主义核心价值体系培育（教育）研究

2006 年 10 月召开的党的十六届六中全会第一次明确提出了"建设社会主义核心价值体系"的重大命题和战略任务。自社会主义核心价值体系提出以来，关于社会主义核心价值体系的建设与教育问题成为学术界关注的热点。理论界除了出版一些学习读本、通俗读物外，如《社会主义核心价值体系教育读本》（2007）、《图说社会主义核心价值体系》（2011）、《社会主义核心价值体系青少年学习读本》（2012）等，还出版了一批社会主义核心价值体系教育方面的研究著作。其中，有一部分是

---

① 本章所涉及的检索统计数据，检索时间为 2020 年 4 月 22 日。

春风化雨　润物无声

从共性角度或一般性角度探讨社会主义核心价值体系的教育问题，如周中之等著的《社会主义核心价值体系教育探索》（2007）、张未知等著的《社会主义核心价值体系教育研究》（2007）、邹宏秋著的《社会主义核心价值体系教育论纲》（2008）、董朝霞著的《社会主义核心价值体系大众化教育研究》（2011）、田海舰著的《社会主义核心价值体系培育纲要》（2012）等。另外，还有很大一部分研究著作主要聚焦于大学生的社会主义核心价值体系教育问题，如陈志军著的《社会主义核心价值体系融入大学生思想政治教育全过程研究》（2009）、王宏等著的《信仰的力量——当代大学生社会主义核心价值体系融入论》（2010）、杨晓慧著的《社会主义核心价值体系融入大学生思想政治教育全过程的基本问题研究》（2011）、宇文利等著的《高校社会主义核心价值体系教育全程化研究》（2011），等等。另据中国知网中国学术期刊全文数据总库期刊论文检索情况来看，2007—2012年间，涉及社会主义核心价值体系教育方面的研究论文有 1343 篇，涉及社会主义核心价值体系培育方面的论文有 54 篇。

从党的十六届六中全会到党的十八大召开之前，学术界在集中力量研究社会主义核心价值体系的同时，也围绕着社会主义核心价值观的概括和提炼问题展开了激烈的争论，周顺源主编的《社会主义核心价值观征文概述语选集》（2012）就集结了一些代表性的观点。尽管社会主义核心价值观的概括与提炼方面还存在一些争论，社会主义核心价值观及其内容尚未在党的文件中被正式提出，但这一时期已有部分学者开始探讨社会主义核心价值观的教育或培育问题①。成果形式主要体现为研究论文，相关研究著作几乎没有。

2. 党的十八大以来社会主义核心价值观培育（教育）研究

2012 年，党的十八大报告第一次提出了以"三个倡导"为主要内

---

① 党的十七大召开前，社会主义核心价值观及其教育方面的研究成果基本处于空白状态。据中国知网数据库检索显示，《科学社会主义》2005 年第 2 期刊发的《构建中国特色社会主义核心价值观——访李忠杰教授》一文最早提及"社会主义核心价值观"概念。

容的社会主义核心价值观。学术界随之也逐渐将研究的重点从"社会主义核心价值体系教育或培育研究"转向"社会主义核心价值观教育或培育研究",这可以从中国知网中国学术期刊全文数据总库期刊论文刊发情况得到佐证(见图0-1)。

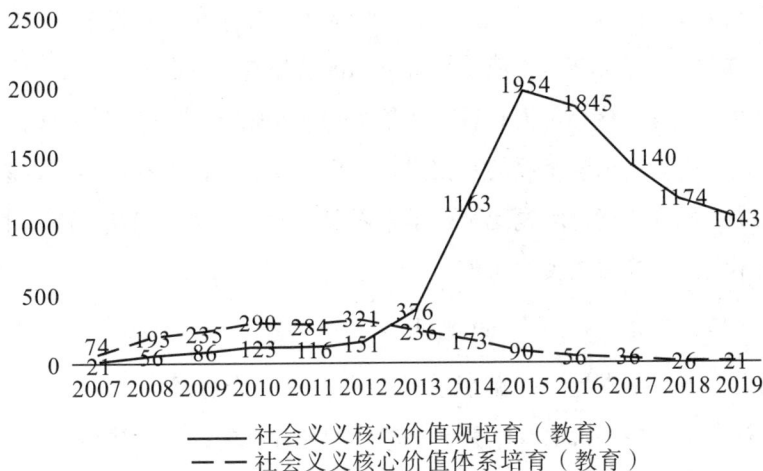

图 0-1　社会主义核心价值观与价值体系培育(教育)研究走向对比

社会主义核心价值观提出后,虽然社会主义核心价值观的概括与提炼问题的争论没有停歇,但社会主义核心价值观的培育与践行问题毫无疑问地成为一个重大现实课题。正如图0-1所显示,近年来学术界对于这一问题的研究不断升温,在2014年度中国十大学术热点评选中,"社会主义核心价值观的培育和践行"位居十大热点之首。仅2015年,学术界发表论文的数量就高达1954篇,可以说是达到了一个顶峰。此后,该问题仍然是学术界的一个研究热点,但研究热度有所下降。2019年度,学术界发文数量已经降至1043篇。

在中国知网中国学术期刊全文数据总库期刊论文中,以"社会主义核心价值观"加"教育"或"培育"作为论文题目的关键词进行检索,我们发现,2007—2019这13年间一共检索出9548篇论文,其中以

春风化雨　润物无声

"社会主义核心价值观"加"教育"作为题目关键词的论文共计4731篇，以"社会主义核心价值观"加"培育"作为题目关键词的论文合计4817篇。

在著作方面，在中国国家图书馆馆藏目录中以"社会主义核心价值观"为题进行检索，可以找到相关出版著作1000多部（含学习读本、科普读物）。其中，涉及社会主义核心价值观教育方面的著作有200余部，涉及社会主义核心价值观培育方面的著作有230余部，而专门探讨大学生社会主义核心价值观教育或培育的著作则有160余部。对以上论文发表和论著的出版情况的数据进行分析，我们可以发现社会主义核心价值观的教育或培育问题无疑是学术界研究的一个热点问题，而其中尤以青年大学生为重点关注对象。

（二）"培育研究"的现状

近年来，学术界主要围绕着社会主义核心价值观培育的意义与价值、社会主义核心价值观培育面临的难题与存在的问题、社会主义核心价值观培育的基本规律等方面展开了深入研究，取得了非常丰富的研究成果。

1. 关于社会主义核心价值观培育的意义与价值

社会主义核心价值观培育的意义与价值主要回答的是为什么要培育的问题，这里存在一个认识是否到位以及认识是否深刻的问题。学术界主要以习近平总书记系列重要讲话精神为指导，紧紧抓住社会主义核心价值观的功能与特点，从不同的层面与角度分析了培育社会主义核心价值观的重要意义与价值。首先，从总体上而言，社会主义核心价值观的培育关系到国家的富强和民族的复兴。培育和弘扬社会主义核心价值观是一项凝魂聚气、强基固本的基础工程和战略工程，是坚持和发展中国特色社会主义，实现"两个一百年"奋斗目标和中华民族伟大复兴中国梦的重要价值支撑。例如，韩振峰就特别强调了社会主义核心价值观的"社会主义"属性，认为社会主义核心价值观是发展中国特色社会主义和实现中华民族伟大复兴中国梦的价值引领①。其次，社会主义核心价值观的培育意义还体现在许多具体领域和方面，如推进深化改革、促进社会和谐、提升文化软实力、实现国家治理现代化等各个方面。吴潜涛认为，培育社会主义核心价值观是推进"四个全面"的要求，培育和践行社会主义核心价值观是实现全面建成小康社会宏伟目标的内在要求，是全面推进依法治国、建设社会主义法治国家的根本要求，是全面深化改革、实现国家治理体系和治理能力现代化的题中应有之义，是全面推进依法治国、建设社会主义法治国家的根本要求②。沈壮海认为，社会主义核心价值观是民族和国家共同的思想道德基础，是国家发展最持久最深沉的力量，是文化软实力的灵魂、文化软实力建设的重点，以及国家治理现代化的内在要求③。郭建宁也认为，社会主义核心价值观是增强民族凝聚力和向心力的纽带，推进全面深化改革的强大正能量，社会和谐的价值支撑，国家文化软实力的内核④。李建华认为，培育和践行社会主义核心价值观是推进中国特色社会主义事业的内在要求，为实现中国梦凝聚正能量，是提升国家文化软实力的需要，有利于提高全体社会成员的思想道德水平⑤。此外，还有很多学者专门从青少年的重要地位与特点出发，分析了社会主义核心价值观培育之于青少年的意义与价值⑥。

2. 关于社会主义核心价值观培育面临的难题与存在的问题

社会主义核心价值观培育已成为时代课题。然而，社会主义核心价

---

① 韩振峰. 社会主义核心价值观体现社会主义的本质要求 [N]. 光明日报，2015-05-07 (16).
② 吴潜涛. 培育和践行社会主义核心价值观重要意义的几点思考 [J]. 思想教育研究，2015 (2).
③ 沈壮海，段立国. 习近平社会主义核心价值观战略思想研究 [J]. 东岳论丛，2017 (6).
④ 郭建宁. 充分认识培育和践行社会主义核心价值观的重大意义 [N]. 人民日报，2013-12-30 (12).
⑤ 李建华，夏建文，等. 立德树人之道：大学生社会主义核心价值观的培育与践行研究 [M]. 北京：人民出版社，2015：16-23.
⑥ 黄蓉生，崔健. 社会主义核心价值观之于青年的战略意义——学习习近平总书记"青年要自觉践行社会主义核心价值观"讲话体会 [J]. 思想理论教育，2016 (9).

值观的培育任重道远，面临诸多挑战。学术界认为，这些挑战主要来自国际与国内两个方面。来自国际方面的挑战主要表现为世界范围内思想文化的交流交融交锋，各种西方思潮纷纷涌入中国，"西方敌对势力乘机加紧对我国实施价值观渗透演变战略"①。国内方面主要表现为深化改革过程中引发的利益格局的深刻调整所带来的价值观的深刻变化，以及市场经济时代价值观念呈现出的多元化特点，"文化的多元化为价值认同带来困境与藩篱"②。与价值多元化相伴的还有价值相对主义和价值虚无主义。曾建平认为，"普世价值"的流行与渗透，价值观上的主观主义、相对主义和虚无主义是社会主义核心价值观的两大挑战③。杨兴林认为："当下，社会主义核心价值观大众认同面临市场经济负效应、社会发展不公、思想文化多元交织、理想信念价值观传播的立足点飘移等严峻挑战。"④ 此外，社会主义核心价值观培育的挑战还来自新媒体。新媒体具有去中心化、碎片化、隐匿性等特点，对社会主义核心价值观的培育形成巨大挑战。青少年由于处在价值观形成的关键时期，缺乏明辨是非的能力，特别容易受到各种错误价值观的干扰和影响，加之青少年又是国内外各种势力争夺的重点对象，因此青少年社会主义核心价值观的培育面临着很大的挑战。自社会主义核心价值观提出后，很多研究者还通过实证调研的方式了解了当前社会成员对于社会主义核心价值观的知晓、认知、认同和践行情况。调查数据表明：社会成员对于社会主义核心价值观的知晓度越来越高，但也存在"知而不信、知而不行"的知行分离现象，这成为当前加强社会主义核心价值观培育亟须突破的难

---

① 吴潜涛. 培育和践行社会主义核心价值观重要意义的几点思考 [J]. 思想教育研究，2015（2）.

② 陶蕾韬. 多元文化发展中社会主义核心价值观认同的困境与应对 [J]. 求索，2016（6）.

③ 曾建平，邹平林. 社会主义核心价值观的当代挑战 [J]. 江西师范大学学报（哲学社会科学版），2013（5）.

④ 杨兴林. 社会主义核心价值观大众认同的内涵、挑战与抉择 [J]. 中共浙江省委党校学报，2015（2）.

题①。学者们还对社会主义核心价值观培育实践进行了总结，对社会主义核心价值观培育的实效性进行了反思。有学者认为，二十四字社会主义核心价值观还不够简化、易记。也有学者提出，当前社会主义核心价值观培育过程中主要存在着形式化、片面化和简单化问题②。例如，在学校教育中重课堂教育，轻其他培育途径和形式；在社会教育中重口号宣传，轻融入生活。这些情况与问题将直接影响到社会主义核心价值观培育的实效性。

3. 关于社会主义核心价值观培育的规律探寻

如果说社会主义核心价值观培育的意义与价值回答的是为什么要培育的问题，那么社会主义核心价值观培育的规律探索则主要解决怎么培育的问题。"为什么要培育"只是一个涉及深化认识的问题，"怎么培育"才是现实当中需要不断探索的课题，是学术界研究的重点，也是当前研究的一个难点。学术界主要通过以下一些路径展开研究：从实践中提炼做法，从理论中寻找依据，从历史上归纳经验，从国际上获取借鉴。代表作有田海舰的《培育和践行社会主义核心价值观多维研究》（2015）、高地的《中国共产党社会主义核心价值观教育研究》（2013）、邱国勇的《社会主义核心价值观教育研究》（2014）、温小勇的《培育社会主义核心价值观的民生视野》（2016）等。社会主义核心价值观培育的规律主要体现在培育的原则、培育的路径、培育的机制、培育的载体等方面，学者们围绕这些方面进行了重点研究与探索。

第一，社会主义核心价值观培育的基本原则。社会主义核心价值观培育过程中应该遵循一些基本的原则或一般性的方法，学者们对此进行了总结和归纳。李建华认为，社会主义核心价值观培育与践行应遵循人本性与政治性相统一原则、主导性与包容性相统一原则、整体性与层次

春风化雨　润物无声

---

① 王淑芹，刘畅. 我国核心价值观培育成效的反思与超越［J］. 马克思主义研究，2007（2）.
② 金伟，李宗良. 十八大以来社会主义核心价值观培育研究综述［J］. 思想理论教育导刊，2015（11）.

性相统一原则、继承性与创新性相统一原则①。陈剑认为，社会主义核心价值观的培育是一个系统工程，需要系统推进，必须遵循以下原则：把握规律、抓住重点、搞好结合②。陆铭、朱振林把大学生社会主义核心价值观教育的原则概括为以人为本、突出重点、联系实际、不断创新③。还有研究者从知、情、意三者相统一角度强调培育社会主义核心价值观应该在认知层面晓之以理，注重理论穿透力；在情感层面要动之以情，体现情感亲和力；意志层面要立之以志，突出内在涵化力④。石中英认为价值观教育有自身特点，中小学开展社会主义核心价值观教育应当遵循价值观教育的规律，遵循青少年身心发展和价值观学习的特点。具体来说，应该坚持整体性原则、行动性原则、层次性原则、协同性原则⑤。由于不同的学者研究的视角以及文字表述上的不同，因此概括出来的原则往往存在一定差异，其中科学性原则、人本性原则、分层分类原则、整体性原则、方向性原则、开放性原则、实践性原则等原则是大家比较认同的一些基本原则。

第二，社会主义核心价值观培育的主要路径或途径。所谓路径、途径就是要实现或达到某一目标所经由的路线、道路、路子。培育社会主义核心价值观有多种路径或途径可走，不同路径或途径各有其效果，需要综合运用各种路径或途径，而不能走单一化路子。袁银传等认为，培育和践行社会主义核心价值观的基本路径主要有：融入国民教育全过程，增进对社会主义核心价值观的认同；寓于社会治理，强化社会主义核心价值观的制度保障；立足实际生活，增强社会主义核心价值观的实

---

① 李建华，夏建文，等. 立德树人之道：大学生社会主义核心价值观的培育与践行研究［M］. 北京：人民出版社，2015：26—35.
② 陈剑. 略论社会主义核心价值观的培育［J］. 探索，2016（5）.
③ 陆铭，朱振林. 大学生社会主义核心价值观教育论略［J］. 思想理论教育导刊，2014（8）.
④ 许海. 培育践行社会主义核心价值观的方法论探析［J］. 前线，2014（9）.
⑤ 石中英. 中小学校开展社会主义核心价值观教育的基本原则［J］. 人民教育，2014（17）.

践养成①。徐海荣则提出了"五化"路径，即加强宣传教育促内化、注重融入贯穿促转化、推动实践养成促优化、抓好氛围营造促强化、健全长效机制促固化②。综合以上学者的观点，社会主义核心价值观培育主要包括以下路径选择：生活路径、文化路径、实践路径、教育宣传路径、制度路径、管理或治理路径等。很多学者还专门研究了学校社会主义核心价值观培育的路径。石中英对中小学校开展社会主义核心价值观教育的四个途径，即课程育人、实践育人、文化育人、管理育人进行了深入的分析③。陈延斌认为，高校必须通过理念引领、课堂灌输、社会实践习练、校园文化濡染、管理工作浸润和现代传播手段立体渗透等路径，凝成全过程、全方位、多维度教育合力④。李青认为："高等院校有必要立足青年学生的思想实际，加强宣传教育，通过理论引导、实践锻炼、典型带动、制度保障等路径，培育青年学生真正树立社会主义核心价值观。"⑤ 杜晶波、张慧欣合著的《大学生社会主义核心价值观培育路径研究》(2014)，从高校思想政治理论课、大学生日常思想政治教育、校园文化建设、网络载体建设、社会实践创新和大学生法律信仰培植六个向度，对大学生社会主义核心价值观培育路径进行了研究。

第三，社会主义核心价值观培育的内在机制。社会主义核心价值观培育是一个长期的、系统的复杂工程，必然涉及各种关系和问题，这就需要建立和健全各种机制，从而使社会主义核心价值观的培育能够实现常态化和长效化。例如，社会主义核心价值观培育涉及家庭、学校、社会三方关系，要确保三个领域的教育保持一致性，涉及小学、中学、大学三个阶段，要确保三个阶段教育保持衔接性，否则其效果将大打折

---

① 袁银传，田亚. 培育和践行社会主义核心价值观的基本路径 [J]. 思想理论教育，2014 (10).
② 徐海荣. 积极培育和践行社会主义核心价值观的路径 [J]. 红旗文稿，2013 (7).
③ 石中英. 中小学校开展社会主义核心价值观教育的基本途径 [J]. 人民教育，2014 (18).
④ 陈延斌. 高校要坚持不懈培育和弘扬社会主义核心价值观 [J]. 马克思主义与现实，2017 (3).
⑤ 李青. 青年学生社会主义核心价值观的认同问题和路径培养探析 [J]. 宁夏社会科学，2011 (6).

导论

春风化雨　润物无声

扣，这就需要建立社会主义核心价值观培育的协调联动机制。再如，社会主义核心价值观培育不能只停留于说教宣传上，更要实实在在地体现在现实生活中利益关系的分配与调节上，让大众在现实生活中真实地感受到社会主义核心价值观的存在，这就需要建立社会主义核心价值观培育的利益分配与调节机制。陆树程、杨倩认为，培育和践行社会主义核心价值观的内在机制主要包括理性认同、情感认同、利益调节、自律转化、制度制衡、榜样示范等社会主义核心价值观认同机制以及社会主义核心价值观培育与践行双向互动机制[①]。此外，学者们还提出了社会主义核心价值观培育的心理认同接受机制、文化认同机制、教育宣传机制、制度保障机制（社会激励与约束机制、考评机制、奖惩机制）等机制。针对高校大学生社会主义核心价值观的培育机制问题，学者们也作了许多分析和探索。李建华提出大学生涵养社会主义核心价值观需要建构十大机制：宣传引导机制、家教协同机制、课堂教育机制、教师示范机制、典型感化机制、文化陶冶机制、社会实践机制、情感认同机制、行为自律机制、制度保障机制[②]。

第四，社会主义核心价值观培育的重要载体。培育社会主义核心价值观还需要借助各种载体，学术界主要提出了物质载体、文化载体、传媒载体、活动载体等几类载体。研究者重点关注了场馆建设、红色文化资源挖掘与开发、各种新媒体以及各类活动在核心价值观培育中的重要作用及其实现途径。孙昌增和崔忠江的《当代青年社会主义核心价值观培育与志愿服务》（2015）、梁绿琦的《志愿服务与大学生社会主义核心价值观培育研究》（2016）、陆桂英的《志愿服务与青少年社会主义核心价值观培育》（2016）都探讨了志愿服务精神与社会主义核心价值观的内在契合性，以及志愿服务活动在培育青少年核心价值观中的重要作用

---

① 陆树程，杨倩. 论培育和践行社会主义核心价值观的内在机制［J］. 毛泽东邓小平理论研究，2014（8）.

② 李建华. 大学生涵养社会主义核心价值观的十大机制［N］. 光明日报，2014−12−31（13）.

及其实现方式。郑洁的《网络媒体传播社会主义核心价值观研究》（2012）、郑爱龙的《网络社会与社会主义核心价值观认同》（2016）、郑萌萌的《基于新媒体的社会主义核心价值观传播研究》（2016）、龙丽达的《新媒体时代高校思想政治教育与社会主义核心价值观培育》（2016）等都从传播媒体特别是新媒体（如微信、微博等）的角度探讨了核心价值观的培育问题。此外，学者关注比较多的还有挖掘和开发中国优秀传统文化资源、红色文化资源，利用这些文化载体以促进核心价值观培育。

（三）"培育研究"的特点

通过对国内学术界关于社会主义核心价值观培育研究情况的梳理，我们发现有以下两个方面的突出特点。

1. 主要聚焦于大学生，尚未彰显出青少年的群体性特征

如前所述，在中国知网中国学术期刊全文数据总库期刊论文中，以"社会主义核心价值观"加"培育"或"教育"为题目关键词进行检索，在 2007—2019 年 13 年间一共检索出 9548 篇论文，其中研究大学生社会主义核心价值观培育或教育的论文数量达到 3759 篇，而以青少年为研究对象的论文只有百余篇。我们以"社会主义核心价值观"加"培育"或"教育"为题名，检索出核心期刊论文 1494 篇，通过中国知网计量可视化分析也发现，在这个关键词共现网络结构图中，仅次于"社会主义核心价值观"这个中心圆的是"大学生"。通过中国国家图书馆馆藏目录检索，2007—2019 年 13 年间出版的社会主义核心价值观培育或教育方面的著作有 400 余部，而专门研究大学生社会主义核心价值观培育或教育的著作就有 160 余部，同样专门以青少年为研究对象的著作则不到 10 部。另外，涉及中小学社会主义核心价值观培育或教育的著作有 10 余部，主要为非学术研究类著作，多属实践操作性和实践案例类编著。总之，目前关于大学生社会主义核心价值观的培育或教育的研究成果比较多，关于中小学校以及社会青年社会主义核心价值观的培育或教育研究成果还十分欠缺。

春风化雨　润物无声

2. "教育" 与 "培育" 并存，没有凸显出培育的本质特征

中国知网中国学术期刊全文数据总库期刊论文检索结果显示：2007—2019 年 13 年间一共刊发主题为社会主义核心价值观教育方面的论文 4731 篇，刊发主题为社会主义核心价值观培育方面的论文 4817 篇。中国国家图书馆检索结果显示：2007—2019 年 13 年间出版的涉及社会主义核心价值观教育方面的研究性著作有 200 部，涉及社会主义核心价值观培育方面的著作有 230 部。由此我们可以看出，当前学术界在研究社会主义核心价值观时存在 "教育" 与 "培育" 并存甚至并重情况，然而两者显然不能简单地等同。那么，社会主义核心价值观教育与社会主义核心价值观培育有什么区别？它们各自的本质规定性体现在哪里？目前，学术界似乎并没有自觉地进行这种区分和界定，很多研究成果甚至将两者相混同。例如，在高校中，有些人使用的是大学生社会主义核心价值观教育的提法，有些人使用的是大学生社会主义核心价值观培育的提法，但在具体论述、论证时两者往往没有多大区分度。应该说社会主义核心价值观教育与培育既有区别又有联系，我们不能用教育取代培育，从而消解了培育的丰富内涵，导致社会主义核心价值观培育路径单一化。

三、"培育研究" 的思路与方法

（一）研究思路

习近平同志在谈到如何培育和践行社会主义核心价值观时强调，要切实把社会主义核心价值观贯穿于社会生活方方面面，使之像空气一样无处不在、无时不有，成为百姓日用而不觉的行为准则。要发挥政策导向作用，使经济、政治、文化、社会等方方面面的政策都有利于社会主义核心价值观的培育。要用法律来推动核心价值观建设。各种社会管理要承担起倡导社会主义核心价值观的责任，注重在日常管理中体现价值导向，使符合核心价值观的行为得到鼓励、违背核心价值观的行为受到制约。要通过教育引导、舆论宣传、文化熏陶、实践养成、制度保障等

使社会主义核心价值观内化为人们的精神追求，外化为人们的自觉行动①。习近平同志关于培育和践行社会主义核心价值观的讲话精神为我们提供了实践指南，也为我们的研究开阔了视野，提供了方向。本书正是以习近平同志系列重要讲话精神以及中共中央办公厅印发的《关于培育和践行社会主义核心价值观的意见》为指引，以当前学术界研究成果为借鉴，以目前学术界研究薄弱点为突破口展开研究。

本书抓住青少年这个特殊群体，在历史梳理与实证调研基础上，从教育与培育的差别入手，抓住培育的"潜移默化、润物无声"以及生成性、宏观性等特点，遵循青少年成长与发展规律以及价值观的形成与发展规律，分别从文化育人、制度育人、榜样育人、实践育人四个方面深入探究青少年社会主义核心价值观培育的措施、方式、方法。全书主要由四个研究板块组成：历史研究、实证研究、一般原则研究、具体路径研究。首先，从历史维度梳理新中国成立以来社会主义核心价值观培育的历史，从历史当中汲取培育经验。其次，通过实证调查了解当前青少年对于社会主义核心价值观的认知度、认同度和践行度，分析青少年价值观与社会主义核心价值观要求之间的距离，了解当前社会主义核心价值观在青少年中培育的现状与问题，以便为我们的研究提供实证材料。最后，从一般原则性层面探讨社会主义核心价值观培育的原则与机制，在此基础上重点从四条培育路径展开深入研究，充分彰显出培育的"育人"特点。

（二）研究方法

在研究方法上，本课题主要采取了以下研究方法：第一，文本与文献研究方法。主要通过阅读毛泽东、邓小平、江泽民、胡锦涛、习近平等历代党和国家领导人相关论述的文本以及中国共产党相关历史文献，寻找研究的理论依据，总结历史经验。第二，问卷调查法与访谈法。以青少年群体为调查对象（涵盖了中学生、大学生、社会青少年），通过

春风化雨　润物无声

---

① 习近平谈治国理政：第 1 卷 ［M］. 北京：外文出版社，2018：163-165.

发放问卷、举办座谈会、进行个体访谈等方式了解青少年价值观现状以及青少年对于社会主义核心价值观的认知情况、认同情况和践行情况，把握当前社会主义核心价值观培育中存在的问题与难题，等等。第三，比较研究法。主要从"教育"与"培育"的比较出发，凸显培育的育人功能与特点。另外，在青少年的不同群体中也有一个比较研究的问题。总之，为了保证本课题研究的科学性，我们在研究过程中坚持了理论研究与对策研究相结合、综合研究与分析研究相结合、历史研究与现实研究相结合、定性研究与定量研究相结合等"四个相结合"原则。

四、"培育研究"中相关概念界定

青少年社会主义核心价值观培育研究过程中涉及一些基本概念，如"青少年""社会主义核心价值观""培育"等。为了更好地明确这些概念的内涵与外延，我们列举了与他们密切联系的三个相应的概念，从而形成了三组概念。通过对这三组概念的比较分析来把握"青少年""社会主义核心价值观""培育"的基本内涵。

（一）青少年与未成年人

我们经常遇到这样一类概念：儿童、少年、青年、青少年、未成年人等。人们总是会不自觉地追问何为儿童、少年、青年、青少年、未成年人，他们分别处于哪一个年龄段，各自的年龄上限与下限分别是多少。每当此时，人们总是陷入十分混乱和茫然的状态，因为不同的国家、不同的学科、不同的机构各自划分出来的年龄段可能都存在较大的差别。例如，对于我们经常使用到的青年这一概念，就有很多种年龄划分。有研究者统计发现，青年的下限年龄主要有 13 岁、14 岁和 15 岁，上限年龄则有十个之多，分别是 24 岁、25 岁、28 岁、29 岁、30 岁、39 岁、40 岁、44 岁、45 岁和 49 岁[①]。一般来讲，区分青少年、未成

---

① 黄志坚. 谁是青年？——关于青年年龄界定的研究报告 [J]. 中国青年研究，2003 (11).

年人这一类概念或者说对他们进行年龄划分，主要有两类标准①：第一类标准是自然标准即自然年龄，主要是基于生物学的自然属性（如青春期特点），自然发育在不同的国家也会有一定差别；第二类标准是社会标准即社会年龄，主要是受到社会与文化等社会属性因素影响，社会文化方面的国别与民族差异是显而易见的，因此也必然导致年龄划分的差异。我们应该结合人的自然属性与社会属性两方面标准，综合不同学科特点，探讨适合中国人身心发育特点的年龄划分。

未成年人这一概念通常是相对于成年人而言的。在法律上，未成年人是指未满法定成年年龄的人，我国法律规定未满 18 周岁的公民为未成年人。与未成年人概念相比，青少年这一概念更为复杂，争议更大。虽然目前很多研究成果都是以青少年为研究对象，但明确对青少年进行概念界定和年龄划分的并不多见。对于青少年的界定主要有广义与狭义两种理解，广义上的青少年包括了青年和少年。但由于对青年和少年这两个概念的理解存在着很多差异，因而广义上的青少年概念也变得模糊、宽泛。有的将少年的年龄下限定为六七岁②，有的将下限定为十一二岁③。如前所述，由于青年的上限标准多达十来种，因此广义上的青少年年龄上限变得十分不确定。但不管怎样，广义的青少年概念都分别涵盖到了成年人和未成年人当中的一部分④。狭义的青年概念是指"处于正在发育成长的年龄阶段，处于未成熟状态"⑤。其上限为成年人年龄标准，即 18 岁；下限为开始进入青春期时间，按照心理学上划分标准，年龄一般在 12 岁左右。狭义的青少年概念应当说年龄阶段相对明确，阶段性特征也较为明显，具有鲜明的阶段性群体特征。但也有一些

---

① 廖小平. 代际互动——未成年人道德建设的代际维度 [M]. 北京：人民出版社，2009：28.

② 六七岁之前为婴幼期，不能纳入少年范围当中，在这一点上，基本上不存在太大争议。

③ 莫晓春. 关于"青少年"年龄界定问题的思考 [J]. 广西青年干部学院学报，2009 (2).

④ 《中国少年先锋队章程》对少年的年龄规定为 7～14 岁，《中国共产主义青年团章程》对青年的年龄规定是 14～28 岁。

⑤ 余双好. 青少年思想道德现状及健全措施研究 [M]. 北京：中国社会科学出版社，2010：5.

学者对于将18岁作为上限标准提出质疑。"根据我国法律规定，虽然个体到18周岁以后在法律上获得了成年人的身份，但事实上绝大多数青少年并没有发展成为成年人，特别是随着现代社会学习任务的增加，青少年期的延长，青少年获得事实上的成年人的身份的年龄也呈现不断延长的趋势。"①

根据上述分析，青少年处在身心成长发育的过程中，既包括身体的成长发育，也包括心理、思想的成熟过程，而这一过程是一个不断社会化的过程。虽然我国法律规定年满18周岁为成年人，但年满18周岁的青少年典型的心理发育与社会化过程远没有结束。因此，本书对于青少年年龄的划分参照并综合了广义和狭义的划分标准，主要以12~24岁的青少年为研究对象，基本上涵盖了中学和大学阶段的学生以及该年龄段的社会青少年。

（二）社会主义核心价值观与社会主义核心价值体系

"社会主义核心价值体系"是在党的十六届六中全会通过的《中共中央关于构建社会主义和谐社会若干重大问题的决定》（以下简称《决定》）中第一次明确提出来的。《决定》指出：建设和谐文化，是构建社会主义和谐社会的重要任务，而社会主义核心价值体系则是建设和谐文化的根本，它可以成为全民族奋发向上的精神力量，成为全社会团结和谐的精神纽带。《决定》还提出了社会主义核心价值体系包括了马克思主义指导思想、中国特色社会主义共同理想、以爱国主义为核心的民族精神和以改革开放为核心的时代精神、社会主义荣辱观四个方面的基本内容。以上四个方面分别是社会主义核心价值体系的灵魂、主题、精髓和基础②。

社会主义核心价值体系的概念和命题提出后，首要的现实任务就是建设社会主义核心价值体系，深入开展社会主义核心价值体系的学习教

---

① 佘双好. 青少年思想道德现状及健全措施研究［M］. 北京：中国社会科学出版社，2010：5.
② 袁贵仁. 建设社会主义核心价值体系［J］. 中国社会科学，2008（1）.

育活动，用社会主义核心价值体系引领社会思潮，使社会主义核心价值体系深入人心。为此就十分有必要提炼和概括出简明扼要、便于传播践行的社会主义核心价值观。因此，这一时期学术界围绕社会主义核心价值观的凝练和概括展开了深入研究和激烈讨论，许多学者对社会主义核心价值观作出了很多自己的凝练和概括。2012 年，党的十八大报告在谈到推进社会主义文化强国建设时，再次突出强调要加强社会主义核心价值体系建设，并在具体阐述如何加强社会主义核心价值体系建设时首次提出了以"三个倡导"为基本内容的社会主义核心价值观，即国家层面的富强、民主、文明、和谐，社会层面的自由、平等、公正、法治以及个人层面的爱国、敬业、诚信、友善。培育和践行社会主义核心价值观的任务在这里被正式提了出来。

总之，社会主义核心价值观是社会主义核心价值体系的内核，体现了社会主义核心价值体系的根本性质和基本特征，反映了社会主义核心价值体系的丰富内涵和实践要求，是社会主义核心价值体系的高度凝练和集中表达。虽然党的十八大报告提出了以"三个倡导"为基本内容的社会主义核心价值观，但社会主义核心价值观究竟还应包括什么，如何进一步凝练和概括仍然是一个开放性的学术研究课题。

（三）教育与培育

从字面意思上来理解，教育是指按照一定的目的对相关事物进行长期的教导和训练。教育的对象通常是人，目标是使人在知识、能力、素质等方面有所增长或提升，促进人的发展。有教就有学，有教育者就有受教育者，即客体。培育则是通过创造条件使某种东西发育成长壮大，体现了从小到大，从不成熟到成熟的过程，培育的对象往往是某种事物，如情感、植物、价值观。社会主义核心价值观教育属于思想政治教育的范畴，社会主义核心价值观是当前思想政治教育的重要内容、时代内容，我们应该从思想政治教育学科的视角来理解。在学校中，社会主义核心价值观教育有广义与狭义之分，即我们通常所讲的"大思政"和"小思政"。"大思政"教育是广义的思想政治教育，是对思想政治学科教育、校园文化教育和相应实践育人教育的总称，"小思政"教育则专指思想政治教育学科和思想政治理论课教育教学。因此，在学校当中"小思政"无疑是培育的重要途径和构成内容，但培育显然不能与"小思政"画等号，如果两者相等同，恰恰抹杀了培育的丰富内涵以及"春风化雨、润物无声"的隐性教育特点。然而，今天学校当中作为广义的思想政治教育的"大思政"其外延之大，几乎可以与培育相提并论。换言之，从"大思政"角度来看，学校当中社会主义核心价值观教育过程可以称得上是一个培育的过程，它涵盖了文化育人、实践育人、制度育人、管理育人等，形成一个育人合力。

中共中央办公厅印发《关于培育和践行社会主义核心价值观的意见》（以下简称《意见》），对如何有效地培育和践行社会主义核心价值观提供了指导性意见。《意见》不仅强调了培育和践行社会主义核心价值观的意义、指导思想和组织保障，而且提出了培育社会主义核心价值观的几大总体思路或路径，即把培育和践行社会主义核心价值观融入国民教育全过程，把培育和践行社会主义核心价值观落实到经济发展实践和社会治理中，加强社会主义核心价值观的宣传教育，开展涵养社会主义核心价值观的实践活动。根据《意见》精神，培育相比教育而言，显然范围更广。教育只是众多培育途径或手段中的一种，除了教育之外，培育还包括了制度建设、实践养成、宣传教育、理论研究、文化熏陶等多种途径，通过多种途径形成一个强大的"育人场"。正如习近平同志所指出的："要利用各种时机和场合，形成有利于培育和弘扬社会主义核心价值观的生活情景和社会氛围，使核心价值观的影响像空气一样无所不在、无时不有。"① 社会主义核心价值观在这个"育人场"中逐渐得到培植、发展、壮大，成为社会中越来越多人的精神追求和自觉行动。

---

① 习近平谈治国理政：第 1 卷［M］. 北京：外文出版社，2018：165.

第一章 青少年社会主义核心价值观培育的历史考察

虽然党的十八大报告才正式提出"社会主义核心价值观"这个概念，但是马克思主义的理论原则与社会主义的制度要求一直贯穿于70年来青少年价值观培育之中。因此，从价值观培育角度看，新中国成立70年历程就是青少年社会主义核心价值观培育从开创探索到全面推进、由局部到整体、由自发到自觉的过程。本章立足于对中共中央、国务院及中宣部、教育部、共青团中央等部门下发的相关文件的梳理和总结，旨在回顾70年来青少年社会主义核心价值观培育的历程，总结70年来青少年社会主义核心价值观培育的经验，从而为新时代青少年社会主义核心价值观培育提供历史借鉴与现实启示。

第一节 青少年社会主义核心价值观培育的历史过程

回望青少年社会主义核心价值观培育70年历程，一个清晰可见的逻辑就是：青少年社会主义核心价值观培育的不同阶段总是与特定时代背景、重大历史事件、重要工作任务密切地联系在一起。

一、青少年社会主义核心价值观培育的初步开创（1949—1956）

此阶段的重大历史背景就是1949年10月1日新中国的成立，这是中华民族历史上开天辟地的大事，也是青少年价值观培育历程中具有里程碑意义的事件。新中国的成立开创了中国共产党在执政条件下培育青少年价值观的新时期，也开创了利用政治上层建筑和观念上层建筑对青少年进行价值观塑造和培育的新时期，从而确保对青少年开展马克思主义理论和党的指导思想、路线、方针政策的宣传教育，进而使青少年的价值取向与党的指导思想、国家的中心工作与任务、倡导的主导价值保持一致。

（一）《中国人民政治协商会议共同纲领》的制定

1949 年 9 月 29 日，中国人民政治协商会议第一届全体会议通过了具有临时宪法地位与作用的《中国人民政治协商会议共同纲领》，其中第四十一条规定："中华人民共和国的文化教育为新民主主义的，即民族的、科学的、大众的文化教育。人民政府的文化教育工作，应以提高人民文化水平、培养国家建设人才、肃清封建的、买办的、法西斯主义的思想、发展为人民服务的思想为主要任务。"[①] 第四十二条规定："提倡爱祖国、爱人民、爱劳动、爱科学、爱护公共财物为中华人民共和国全体国民的公德。"[②] 第四十六条规定："中华人民共和国的教育方法为理论与实际一致。人民政府应有计划有步骤地改革旧的教育制度、教育内容和教学法。"[③] 从这些规定可以看出，虽然社会主义制度在当时尚未建立，但党和国家的主导意识形态和主导价值观是非常清晰和明确的——摒弃民族资产阶级与小资产阶级的落后思想、帝国主义的反动思想和封建腐朽思想，倡导马克思主义、社会主义和共产主义思想，并运用此思想教育广大青少年，以使其价值观具有鲜明的马克思主义底色。

---

① 中共中央文献研究室. 建国以来重要文献选编：第 1 册 [M]. 中央文献出版社，2011：9.
② 中共中央文献研究室. 建国以来重要文献选编：第 1 册 [M]. 中央文献出版社，2011：9.
③ 中共中央文献研究室. 建国以来重要文献选编：第 1 册 [M]. 中央文献出版社，2011：10.

（二）第一次全国宣传思想工作会议的召开

1951 年 5 月 7 日至 23 日，中国共产党第一次全国宣传工作会议召开，会议确立了思想政治教育的根本目的与任务在于牢固树立马克思主义和无产阶级世界观，确定了思想政治教育必须服从服务于党的中心工作与中心任务的重要原则，规定了各级党委在宣传思想工作中担负的任务与要求，形成了组织领导、实施力量、保证条件、对象目的、形式手段等要素相对齐备的运行机制。第一次宣传工作会议的召开及其会议精神的贯彻执行为青少年价值观培育工作提供了明确的方向，确定了重要的原则，形成了基本的机制。

（三）学校思想政治教育工作制度的基本确立

此阶段的最大亮点在于学校思想政治教育工作制度得以基本确立。对旧式学校进行思想改造和组织清理、在大中专学校开设政治理论课、在高等学校设立政治处与配备政治辅导员是学校思想政治工作制度建立的主要抓手。1951 年 11 月 30 日，中共中央发出《关于在学校中进行思想改造和组织清理工作的指示》，要求从思想上、政治上和组织上清除学校中的反动遗迹，使全国学校都逐步掌握在党的领导之下[①]。1949 年 10 月，华北高等教育委员会宣布把"辩证唯物主义与历史唯物主义、新民主主义论、政治经济学"列为公共必修课。1952 年 9 月 2 日，中共中央转发教育部党组《关于在高等学校试行政治工作制度的报告》，决定在有条件的高等学校设立政治辅导处，配备政治辅导员，开展师生员工的思想政治教育，并逐步在全国高校推广普及[②]。总体来看，1949 年到 1956 年这 7 年间，完整的国民教育体系得以建立。更为重要的是，通过把思想政治教育贯穿于基础教育、中等教育、高等教育、职业教育、成人教育等各级各类学校的措施，夯实了学校作为青少年价值观培

---

① 王树荫，李斌雄，邱圣宏. 中国共产党思想政治教育史［M］. 北京：高等教育出版社，2016：199.

② 王树荫，李斌雄，邱圣宏. 中国共产党思想政治教育史［M］. 北京：高等教育出版社，2016：200.

育的主渠道和课堂作为青少年价值观培育的主阵地的基础地位。

此阶段青少年价值观培育工作紧紧围绕巩固新生政权、恢复国民经济、组织抗美援朝和宣传党在过渡时期的总路线等中心工作进行。尤其是在抗美援朝这场声势浩大的运动中，大批社会青年和青年学生报名参加志愿军，广大青少年接受了国际主义教育、爱国主义教育和革命英雄主义教育的熏陶。

二、青少年社会主义核心价值观培育的曲折进程（1956—1978）

此阶段的重大历史背景是 1956 年 9 月中国共产党第八次全国代表大会的召开与 1956 年底社会主义三大改造的完成。《中共八大关于政治报告的决议》指出，社会主义改造的完成表明社会主义制度已经基本建立，表明无产阶级与资产阶级的矛盾已经让位于"人民对于建立先进的工业国的要求同落后的农业国的现实之间的矛盾"和"人民对于经济文化迅速发展的需要同当前经济文化不能满足人民需要的状况之间的矛盾"[①]。社会主义制度的基本建立与社会主要矛盾的转化，标志着全面建设社会主义时期的开启，青少年价值观培育也进入了全面推进的时期。

（一）"红与专"关系的提出

1958 年 1 月，毛泽东在《工作方法六十条（草案）》中较为系统地阐述了"红与专"的关系。针对党的工作重点转移到经济工作上去而有可能忽视思想政治工作问题，毛泽东同志告诫道："注意力移到技术方面，又可能忽略政治，因此必须注意把技术和政治结合起来。"[②] 他还深刻分析了思想工作、政治工作与经济工作的内在联系："思想工作和政治工作，是完成经济工作和技术工作的保证，它们是为经济基础服务

[①] 中共中央文献研究室. 建国以来重要文献选编：第 9 册 [M]. 北京：中央文献出版社，2011：293.

[②] 毛泽东文集：第 7 卷 [M]. 北京：人民出版社，1999：351.

的。思想和政治又是统帅，是灵魂。只要我们的思想工作和政治工作稍为一放松，经济工作和技术工作就一定会走到邪路上去。"① 毛泽东同志关于"红"与"专"的阐述为青少年价值观培育拨开了迷雾——青少年价值观科学有效的培育对青少年自身能力的塑造、社会经济的建设和中华民族的伟大复兴都具有举足轻重的地位与作用。

（二）《关于正确处理人民内部矛盾》的发表

1957年2月，毛泽东同志发表了《关于正确处理人民内部矛盾问题》的报告。报告指出了正确处理人民内部矛盾是国家政治生活的主题，报告指明了党和国家的教育方针是"应该使受教育者在德育、智育、体育几方面都得到发展，成为有社会主义觉悟的有文化的劳动者"②，报告阐述了国家、集体、个人及民主与集中、自由与纪律等涉及思想政治教育的重要范畴及关系，报告提出了讨论、批评、说服教育等思想政治教育的基本方法。更为重要的是，针对部分青年学生不关心政治、不关心国家前途、不关心人类理想、不相信马克思主义等的思想状况，报告旗帜鲜明地指出："不论是知识分子，还是青年学生，都应该努力学习。除了学习专业之外，在思想上要有所进步，政治上也要有所进步，这就需要学习马克思主义，学习时事政治。没有正确的政治观点，就等于没有灵魂。"③ 总体来看，报告丰富发展了思想政治教育工作理论，为青少价值观培育指明了教育方针，提出了行之有效的方法。

（三）《教育部直属高等学校暂行工作条例（草案）》的发布

1961年9月，《教育部直属高等学校暂行工作条例（草案）》（以下简称《高教六十条》）发布，这是关于大学生价值观培育的重要文件。大学生是青少年中最为重要的、对国家前途命运具有重大影响的群体，

---

① 毛泽东文集：第7卷［M］. 北京：人民出版社，1999：351.
② 毛泽东文集：第7卷［M］. 北京：人民出版社，1999：226.
③ 毛泽东文集：第7卷［M］. 北京：人民出版社，1999：226.

他们的价值观培育状况必将影响着国家与民族的未来。《高教六十条》指出，高等学校的基本任务是培养社会主义建设所需要的各种专门人才，高等学校学生的培养目标是让学生具有爱国主义和国际主义精神，具有共产主义道德品质，拥护共产党的领导，拥护社会主义，愿为社会主义事业服务、为人民服务，树立无产阶级的阶级观点、劳动观点、群众观点、辩证唯物主义观点，掌握专业知识、具有健全的体魄。《高教六十条》还对"红"与"专"的关系做了深入的阐述，同时针对"大跃进"和"教育革命"中劳动过多、社会活动过多而导致高校教学秩序被打乱的情况，还提出思想政治工作要讲求实效、反对形式主义的要求。随后，教育部拟定了《全日制中学暂行工作条例（草案）》（简称《中教五十条》）、《高等学校培养研究生工作暂行条例（草案）》（简称《研究生三十条》），这与先前发布的《高教六十条》一道形成了学校青少年价值观培育的立体网络。

（四）"文化大革命"的爆发

从 1966 年 5 月到 1976 年 10 月，中国进行了一场"无产阶级文化大革命"，这 10 年也被称为"文化大革命"的 10 年。这是一场在"无产阶级专政下继续革命的'左倾'错误理论"的指导下，以阶级斗争为纲，以政治运动为中心任务，被林彪江青反革命集团利用，使党、国家和人民遭受严重挫折和损失的浩劫。十年内乱给青少年价值观培育带来了极为负面和消极的影响：错误的指导思想带来了青少年价值取向的严重偏离甚至扭曲；思想问题属于人民内部矛盾问题应通过讨论批评或说服教育方法加以解决，思想政治教育应实事求是，思想政治教育应服从服务于党的中心工作与主要任务等正确的方针原则遭到破坏；理论联系实际、密切联系群众、反对个人崇拜等优良传统受到破坏。

由于此阶段青少年价值观培育工作服从服务的中心工作是社会主义时期总路线、大跃进和人民公社，因而青少年价值观培育工作呈现出正确思想经验与错误认识实践相互交织的复杂情景。一方面，在正确思想观念的指导下，广大青少年在学习马列主义与毛泽东经典著作、参加生产劳动和社会实践、向雷锋同志学习、向焦裕禄学习、向"铁人"王进喜学习、感悟优秀文艺作品等形式多样的活动中，其价值观得到了有效的培育和塑造；另一方面，由于受激进、冒进的社会氛围和阶级斗争扩大化尤其是"文化大革命"等"左倾"错误思想的消极影响，青少年价值观培育过程中又表现出对人主观意志和精神能动性的片面强调，教学工作与劳动实践的严重失衡等弊端以及指导思想错误导致青少年价值取向偏离甚至扭曲等重大失误。

三、青少年社会主义核心价值观培育的恢复发展（1978—1992）

此时期的重大历史背景是 1978 年 12 月党的十一届三中全会胜利召开，全会批判了"两个凡是"的方针，作出了将党和国家工作重点从"以阶级斗争为纲"转移到经济建设上来并实行改革开放的历史性决策。这标志着马克思主义的思想路线、政治路线和组织路线得以重新恢复和确立，也标志着改革开放大业和社会主义现代化建设事业进入新时期，从此开启了青少年价值观培育的新阶段。

（一）高等学校马克思主义理论课与中学政治课的重新开设

高等学校马克思主义理论课与中学政治课的重新开设、加强与改进是由一系列相关文件的发布和实行所推动的。面对"文化大革命"十年"马列主义课的声誉被严重破坏、马列主义课教师队伍被分裂瓦解"的危急情势①，面对改革开放背景下西方国家的"和平演变"战略和思想文化渗透的复杂环境，一系列加强和改进高校马克思主义理论课和中学思想政治课的若干文件发布，如 1980 年 7 月教育部印发的《改进和加强高等学校马列主义课的试行办法》、1985 年 8 月中共中央颁布的《关

---

① 教育部思想政治工作司. 加强和改进大学生思想政治教育重要文献选编：1978—2014［M］. 北京：知识产权出版社，2015：8.

于改革学校思想品德和政治理论课程教学的通知》，这些文件就思想品德和政治理论课在教学中应遵循的原则、高等学校马克思主义理论教育的必要性、高等学校马克思主义理论教育的目的作了明确的说明与具体的要求，同时对高等学校马克思主义理论课与中学政治课的地位、任务、课程设置、内容要求、教学方法、教材建设和教师队伍建设都做出了比较详尽的要求与规定。

（二）学校思想政治工作队伍建设的加强

高等学校思想政治工作队伍与中学思想政治工作队伍是青少年价值观培育的主导力量，为加强学校思想政治工作队伍建设，中宣部、教育部出台了相关文件。1984 年 11 月，中共中央宣传部、教育部发布《关于加强高等学校思想政治工作队伍建设的意见》，对高等学校思想政治工作人员的构成、来源及发展方向，思想政治工作人员政治素质和知识水平的基本要求，思想政治工作人员的培训、待遇、激励等方面都做了具体的要求与规定。1991 年 11 月，中共中央宣传部、国家教委发出的《关于加强和改进中学干部、教师思想政治工作若干问题的通知》提出：中学思想政治工作队伍建设的任务是"努力建设一支具有坚定的社会主义方向、良好的道德风尚、又红又专的干部和教师队伍"，中学思想政治队伍要接受社会主义信念、为人民服务的人生观价值观、党的基本路线及中国特色社会主义理论的教育。这两个重要文件的颁布与落实，大大加强和壮大了青少年价值观培育的思想政治工作队伍，巩固和强化了学校教育在青少年价值观培育中的主渠道作用。

（三）四项基本原则的宣传教育

四项基本原则是青少年价值观培育的核心内容，它规定着青少年价值观的性质、决定着青少年价值观的方向。1978 年 3 月 30 日，邓小平发表了《坚持四项基本原则》的讲话，指出："我们要在中国实现四个现代化，必须在思想政治上坚持四项基本原则。这是实现四个现代化的根本前提。这四项是：第一，必须坚持社会主义道路；第二，必须坚持无产阶级专政；第三，必须坚持共产党的领导；第四，必须坚持马列主义、毛泽东思想。"① 1987年10月召开的党的十三大把"四项基本原则"写进了党在社会主义初级阶段的基本路线中。随着改革开放的逐步扩大与深入，资产阶级自由化思潮也随之进入中国并对青少年群体产生了消极负面的影响。正如邓小平同志深刻指出的："十年最大的失误是教育，这里我主要是讲思想政治教育，不单纯是对学校、青年学生，是泛指对人民的教育。"②

（四）德育教育与法制教育的并重

德育教育与法制教育犹如鸟之两翼，共同助推青少年价值观培育。1981年2月，中共中央宣传部、教育部、文化部、卫生部、公安部向青少年发出"五讲四美"文明礼貌活动的通知，广大青少年积极响应这一号召。"五讲四美"文明礼貌活动提升了青少年的道德义务感和社会责任感，促成了青少年科学价值观的有效培育。针对中小学德育存在"对德育的地位和作用认识不够、内容方法缺乏实效和吸引力、队伍素质不高、社会学校家庭配合不够"等问题，1988年12月，中共中央发出了《关于改革和加强中小学德育工作的通知》。1985年10月，中共中央发出了《关于进一步加强青少年教育预防青少年违法犯罪的通知》，提出向青少年普及法律常识，为青少年提供优质的精神产品，做好有轻微违法犯罪行为的青少年的帮教工作和发挥老干部、老工人、老教师对青少年的培育作用等任务和要求。青少年的日常生活和学习生活是青少年价值观培育的重要阵地，为此教育部在1981年8月颁布了《中学生守则》，1982年2月颁布了《高等学校学生守则》和《中等专业学校学生守则（试行草案）》，1989年11月，国家教委颁布了《高等学校学生行为准则（试行）》文件。这些行为准则的颁布与贯彻执行对青少年价值观培育起到了抓细、抓小和抓实的作用。

---

① 邓小平文选：第2卷 [M]. 北京：人民出版社，1994：164-165.
② 邓小平文选：第3卷 [M]. 北京：人民出版社，1993：306.

服从服务于社会主义现代化建设和改革开放事业是此阶段青少年价值观培育的中心任务与中心工作。1982 年 7 月 4 日，邓小平提出，"搞社会主义精神文明，主要是使我们的各族人民都成为有理想、讲道德、有文化、守纪律的人民"①。1983 年 10 月 1 日，邓小平为北京景山学校题词："教育要面向现代化，面向世界，面向未来。"② 自此，"培养四有新人"和"三个面向"就成为在改革开放背景下和社会主义现代化进程中培育青少年价值观的原则要求。改革开放开阔了青少年的视野、丰富了青少年的知识、拓展了青少年的能力，但随着各种社会思潮的涌入尤其是资产阶级自由化思潮的泛滥，改革开放也给青少年价值观的培育带来了严峻的挑战。对此，江泽民同志强调指出："越是改革开放，越要加强思想政治工作，只有思想政治工作加强了，才能够促进改革开放的健康发展。"③

四、青少年社会主义核心价值观培育的与时俱进（1992—2012）

此阶段的重大历史背景是 1992 年 10 月党的十四大确立了社会主义市场经济体制改革目标。这是继改革开放后中国社会发生的第二次重大社会转型，社会主义市场经济不仅意味着资源配置方式的根本变化、社会分配关系的重大调整、社会结构的巨大变革，也意味着人们的精神世界尤其是价值观方面的深刻变化，这主要体现在"从一元价值观向多元价值观的转变、从整体价值观向个体价值观的转变、从神圣价值观向世俗价值观的转变、从精神价值观向物质价值观的转变"④。这一重大社会转型带来的整个社会价值观的深刻变化既给青少年价值培育带来了重

---

① 邓小平文选：第 2 卷 [M]．北京：人民出版社，1994：408.
② 邓小平文选：第 3 卷 [M]．北京：人民出版社，1993：35.
③ 中共中央宣传部．毛泽东邓小平江泽民论思想政治工作 [M]．北京：学习出版社，2000：25.
④ 廖小平．价值观变迁与核心价值体系的解构和建构 [M]．北京：中国社会科学出版社，2013：148.

大机遇，也形成了严峻挑战。

（一）学校思想政治教育的进一步加强与改进

1993 年 2 月，中共中央、国务院印发《中国教育改革和发展纲要》，提出"以马列主义、毛泽东思想和建设有中国特色的社会主义理论教育学生，把坚定正确的政治方向摆在首位，培养有理想、有道德、有文化、有纪律的社会主义新人，是学校德育即思想政治和品德教育的根本任务"[①]。针对社会主义市场经济条件下大学生中不同程度地存在"政治信仰迷茫、理想信念模糊、价值取向扭曲、诚信意识淡薄、社会责任感缺乏、艰苦奋斗精神淡化、团结协作观念较差、心理素质欠佳"等问题[②]，2004 年 8 月，中共中央、国务院《关于进一步加强和改进大学生思想政治教育的意见》对大学生思想政治教育的基本原则、主要任务、重要措施都做了全面的要求与说明。

课程建设、队伍建设、党团工作、实践教学的协同发力是此阶段大中学校思想政治教育加强与改进的主要举措。从 1995 年 10 月到 2005 年 4 月，教育部（国家教委）围绕大中学校的思想政治课建设印发了《关于高校马克思主义理论课和思想品德课教学改革的若干意见》《关于整体规划大中小学德育体系的意见》等文件，就大中学各个阶段德育目标、德育内容、德育课程、德育手段都作了与时俱进的要求。自 2000 年 7 月到 2005 年 1 月，教育部就加强学校思想政治工作队伍建设印发了《关于进一步加强高等学校学生思想政治工作队伍建设的若干意见》《关于进一步加强和改进师德建设的意见》等文件，就高校思想政治工作队伍建设的意义、原则、要求、措施作了详尽的规定。1993 年 8 月，中共中央组织部、中共中央宣传部、国家教育委员会印发了《关于新形势下加强和改进高等学校党的建设和思想政治工作的若干意见》，2005

---

① 教育部思想政治工作司. 加强和改进大学生思想政治教育重要文献选编：1978—2014 [M]. 北京：知识产权出版社，2015：127.

② 教育部思想政治工作司. 加强和改进大学生思想政治教育重要文献选编：1978—2014 [M]. 北京：知识产权出版社，2015：265.

年 1 月、2005 年 4 月，共青团中央、教育部先后发布了《关于加强和改进大学生社团工作的意见》《关于进一步加强和改进高等学校共青团建设的意见》等文件，这些文件就高等学校党建的意义、任务、措施和大学生社团工作的重要性、要求、任务、措施都作了具体规定。2005年 2 月，《中共中央宣传部、中央文明办、教育部、共青团中央关于进一步加强和改进大学生社会实践的意见》对大学生参加社会实践的重要意义、总体要求、工作原则、具体措施作了明确的要求与规定。

（二）《公民道德实施纲要》《关于进一步加强和改进未成年人思想道德建设的若干意见》的发布

公民道德是青少年价值观的重要组成部分，公民道德建设是培育青少年价值观的重要抓手。针对市场经济条件下一定程度存在的"是非、善恶、美丑界限混淆，拜金主义、享乐主义、极端个人主义有所滋长，见利忘义、损公肥私行为时有发生，不讲信用、欺骗欺诈成为社会公害，以权谋私、腐化堕落现象严重存在"等现象①，2001 年 10 月，中共中央印发了《公民道德建设实施纲要》，对公民道德建设的重要意义、指导思想、方针原则、目标任务、基本规范、主要内容、措施手段都作了具体说明和要求。与公民道德建设实施相呼应的是，学校德育工作也得以进一步加强。1994 年 8 月中共中央发布的《关于进一步加强和改进学校德育工作的若干意见》、1995 年 11 月国家教委颁布试行的《中国普通高等学校德育大纲》，就学校德育工作的地位和意义、目标内容、原则途径、考评实施都作了具体的说明与要求。2000 年 4 月，教育部还针对研究生德育工作的加强与改进提出了具体要求。公民道德建设的提倡与实施、学校德育工作的加强与改进，推进了青少年道德观念与道德规范与社会主义市场经济进一步的协调适应。

未成年时期是青少年必经的人生阶段，未成年的价值培育状况如何

---

① 教育部思想政治工作司. 加强和改进大学生思想政治教育重要文献选编：1978—2014 [M]. 北京：知识产权出版社，2015：224.

"直接关系到中华民族的整体素质，关系到国家前途和民族命运"①。面对市场经济条件下价值多样的状况，面对改革开放背景下西方思想文化渗透的情形，2004年2月，中共中央国务院颁布《关于进一步加强和改进未成年人思想道德建设的若干意见》（以下简称《意见》），《意见》就未成年人思想道德建设的必要性和紧迫性、指导思想、基本原则作了详尽的说明，对主要任务、措施策略作了具体要求。《意见》的颁布与实施使未成年人成长环境得以净化，社会氛围得以优化，这极大地提高了未成年人的思想品质和道德修养，从而大大地助推了未成年人的价值观培育。

（三）社会主义核心价值体系的提出

社会主义核心价值观是青少年价值观培育的核心内容，而社会主义核心价值体系是青少年社会主义核心价值观培育的理论基础和本质规定。2006年10月，党的十六届六中全会首次明确提出了建设社会主义核心价值体系的任务，党的十七大及十七届六中全会进一步阐述了社会主义核心价值体系的地位和意义。社会主义核心价值体系是由"马克思主义指导思想的灵魂、中国特色社会主义共同理想的主题、民族精神和时代精神的精髓、社会主义荣辱观的基础"四位一体构成的有机整体。社会主义核心价值体系的提出、宣传和教育，有利于青少年社会主义信仰的培养，有利于青少年正确处理个人理想、共同理想与远大理想之间的关系，有利于青少年民族精神与时代精神的塑造，有利于青少年社会主义核心价值观的落实。

（四）文化育人的深入开展

以校园文化、网络文化为主要形态的文化育人是此阶段青少年价值观培育的重要举措。校园文化是青少年耳闻目染的重要文化类型，优良

---

① 中共中央国务院关于进一步加强和改进未成年人思想道德建设的若干意见［EB/OL］．（2004－02－26）［2019－12－06］．http://old.moe.gov.cn/publicfiles/business/htmlfiles/moe/moe_1201/200703/20055.html.

的校风、教风、学风与优质的自然环境、人文环境有利于青少年科学价值观的培育。为此，2004年12月，教育部、共青团中央印发《关于加强和改进高等学校校园文化建设的意见》，提出了校园文化建设的总体要求与主要任务。针对互联网信息的良莠混杂、青少年辨别能力的缺乏缺位、青少年政治敏锐性的缺失不足等挑战，2000年9月，教育部发布《关于加强高等学校思想政治教育进网络工作的若干意见》，提出了"用正确、积极、健康的思想文化占领网络阵地"的任务①，以及理顺管理体制、加强师生自律与队伍建设等切实举措。2004年12月，教育部、共青团中央印发《关于进一步加强高等学校校园网络管理工作的意见》，提出了"牢牢把握网络思想政治教育主动权"的要求和"综合运用技术、行政、法律手段"加强校园网络管理的措施办法②。

此阶段主要围绕建立完善社会主义市场经济体制、全面建设小康社会等主要任务进行。社会主义市场经济既给予了青少年价值观开放进取、平等效率、竞争合作等积极因素，但也带来了个人主义、功利主义、道德败坏等负面影响。如何抑制市场经济的"恶"、发挥市场经济的"善"，从而构建与社会主义市场经济相适应的价值观，是此阶段需要解决的核心问题。青少年思想政治教育的进一步加强、公民道德建设的大力推进、未成年人思想道德建设的全面跟进、社会主义核心价值体系的培育践行共同促进了青少年社会主义核心价值观的有效培育。

五、青少年社会主义核心价值观培育的全面推进（2012—）

此阶段的重大历史背景是2012年11月党的十八大召开和中国特色社会主义新时代伟大征程的开启。十八大报告向全国各族人民群众发出"倡导富强、民主、文明、和谐，倡导自由、平等、公正、法治，倡导

---

① 教育部思想政治工作司. 加强和改进大学生思想政治教育重要文献选编：1978—2014 [M]. 北京：知识产权出版社，2015：213.
② 教育部思想政治工作司. 加强和改进大学生思想政治教育重要文献选编：1978—2014 [M]. 北京：知识产权出版社，2015：278-279.

爱国、敬业、诚信、友善，积极培育和践行社会主义核心价值观"的号召与要求①。自此，青少年社会主义核心价值观培育进入了全面推进阶段。

（一）习近平总书记相关系列重要讲话

党的十八大以来，习近平总书记对新时代青少年社会主义核心价值观培育的地位和意义、方针原则、措施策略作了系统论述。总书记指出，青年社会主义核心价值观培育之于国家民族的意义在于"青年的价值取向决定了未来整个社会的价值取向"②，"把青年一代培养造就成德智体美劳全面发展的社会主义建设者和接班人，是事关党和国家前途命运的重大战略任务，是全党的共同政治责任"③；新时代青年社会主义核心价值观培育应坚持要树立远大理想、要热爱伟大祖国、要担当时代责任、要勇于砥砺奋斗、要练就过硬本领、要锤炼品德修为的方针原则④；办好思想政治理论课是培育青年社会主义核心价值观的重要举措，因为思想政治理论课是解决"培养什么人、怎样培养人、为谁培养人"这个根本问题的课程⑤；青年社会主义核心价值观培育工作是一项复杂的系统工程，"我们要主动走近青年、倾听青年，做青年朋友的知心人"⑥，"我们要真情关心青年、关爱青年，做青年工作的热心人"，"我们要悉心教育青年、引导青年，做青年群众的引路人"⑦。

———————

① 胡锦涛. 坚定不移沿着中国特色社会主义道路前进　为全面建成小康社会而奋斗[M]. 北京：人民出版社，2012：31—32.

② 习近平谈治国理政：第1卷 [M]. 北京：外文出版社，2018：172.

③ 习近平. 在纪念五四运动100周年大会上的讲话 [M]. 北京：人民出版社，2019：12.

④ 习近平. 在纪念五四运动100周年大会上的讲话 [M]. 北京：人民出版社，2019：6—11.

⑤ 习近平. 坚持中国特色社会主义教育发展道路　培养德智体美劳全面发展的社会主义建设者和接班人 [N]. 人民日报，2018—09—11 (1).

⑥ 习近平. 在纪念五四运动100周年大会上的讲话 [M]. 北京：人民出版社，2019：13.

⑦ 习近平. 在纪念五四运动100周年大会上的讲话 [M]. 北京：人民出版社，2019：14.

（二）《关于培育和践行社会主义核心价值观的意见》等重要文件的发布

青少年社会主义核心价值观的培育离不开重要文件的发布、指导和实施。2013 年 12 月，中共中央办公厅印发了《关于培育和践行社会主义核心价值观的意见》（以下简称《意见》）。2015 年 4 月，中央宣传部、中央文明办印发《培育和践行社会主义核心价值观行动方案》（以下简称《方案》），这两个文件是青少年社会主义核心价值观培育的纲要性文件。《意见》对青少年社会主义核心价值观培育工作的指导思想、目标内容作了清晰阐述，对青少年社会主义核心价值观培育的原则要求、措施策略作了明确规定。《方案》从日常生活的角度就如何有效培育青少年社会主义核心价值观提供了详尽方案。2014 年 10 月，中共教育部党组、共青团印发《中央关于在各级各类学校推动培育和践行社会主义核心价值观长效机制建设的意见》，从"培育社会主义核心价值观是落实立德树人根本任务"的高度，要求各级各类学校推动社会主义核心价值观融入教育教学、融入社会实践、融入文化育人、融入制度建设。2017 年 4 月，中共中央、国务院印发《中长期青年发展规划（2016—2025 年）》，对青年之于党、之于国家、之于民族、之于人民的重要意义做了全面阐述，对青年思想道德、青年教育、青年健康、青年婚恋、青年就业创业、青年文化、青年社会融入与社会参与、维护青年合法权益、预防青年违法犯罪、青年社会保障等十个领域的发展目标和发展措施都做了具体要求与规定。

（三）新时代青少年社会主义核心价值观培育的全面推进

课程育人、实践育人、文化育人、心理育人、管理育人、组织育人的全面推进是此阶段青少年社会主义核心价值观培育的最大特色。

课程育人的改革创新。2014 年 3 月，教育部发布《关于全面深化课程改革落实立德树人根本任务》，要求各级各类学校围绕立德树人这个根本任务，通过完成统筹各学段、统筹各学科、统筹各环节、统筹各力量、统筹各阵地等主要任务深化课程改革①；2015年7月，中宣部、教育部联合印发《普通高校思想政治理论课建设体系创新计划》，提出以"教材体系、人才体系、教学体系、支撑体系、评价体系、保障体系"为重点建设内容的高校思想政治理论课创新计划；2018年4月，教育部印发《新时代高校思想政治理论课教学工作基本要求》文件，从落实学分、安排教育、集体备课、教学纪律、教学方法、考核方式、教学评价等方面对新时代高校思想政治理论课做了规范性要求。

实践育人的加强推进。针对"劳动教育在学校中被弱化，在家庭中被软化，在社会中被淡化"的现实情况，2015年7月，教育部、共青团中央、全国少工委联合印发《关于加强中小学劳动教育的意见》，提出要从"落实相关课程、开展校内劳动、组织校外劳动、鼓励家务劳动"等关键环节加强中小学劳动教育。2017年9月，教育部印发《中小学综合实践活动课程指导纲要》，要求各地中小学要从综合实践活动课程在青少年社会主义核心价值观培育中具有特殊的、不可替代的重要作用的高度，加强对该门课程的组织、设计和实施。

文化育人的拓展创新。首先是中华优秀传统文化的继承创新。2014年3月，教育部印发《完善中华优秀传统文化教育指导纲要》；2017年1月，中共中央办公厅、国务院办公厅印发《关于实施中华优秀传统文化传承发展工程的意见》，提出了把中华优秀传统文化贯穿到国民教育的各个阶段、各个环节、各个领域的重点任务；2018年9月，教育部、国家语委印发了关于《中华经典诵读工程实施方案》。其次是校园文化的蓬勃开展。2015年9月，教育部、中央文明办发布《关于深入开展文明校园创建活动的实施意见》；2018年12月，教育部办公厅发布《关于严禁有害APP进入中小学校园的通知》；为强化艺术教育在立德树人中的重要而独特作用，2014年1月，教育部发布《关于推进学校

---

① 教育部思想政治工作司. 加强和改进大学生思想政治教育重要文献选编：1978—2014［M］. 北京：知识产权出版社，2015：675.

艺术教育发展的若干意见》；2015 年 9 月，国务院办公厅发布《关于全面加强和改进学校美育工作的意见》；2018 年 12 月，教育部、中共中央宣传部印发《关于加强中小学影视教育的指导意见》。

心理育人的强化跟进。身心健康素质与科学文化素质、思想道德素质共同构成青少年社会主义核心价值观得以有效培育的必备素质。围绕青少年身心健康素质的提升与加强，2016 年 4 月，国务院办公厅印发《关于强化学校体育促进学生身心健康全面发展的意见》；2017 年 6 月，教育部印发《普通高等学校健康教育指导纲要》；2018 年 7 月，中共教育部党组印发《高等学校学生心理健康教育指导纲要》；2018 年 12 月，针对中小学生学业负担过重现象，教育部等九部门联合印发《中小学生减负措施的通知》。

管理育人的完善推进。第一，思想政治工作队伍的加强。2013 年 5 月，中共中央组织部、中共中央宣传部、中共教育部党组联合印发《关于加强和改进高校青年教师思想政治工作的若干意见》；2015 年 9 月，中共中央宣传部、中共教育部党组印发《关于加强和改进高校宣传思想工作队伍建设的意见》；2017 年 9 月，教育部颁发《普通高等学校辅导员队伍建设规定》；2018 年 1 月，中共中央、国务颁发《关于全面深化新时代教师队伍建设改革的意见》；2018 年 11 月，教育部颁发《关于高校教师师德失范行为处理的指导意见》，并修订了《中小学教师违反职业道德行为处理办法》，印发了《新时代高校教师职业行为十项准则》《新时代中小学教师职业行为十项准则》。第二，德治法治的协同推进。2013 年 9 月，中共教育部党组印发《关于在教育系统深入开展学习宣传全国道德模范活动的通知》；2017 年 9 月，为深入贯彻落实立德树人的根本任务，教育部印发《中小学德育工作指南》；2016 年 6 月，为全面提高青少年的法制观念与法律意识，教育部、司法部、全国普法办联合颁布《青少年法治教育大纲》。第三，思想问题与实际问题的并重。2016 年、2018 年，教育部针对全国普通高等学校毕业生就业创业工作印发了两个重要文件；2017 年、2018 年，教育部就重点高校招收农村和贫困地区学生印发了两个文件，在报考条件、资格审核、招生办法、监督处罚等方面都做了严格要求与规定。第四，家庭教育、社会教育的协同发力。针对部分家庭对青少年"重智轻德、重知轻能、过分宠爱、过高要求"等现象，2015年10月，教育部印发《关于加强家庭教育工作的指导意见》；2016年6月，教育部等九部门印发《关于进一步推进社区教育发展的意见》。

组织育人的引领融合。2016年11月，共青团中央、教育部印发《高校共青团改革实施方案》，提出"把准政治方向、尊重学生主体地位"等原则和"改革优化领导体制和运行机制、改革健全基层组织制度、改革创新工作方式方法、改革完善团干部选用培养制度"等措施；为推进高校学生党建工作组织化、制度化、具体化，2017年2月，中共教育部党组印发《普通高等学校学生党建工作标准》，并对高校学生党建工作的组织领导、学生党员的教育培养、如何发展党员等方面做了具体要求与规定；面对新形势下大学生价值取向和发展选择的多样化，2017年6月，共青团中央、教育部印发《关于加强和改进新形势下高校共青团思想政治工作的意见》，指出高校共青团的核心任务是加强对大学生的思想政治引领和价值引领，要求从组织育人、实践育人、文化育人、网络育人、服务育人等方面加强和改进高校共青团思想政治工作。

2012年11月，习近平总书记在参观《复兴之路》展览时提出："实现中华民族伟大复兴，就是中华民族近代以来最伟大的梦想。"① 自此，奋力实现中国梦、培育担当民族复兴大任的时代新人就成为此阶段的中心工作与主要任务。中国梦是民族的梦、国家的梦、人民的梦，更是青少年的梦。青少年只有具备远大理想、强烈爱国情怀、强大时代责任、艰苦奋斗精神、过硬本领，才能不负这个伟大时代、不负这个伟大梦想。

---

① 习近平谈治国理政：第1卷［M］. 北京：外文出版社，2018：36.

第二节　青少年社会主义核心价值观
培育的历史经验

回顾新中国 70 年来青少年社会主义核心价值观培育的历程，有许多历史经验有待总结、概括。虽然这些经验具有一定时代特色和特定历史局限，但对新时代青少年社会主义核心价值观培育仍具有跨越时空的价值。总结历史能够更好地开辟未来，对新中国七十年来青少年社会主义核心价值观培育历程的经验进行实事求是与科学的总结，能够更好地助推新时代青少年社会主义核心价值观培育。

一、以培养德智体美劳全面发展的社会主义建设者和接班人为培育目标

青少年社会主义核心价值观培育目标是一个逐步发展、逐步完善的过程。早在 1957 年 2 月，毛泽东同志就指出："我们的教育方针，应该使受教育者在德育、智育、体育几方面都得到发展，成为有社会主义觉悟的有文化的劳动者。"① 1982 年 7 月，邓小平同志强调，"搞社会主义精神文明，主要是使我们的各族人民都成为有理想、讲道德、有文化、守纪律的人民"②。2018 年 9 月，习近平总书记在全国教育大会上强调，中国特色社会主义教育要以"培养德智体美劳全面发展的社会主义建设者和接班人"为目标。至此，青少年社会主义核心价值观培育的目标得以明确。

从根本上讲，价值观培育工作是塑造人的工作，"核心价值观建设，说到底是人的思想建设、灵魂建设，聚焦的是造就具有正确世界观人生观价值观的社会主义建设者"③。青少年承载着国家的希望和未来，其

---

① 毛泽东文集：第 7 卷 [M]. 北京：人民出版社，1999：226.
② 邓小平文选：第 2 卷 [M]. 北京：人民出版社，1994：408.
③ 黄坤明. 培育和践行社会主义核心价值观 [N]. 人民日报，2017－11－17（6）.

价值观培育既关系自身健康成长，又关系党和国家的前途，而"培养什么人、怎样培养人、为谁培养人"则是青少年社会主义核心价值观培育的根本问题。"培养什么人"是对培育内容的界定，广大青少年要有理想信念、要有家国情怀、要有责任担当、要有真才实学、要有道德法律修养；"怎样培养人"是对培育手段的规定，要通过课程育人、制度育人、实践育人、文化育人、心理育人、榜样育人等措施提升青少年社会主义核心价值观培育的实效；"为谁培养人"是对培育方向的要求，为中国特色社会主义培养德智体美劳全面发展的社会主义建设者和接班人、为实现中华民族伟大复兴培养有生力量、为各条战线培养生力军和后备军、为个人健康成长和家庭幸福培养优秀人才是培育方向的多维呈现。总之，三者作为一个有机整体共同作用于青少年社会主义核心价值观培育。

二、以马克思列宁主义与中国化马克思主义理论成果为指导思想

新中国成立七十年来青少年社会主义核心价值观的培育之所以成效显著、成绩斐然，关键在于对马克思主义、毛泽东思想和中国特色社会主义理论始终不渝的坚持。中国特色社会主义的生命力在于将马克思主义基本原理与中国具体实际相结合，与时俱进的中国特色社会主义理论成果既是指引中国特色社会主义实践的科学理论，更是青少年社会主义核心价值观培育必须坚持的指导思想。中国特色社会主义理论历经了邓小平理论、"三个代表"重要思想、科学发展观和习近平新时代中国特色社会主义思想四个阶段。尤其是作为马克思主义中国化最新成果和当代中国马克思主义的习近平新时代中国特色社会主义思想，更是新时代青少年社会主义核心价值观培育需要遵循的指导思想。青少年社会主义核心价值观培育的正反实践深刻地昭示：只有正确理解、正确贯彻、正确运用马克思列宁主义、中国化马克思主义理论，青少年社会主义核心价值观培育工作才能遵循正确的方向，青少年才能健康地发展，中国

特色社会主义事业才能永葆青春，中华民族伟大复兴的中国梦才能在一代又一代青年的接力中变为现实。

三、以健全的组织机构和完善的规章制度为重要保障

青少年社会主义核心价值观培育工作属于社会主义意识形态工作。意识形态工作是一项极端重要的工作，而健全的组织机构和严明的规章制度是意识形态工作得以顺利展开的前提条件。党的强有力领导、相关机构及职能部门的主动作为、党政工团的齐抓共管、专业队伍与群众队伍的有机配合为青少年社会主义核心价值观培育提供了组织制度保证。宪法与相关法律，中共中央、国务院以及教育部、中组部、中宣部、共青团中央等部门印发颁布的相关文件，各行业规章制度及市民公约、乡规民约、学生守则等行为准则，立体构成了青少年社会主义核心价值观培育的规章制度网络。正是因为健全的组织机构和完善的规章制度提供了切实保障，青少年社会主义核心价值观培育工作才得以有效展开。

四、以不断完善培育手段为重要策略

以学校教育为主要渠道。学校教育在青少年社会主义核心价值观培育中的主渠道地位是由下列因素决定的：在校青少年群体是青少年的主要组成部分，学生阶段是大多数青少年成长阶段中历时最长的阶段，相较于家庭教育和社会教育，学校教育在青少年社会主义核心价值观培育中更具有组织性、系统性、规划性和目标性。坚持立德树人的价值取向，坚持教育规律、思想政治工作规律与学生成长规律的有机统一，坚持全员育人、全过程育人与全方位育人的协同发力，坚持思想政治理论课的核心地位，坚持大中小学德育课程的有机衔接与分层递进，坚持教师主导地位与学生主体地位的并重，坚持课堂教学与课外实践的有机融合，这"七个坚持"共同构成这一经验的重要内容。

以创新教育方式方法为重要抓手。从时代条件来看，新中国成立七十年来经历了从计划经济到市场经济、从农业社会到工业社会及信息

社会的巨大转变；从培育目标来看，新中国成立七十年来经历了从"培育又红又专人才"到"培养德智体美劳全面发展的社会主义建设者和接班人"的不断完善；从个人需求来看，新中国成立七十年来经历了物质需要、文化需要到美好生活需要的重要升级；从党和国家重要工作与主要任务来看，新中国成立七十年来经历了从巩固新生政权、恢复国民经济到全面建成小康社会、实现中华民族伟大复兴的不断调整。上述客观条件的变化催生了青少年社会主义核心价值观培育方式方法的发展创新，在此过程中既有对实事求是、理论联系实际、群众路线、理论灌输、典型示范、批评与自我批评等传统方式方法的坚守，又表现出疏导结合、讨论争辩、心理咨询、传媒演示、网络思政等现代方式方法的创新。

以榜样示范为引领带动。榜样是社会主义核心价值观的具体化、形象化和人格化，是社会主义核心价值观的物质载体和精神载体；榜样教育是青少年社会主义核心价值观培育的有效形式，青少年通过感知、辨别、取舍榜样所传递的信息，完成信息的输入、加工和内化，实现自身价值观的改变与重塑。各个时期榜样以其先进事迹、伟大精神、高尚人格激励感召着不同时代的人们为所在历史阶段的目标任务而不懈奋斗。在重视党员干部、道德模范、文体明星、企业名家等间接榜样的示范作用的同时，更要重视父母、教师等直接榜样的作用。虽然直接榜样的知名度、资源量、影响力都不如间接榜样，但他们与青少年群体的学习生活工作的联系更直接、更密切，因而对青少年价值观的影响会更大。

第三节　青少年社会主义核心价值观培育的现实启示

新中国成立七十年来青少年社会主义核心价值观培育取得了辉煌的成就，获得了丰富的经验。但由于受时代、特定阶段认知水平和实践条件的限制，相较于培养德智体美劳全面发展的社会主义建设者和接班人、培养担当民族复兴大任的时代新人的培养目标而言，还存在诸多需要改进之处。

一、正确处理价值培育过程中的系列内在关系

青少年价值观培育涉及众多关系、众多环节，只有正确认识和处理青少年价值观培育过程中内在的系列关系，才能促成其社会主义核心价值观的有效培育。在众多关系中，个人价值与社会价值的关系，价值认知、价值评价、价值认同、价值践行之间的关系，价值观培育的主导性与主体性的关系是最为紧要的关系，尤其需要正确地对待和处理。

正确处理个体价值与社会价值的关系。个人价值与社会价值是青少年社会主义核心价值观培育的两个重要方面，二者是对立统一的关系：一方面，个人价值注重价值主体自身的需要、自身利益的满足，社会价值注重他人的需要、社会的责任；另一方面，只有承认个人价值的前提性、正当性、合理性，社会价值才有可能实现，也只有正视社会价值对个人价值的约束作用、保障作用，个人价值的实现才有可能。片面强调个人价值或社会价值都不利于青少年社会主义核心价值观培育。改革开放前很长一段时间，青少年社会主义核心价值观培育的一个严重失误就是片面强调社会价值，忽视忽略个人价值；改革开放后价值取向又呈现出一种对个人价值的过度宣扬看重，对社会价值不合时宜的冷落忽视的态势。因此，正确处理个人价值与社会价值，维系二者之间的平衡，是青少年社会主义核心价值观培育必须正确处理的问题。

正确处理价值认知、价值评价、价值认同、价值践行之间的关系。青少年社会主义核心价值观培育是一个由价值认知、价值评价、价值认同到价值践行的完整价值链过程。这四个环节在空间上并存，在时间上继起，其中价值认知、价值评价和价值认同属于价值培育过程，即"内化于心"的过程；而价值观践行属于价值实践过程，即"外化于行"过程。价值观培育是价值观践行的前提和基础，价值观践行是价值观培育

的目的和归宿。对青少年社会主义核心价值观培育的价值链有了完整认识和清醒认知，有助于增进对青少年社会主义核心价值观培育规律的把握，也有助于切实增强青少年社会主义核心价值观培育的效果。

正确处理价值观培育的主导性与主体性的关系。青少年社会主义核心价值观培育涉及培育主体、培育客体两个核心要素。社会主义核心价值观的宣传者、阐释者、教育者是培育主体，起着主导性作用。宣传是否到位、阐释是否合理、教育是否有效是衡量价值培育主体主导性的重要指标。但价值培育主体的主导性必须与价值培育客体的主体性相结合方能达成价值培育目标。当前，最大问题在于价值培育主体存在单方面宣传、自我解读、执意灌输等忽视价值培育客体主体性的行为。须知施教不等于接受、认知不等于接受、服从不等于接受，唯有将价值培育主体的"外刺激"与价值培育客体的"内期待"相结合，唯有从价值培育客体的前识状态、身心特点、思想实际、需求状况等客观实际出发制定培育方案、实施培育策略、反馈培育效果，唯有遵循"真理性判断、价值性体验、愉悦性感受"① 的内在统一，唯有做到从他律性接受到自律性接受、再到自由性接受的转换升级，才能切实提高青少年社会主义核心价值观培育的效果。

二、正确处理解决思想问题与解决实际问题的关系

青少年社会主义核心价值观的培育旨在用社会主义核心价值观影响、改造其既有价值观，这属于解决思想问题的范畴，相对经济利益这种实际问题而言呈现出"虚"的特征。但物质的"实"与精神的"虚"是对立统一的：从外在表现来看，价值观培育塑造工作属于"务虚"的工作；但从内在实质来看，价值观培育的真正目的在于培育客体用内化的价值观去作用于周边的人和事。而且思想问题是现实问题的表现，现实问题才是思想问题产生的真正根源，解决思想问题必须以现实问题为

---

① 张世欣. 思想教育规律论［M］. 杭州：浙江大学出版社，2018：111.

抓手才能收到真正效果。这就要求在青少年社会主义核心价值观培育中必须遵循解决思想问题与解决实际问题相统一的原则。因此，必须充分关注和解决青少年在成长过程中面临的学习困难、情感困惑、家庭问题、升学问题、就业问题等实际问题，只有这样才能从根本上扫除青少年社会主义核心价值观培育的主要障碍。

三、正确处理思想道德素质、科学文化素质、身心健康素质之间的关系

思想道德素质、科学文化素质、身心健康素质是青少年素质的三个主要方面，三者既相互区别又相互联系。思想道德素质主要是指其思想状况与道德修养，其核心是价值观；科学文化素质主要是指其文化知识与能力素养，其核心是智力教育；身心健康素质主要是指其身体健康与心理健康，其核心是身体素质。三种素质中，居于基础和前提地位的是身心健康素质，青少年只有身心健康才有可能发展其他两种素质；居于核心和灵魂地位的是思想道德素质，青少年只有树立科学价值观，其才能发挥才有正确方向；居于重要和关键地位的是科学文化素质，青少年只有具备科学文化素质，才具备改变自己、改变社会的能力素养。在青少年培养过程中，要秉持"德育为先、能力为重、全面发展"[①]的理念，注重三种素质的全面与协调发展。

学校教育是培养青少年的思想政治道德素质的主阵地，而如何正确处理中学德育与高校思想政治教育之间的关系则是现阶段学校思想政治教育中面临的迫切问题。中学德育与高校思想政治教育是青少年社会主义核心价值观培育过程中既相互区别又相互联系、既前后相继又逐级提升的两个阶段。目前，这两个阶段之间存在德育目标划分不够准确、区分度不够清晰、层次性不够明显、内容简单重复的缺陷，这一状况严重

---

① 教育部思想政治工作司. 加强和改进大学生思想政治教育重要文献选编：1978—2014 [M]. 北京：知识产权出版社，2015：674.

制约了青少年社会主义核心价值观的有效培育。要切实改变这一现状，最为核心的工作是做好中学德育与高校思想政治教育一体化的顶层设计：应以培育和践行社会主义核心价值观为主线，以培养德智体美劳全面发展的社会主义建设者和接班人为目标，以培养担当民族复兴大任的时代新人为使命来整体规划大中学德育体系；应根据青少年的身心特点、接受能力、认知水平、思想实际来准确界定各个阶段德育目标，科学设置各个阶段德育课程，有针对性地开展各个阶段德育活动；既要注重两个阶段之间的区别性、层次性，也要注重两个阶段之间的联系性、整体性。

四、正确处理网络空间培育与社会空间培育的关系

随着信息社会的来临、互联网的普及、网民规模的不断壮大，网络空间已成为青少年社会主义核心价值观培育愈发重要的场域。之所以如此，一是因为网络空间与青少年身心发展特点高度契合，其交互性、自由性契合了青少年自我意识增强的特性，其多样性、动态性、开放性吻合了青少年求新、求异、求变的特性；二是因为网络已经成为青少年了解信息的重要渠道、生活的重要方式、交流的重要形式。因此，在青少年社会主义核心价值观培育过程中，既要发挥网络空间传播范围广、培育手段多、培育效果强的优势，又要规避其存在价值冲突、行为失范等弊端。由于网络空间自身虚拟性、自由性等缺陷以及青少年自身辨别力低、自律性差等特点，有必要让青少年更多地回归现实生活、更多地注重面对面交流、更多地参与社会实践，以达到虚拟实践与物质实践的平衡、网络空间与社会空间的协调，从而更有效地促进青少年社会主义核心价值观培育。

青少年是国家的希望、民族的未来，青年是实现中华民族伟大复兴的先锋力量，青年在经济社会发展中具有生力军和突击队作用，青少年价值取向对整个社会价值取向以及国家民族未来发展方向都具有影响甚至决定作用。新中国成立七十年来，党和国家一以贯之地高度重视青少

年社会主义核心价值观培育工作，其间经历了初步开创、曲折进程、恢复发展、与时俱进和全面推进这五个前后相随又逐级跃升的阶段。"历史是最好的教科书，也是最好的清醒剂"①，回顾新中国成立七十年来青少年社会主义核心价值观培育的历程，有许多可总结、可借鉴的经验，毋庸置疑的是，也存在一些需警醒、应吸取的教训。回顾历史、研究历史是为了开辟未来。本章立足于对新中国七十年有关文献的梳理、总结，概括了四个方面的经验，也针对尚需改进完善的问题提出了四点建议，旨在为新时代青少年社会主义核心价值观培育提供一定的借鉴和参考。由于新中国成立七十年青少年社会主义核心价值观培育历程考察涉及范围广、跨度时间长，以上概括尚不够全面和深入。

① 习近平. 在纪念全民族抗战爆发七十七周年仪式上的讲话 [N]. 人民日报，2014－07－08 (2).

第二章 青少年社会主义核心价值观培育现状调查

党的十八大报告第一次将社会主义核心价值观概括为三个层面、十二个词、二十四个字的内容。此后，围绕社会主义核心价值观培育这一重要任务，社会各界特别是研究机构、政府机关、教育部门等进行了积极的探索与实践。那么，在社会主义核心价值观正式提出若干年后，它是否为广大青少年所认知、认同和践行，社会主义核心价值观在广大青少年中培育效果如何，有哪些宝贵的培育经验，又存在哪些需要改进的方面？要解决这些问题，就十分有必要面向广大青少年开展一次全面、深入的社会调查，以便更加详实地掌握大量的一手资料，这也是本课题研究的基础和现实出发点。

为此，我们围绕"青少年社会主义核心价值观培育现状"这一主题，面向四川省12~24岁的青少年展开了一次大调查。此次调查随机发放问卷3412份，收回有效问卷3305份，有效问卷率达96.86%，问卷样本基本信息如表2-1所示。本次问卷分析主要运用SPSS22.0进行单项统计与交叉分析。除了面向青少年开展问卷调查外，我们还对相关政府机构、部分教育机构和教育工作者开展了问卷调查、座谈、访谈。

表2-1 问卷样本基本信息

年龄	12~15岁	16~18岁	19~24岁
	30.0%	26.0%	44.0%

民族	汉族				少数民族		
	87.7%				12.3%		
性别	男性				女性		
	49.8%				50.2%		
是否在读	在读				非在读		
	71.3%				28.7%		
独生子女	是				否		
	38.2%				61.8%		
政治面貌	群众		少先队员		共青团员	中共党员	
	13.9%		16.1%		66.2%	3.8%	
学历	小学	初中	高中	中专	大专	本科	硕士
	1.2%	25.3%	26.4%	5.8%	13.5%	22.7%	5.1%

第一节　青少年社会主义核心价值观
培育的效果

要衡量社会主义核心价值观培育效果，一般可以从三个基本维度进行考察和评价，即认知情况、认同情况和践行情况。这三个方面有着紧密的内在联系，认知是认同和践行的基础与前提，践行是认知和认同的落脚点与归宿。

一、青少年对于社会主义核心价值观的认知度

这里所说的社会主义核心价值观认知度，主要包括青少年对于社会主义核心价值观的知晓程度以及对社会主义核心价值观内涵与本质的理解程度。调查显示，青少年对于社会主义核心价值观的知晓度相对较高，而对其内涵的理解度则明显偏低。

当被问及您是否听说过"社会主义核心价值观"时，有 67.3% 的

人表示经常听到，29.9％的人表示偶尔听说，两者之和占比达到97.2％，仅有2.8％的人表示从未听说过（见表2-2），这说明社会主义核心价值观的宣传既有力度，又有广度。

表2-2　是否听说过社会主义核心价值观

宣传到达效果	人数	百分比（％）
经常听说	2224	67.3
偶尔听说	989	29.9
从未听说过	92	2.8

统计数据还显示，有37.6％的青少年表示可以全部说出社会主义核心价值观二十四字内容，25.4％的人可以说出大部分内容，26.4％的人可以说出小部分内容，10.6％的青少年则一个字都说不出（见表2-3）。

表2-3　能否说出社会主义核心价值观的内容

对社会主义核心价值观了解程度	人数	百分比（％）
可以全部说出二十四个字	1242	37.6
可以说出大部分	840	25.4
可以说出小部分	871	26.4
一个字都说不出	352	10.6

为了进一步检验广大青少年对于社会主义核心价值观内容的知晓情况，我们请青少年朋友对社会主义核心价值观三个层面内容进行辨认、识别和选择。对于社会主义核心价值观三个层面内容，我们都设置了四个选项，其中有一个正确选项、三个干扰选项。调查显示，75.9％的青少年能够正确辨别富强、民主、文明、和谐是社会主义核心价值观国家层面的内容，56.3％的青少年能够正确识别自由、平等、公正、法治是社会主义核心价值观社会层面的内容，64.7％的青少年能够辨认爱国、敬业、诚信、友善是社会主义核心价值观个人层面的内容（见图2-1）。青少年对社会主义核心价值观社会层面内容的识别比例偏低的主要原因

青少年社会主义核心价值观培育现状调查

在于一些青少年将"法制"与"法治"相混，有 22.6% 的青少年错选了"法制"。此外，调查显示有 62.2% 的青少年能够正确回答出二十四字社会主义核心价值观的提出时间。综上分析，青少年对于社会主义核心价值观的知晓度处于中等偏上水平。

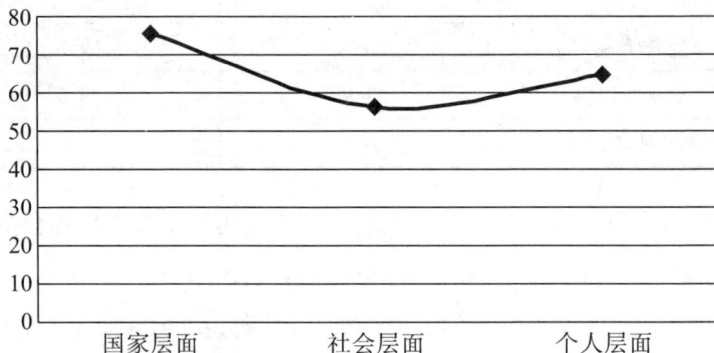

图 2—1　青少年对社会主义核心价值观三个层面内容的知晓情况（%）

然而，对于社会主义核心价值观我们不能仅仅停留于表面的识别，更要深入理解其内在的本质内涵。调查显示，20.1% 的青少年对于社会主义核心价值观的认知仅仅停留在字面上的理解，43.2% 的人对于社会主义核心价值观有比较肤浅的理解，27.9% 和 8.8% 的青少年自认为对于社会主义核心价值观有深入的理解或非常深入的理解，两者之和占比仅有 36.7%，远低于社会主义核心价值观的知晓程度（见表 2—4）。

表 2—4　青少年对于社会主义核心价值观内容的理解程度

理解程度	人数	百分比（%）
仅仅停留在字面上的理解	663	20.1
比较肤浅的理解	1428	43.2
有深入的理解	922	27.9
有非常深入的理解	292	8.8

二、青少年对于社会主义核心价值观的认同度

这里所说的认同，是指青少年对于社会主义核心价值观的内容、价值以及作用的认可与赞同、接受与支持的态度。首先，关于青少年对于社会主义核心价值观作用与价值的认同。调查表明，48.0%的青少年认为社会主义核心价值观的提出、宣传与教育十分有必要，44.8%的青少年认为有必要，认为没有必要和说不清楚的青少年分别占2.3%和4.9%。此外，有77.5%的青少年认为社会主义核心价值观的培育将会促进公民整体素质的提升。由此可见，青少年朋友对社会主义核心价值观的提出、宣传与教育的意义持比较肯定与认同的态度。其次，关于青少年对社会主义核心价值观内容的认同。毋庸讳言，培育社会主义核心价值观必须植根于中华文化土壤，然而，有人却认为社会主义核心价值观在内容上没有很好地体现或较好地延续中华优秀文化传统。针对这一观点，我们在问卷设计中专门设置了一道调研题。通过调查，我们发现有72.8%的被调查青少年明确反对这一观点，15.1%的青少年表示赞同，8.3%的青少年表示中立，3.8%的青少年选择"说不清楚"。统计数据还显示，青少年对于社会主义核心价值观中的文明、和谐、平等、诚信、爱国等价值观的认同度相对较高，而对于自由、法治的认同度相对偏低（见表2-5和图2-2）。

表2-5 青少年对社会主义核心价值观内容的认同情况（%）

社会主义核心价值观内容	同意	反对	中立	说不清
文明是社会进步的标志	88.5	2.9	6.4	2.1
家和万事兴	88.2	2.5	7.4	1.9
国家兴亡，匹夫有责	86.8	3.2	7.7	2.3
言必信，行必果	86.1	2.3	8.7	3.0
与人为善，善有善报	84.1	2.9	8.8	4.3

当被问及您认为一个"好社会"的主要价值标准是什么时，被调查青少年所回答的词语频次占比从高到低排列依次为文明（73.7%）、富

强（67.5%）、和谐（66.4%）、平等（64.1%）、民主（63.3%）、自由（52.0%）、公正（50.2%）、法治（49.8%）（见图2-2）。与此同时，被调查青少年认为中国社会中最缺失的分别是诚信（73.5%）、文明（65.8%）、平等（65.4%）、公正（65.4%）。

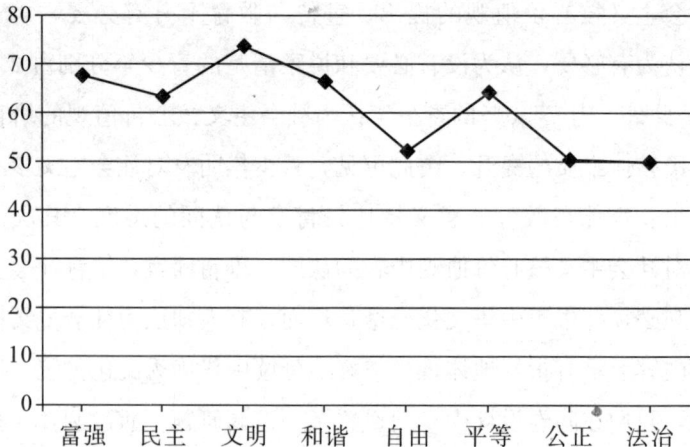

图2-2　"好社会"的6个价值标准（%）

三、青少年对于社会主义核心价值观的践行度

"践行度"反映了青少年行为活动与社会主义核心价值观之间是否存在一致性及一致的程度。调查显示，有13.4%的青少年在行为活动上与社会主义核心价值观保持较高一致性，60%的青少年基本上保持一致，23.1%的青少年偶尔一致，3.5%的青少年则存在严重的背离现象（见图2-3）。9.1%的被调查青少年认为，个人的价值观与社会主义核心价值观之间不存在差距；70%的青少年认为，两者之间存在较小的差距；20.9%的青少年认为，两者之间存在较大的差距。两组数据表明，大部分青少年在现实行为活动中能够遵循社会主义核心价值观基本要求，与社会主义核心价值观总体上能够保持基本上的一致。

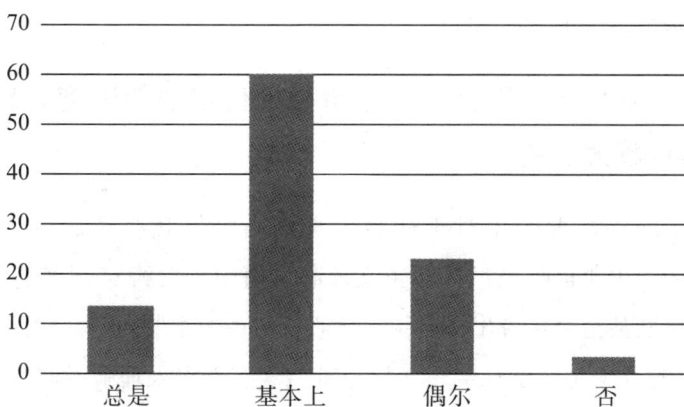

图 2—3 是否能够按照社会主义核心价值观标准和要求为人处世（%）

此外，我们还通过一些具体情形与问题考察了青少年在法治、诚信、爱国、友善等价值上的践行情况。调查表明，亲戚或朋友发生交通肇事逃逸时，12.6%的青少年选择"帮他报警"，76.0%的青少年选择"劝他自首"，只有3.3%的青少年选择"帮他隐瞒"，8.0%的青少年选择"不作为"。如果看到陌生人发生交通肇事逃逸，77.9%的青少年选择"立即报警"，6.4%的青少年选择"不作为"，15.8%的青少年表现出"犹豫不决和矛盾心理"。在对待舞弊问题上，80.5%的青少年认为"作弊有违诚信，只凭借自己实力"。在对待国家大事上有14.7%的青少年表示非常关心和关注国家大事，74.9%的青少年表示比较关心和关注国家大事。公交车上遇到老人站在自己周围，83%的青少年选择"主动让座"。在遇到有人踩到自己鞋子并道歉时，66.3%的青少年表示不会生气。以上数据分析所得出的结论应该说与上述总体性判断基本保持一致。

第二节　青少年社会主义核心价值观培育中存在的问题

通过上述数据分析，我们可以发现青少年社会主义核心价值观培育已取得了阶段性成果。与此同时，也反映出了一些亟待解决的问题和需要进一步改进的地方。

一、青少年对于社会主义核心价值观的知晓度与理解度之间形成较大反差

如前所述，青少年对于社会主义核心价值观有较高的知晓度。97.2％的青少年都听说过社会主义核心价值观，大约65％的青少年能够正确辨别甚至直接说出社会主义核心价值观的主要内容。然而，只有36.70％的青少年对于社会主义核心价值观有着深入理解或非常深入理解。63.30％的青少年对于社会主义核心价值观还只是停留于比较肤浅的理解甚至是字面上的理解。由此可见，青少年对于社会主义核心价值观的知晓度与理解度之间存在较大差距（见图2－4）。总之，感觉到的东西我们不见得理解它，只有理解了的东西我们才能更加深刻地感觉它，只有将社会主义核心价值观的理解从感性认识上升到理性认识，才能更好地促进社会主义核心价值观的培育和践行。

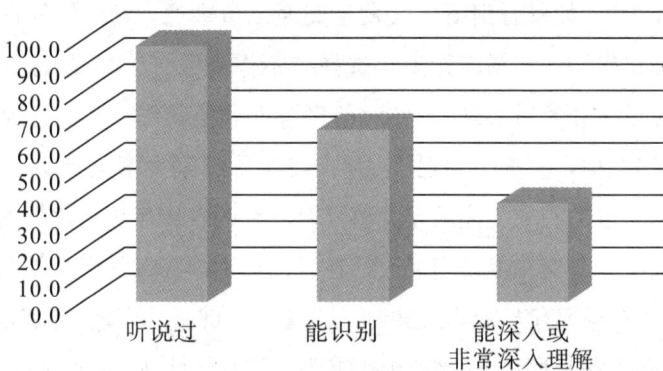

图 2－4　青少年社会主义核心价值观知晓度与理解度对比（％）

二、青少年在社会主义核心价值观的认知、认同与践行上存在着层次性分化

社会主义核心价值观由国家层面、社会层面和个人层面三个部分构成。调查显示，青少年对于社会主义核心价值观三个层面的认知、认同

和践行情况出现层次性分化。在社会主义核心价值观认知方面，青少年对于社会主义核心价值观国家层面和社会层面内容的理解程度比个人层面内容的理解程度低，国家层面与社会层面的内容对于青少年而言比较抽象且难以把握其实质。在社会主义核心价值观的认同方面，青少年认为社会主义核心价值观对国家发展的影响最大，其次是对社会发展的影响，最后才是对个人发展的影响（见表2-6）。在社会主义核心价值观的践行上，青少年对于爱国、敬业、诚信、友善这些个人层面的价值观能够较好地理解、遵循和践行。大家普遍困惑的是作为个人的我们该如何践行国家层面和社会层面的核心价值观。总之，国家层面和社会层面的社会主义核心价值观对于青少年来说在内容理解上有难度，在现实践行中有困惑。

表2-6 青少年对社会主义核心价值观的作用与影响的认同情况（%）

三个层面的作用与影响	非常大	一般	很小	无影响	说不清楚
对国家的发展	76.2	17.6	2.0	0.7	3.5
对社会的发展	67.2	25.1	3.4	1.0	3.2
对个人的发展	54.1	29.9	8.4	2.1	5.5

三、青少年社会主义核心价值观培育存在着明显的重教育、轻培育的现象

目前，青少年社会主义核心价值观培育过程中教育特点显著，培育投入不足。调查表明，在学校教育中仍然存在着重成绩轻品德、重能力轻素养的倾向。尤其是中小学教育，由于受升学率指挥棒的影响，学校和教师能够做到将社会主义核心价值观融入课程之中和课堂教学之中，但很难做到有计划、有系统、持之以恒地通过各种形式开展社会主义核心价值观的培育工作，这就导致社会主义核心价值观培育的单一化、形式化、浅层次化。如此一来，社会主义核心价值观就很难在青少年心中落地生根，实现内化于心，做到外化于行。诚然，社会主义核心价值观

的培育离不开教育，正如刘云山同志所指出："培育核心价值观离不开持续的灌输，抓好宣传教育始终是一项基础性工作。"① 然而，决不能用社会主义核心价值观的宣传教育取代社会主义核心价值观的全面培育。如果说教育是在青少年心中播撒社会主义核心价值观的种子，那么培育就是为社会主义核心价值观的茁壮成长提供土壤。调查显示，在社会主义核心价值观培育过程中，青少年认为效果较好和影响深远的方式依次是潜移默化的文化熏陶与影响（41.7％）、在日常生活实践中养成习惯（38.9％）、接受榜样人物的影响与感化（11.7％）、系统的理论知识传播与讲授（7.7％）。可以看出，前三者主要侧重于培育特点，占比达到89.3％，最后一项主要侧重于教育特点，占比仅为7.7％。

四、青少年社会主义核心价值观培育中"学校-社会-家庭"之间没有形成培育合力

在青少年思想道德教育中还存在着"5＋2＝0"现象，它折射出了家庭教育、学校教育、社会教育之间的失衡甚至相互脱节现象，这种现象同样发生在青少年社会主义核心价值观的教育与培育中。在社会教育中，尽管我们十分重视在全社会广泛宣传社会主义核心价值观，但这种宣传很大程度上只是停留于标语、横幅、口号式的宣传上，这就导致大家对社会主义核心价值观的基本内容虽然很熟悉，但在社会主义核心价值观内容的理解度、认同度和践行度方面，社会青少年与青少年学生相比总体上都要偏低一些（见表2-7）。事实上，社会主义核心价值观在社会领域的培育包括了丰富的内涵，它要求在经济发展实践和社会治理中都能够得到落实和体现。因此，社会领域的培育决不能简单地等同于社会教育，更不等同于简单的标语式的宣传教育。此外，我们的家庭教育更是成为社会主义核心价值观培育中的薄弱环节，尤其是农村中广泛存在的隔代教育现象导致农村家庭教育存在着严重的缺失、缺位。如此

---

① 刘云山. 着力培育和践行社会主义核心价值观［J］. 求是，2014（2）.

一来，学校、家庭、社会之间没有形成育人合力，反而出现相互抵消的状况。

表2-7　青少年学生与社会青少年对于社会主义核心价值观内涵理解比较（％）

群体	字面上理解	比较肤浅理解	比较深入理解	非常深入理解
青少年学生	17.1	40.4	31.9	10.6
社会青少年	25.0	51.6	19.3	4.1

第三节　青少年社会主义核心价值观培育的对策思路

青少年社会主义核心价值观培育的最终目标是使社会主义核心价值观成为广大青少年的价值认同和行动遵循。要实现这一目标，必须解决好几个环节的问题。第一，通过广泛的宣传使青少年知道什么是社会主义核心价值观，做到不仅听说过，而且能够记得住。第二，通过深入解读和阐释使青少年能够理解社会主义核心价值观的内涵与实质，达到不仅知其然，而且知其所以然。第三，在认知的基础上逐渐走向认同，实现内化于心。第四，由内心认同转化为自觉的行为活动即所谓的外化于行。从听过到记住、从记住到理解、从理解到认同、从认同到行动，这是一个十分复杂的转化过程。针对目前社会主义核心价值观培育中存在的主要问题，我们提出了以下三个方面的针对性解决思路。

一、通过生动形象、喜闻乐见的形式，强化社会主义核心价值观内容的解读

对于社会主义核心价值观教育，我们决不能仅仅停留于口号化、标语式的宣传层面，不能满足于知道和记住社会主义核心价值观二十四字的层面。当前迫切需要解决的问题就是如何使广大青少年能够准确、深入地理解和把握社会主义核心价值观的内涵与实质。因此，今后我们必

须进一步强化社会主义核心价值观内容的解读性宣传。青少年群体由于年龄跨度比较大，不同年龄段青少年的理解能力、抽象思想能力以及教育背景都不相同，因而在社会主义核心价值观的理解能力和理解程度上必然也存在很大差别。调查显示，小学程度学历的青少年对于社会主义核心价值观的理解能力最低，硕士学历的青少年理解能力最强（见表2—8）。因此，必须针对不同年龄段青少年特点，采用与之年龄相适应的、可理解和能接受的教育方式。对于中学生尤其是初中生要以图片、实物、故事、案例等形象生动的方式进行通俗易懂的宣传和教育，主要以形象性思维为主。对于大学生、研究生则可以更多地采取一些说理的方式，以理论思维为主，使之通过深入思考，做到明辨是非。但青少年总体上处于一个生理和心理上的叛逆期，理论说教与灌输的方式往往收效甚微。在调查中，当我们问及"在社会主义核心价值观培育过程中，您认为哪种教育方式效果最好，对你影响最为长远？"只有7.7%的人选择了"系统的理论知识传播与讲授"。因此，只有采取生动形象、青少年所喜闻乐见的形式才能调动青少年的学习积极性，促进青少年更好地理解和掌握社会主义核心价值观的本质内涵与精神要义。

表2—8 不同学历的青少年对于社会主义核心价值观的理解情况对比（%）

学历	字面上理解	比较肤浅理解	比较深入理解	非常深入理解
小学学历	50	36.7	10	3.3
硕士学历	14.5	39.2	37.3	9.0

二、自觉厘清教育与培育关系，把握社会主义核心价值观培育规律

社会主义核心价值观"教育"与"培育"既然作为两个概念存在，就必然有各自的内在规定性。严格来讲，"教育"与"培育"在对象、本质和特点上都有着相对的区别，这也决定了"教育"与"培育"各有各的规律性。然而，现实的情况是，这两个概念经常被混同和混用，而

鲜有人对两者关系（区别与联系）做细致考察和自觉追问，导致两者边界愈来愈模糊，要么将"教育"概念不断泛化，将"培育"纳入"教育"范畴之中，要么用"培育"来消解"教育"，从而取消了各自的内在规定性。

社会主义核心价值观教育的本质如同思想政治教育的本质一样，主要是以人为对象的有意识有目的的意识形态教化与灌输，是一种思想与观念的"注入""植入""渗透"过程。社会主义核心价值观培育的本质则是间接性地通过营造环境、创造条件、提供土壤，使社会主义核心价值观在人们心中"生发"出来的过程。由于教育与培育在本质上的差别，决定了两者在特点上必然也有所不同。第一，"教"更多地体现为直接性特点，"培"主要体现为间接性特点，具有潜移默化、润物无声的特点。第二，教育往往离不开语言与文字，而培育很多时候则是通过无声的语言在发挥作用，体现为一种感染和熏陶作用，正所谓"此时无声胜有声"。第三，教育的空间相对有限，"培育"的空间相对宽广，它包括了舆论宣传、文化熏陶、日常生活实践、管理服务乃至国家经济发展实践、社会治理、法制建设等各个领域和方面，共同构成一个强大的"培育场"。第四，教育的效果相对而言见效快一些，而培育的效果往往不能立竿见影。通过教育可以让人们很快地对社会主义核心价值观有所了解和理解，而要通过环境的改变来影响和作用于人们的价值观则是一个缓慢的过程。第五，教育主要是一种思想认同、内化的过程，培育更多的是一种实践生成过程。教育是一种教化、灌输、说服、引导，是使受教育者从认知走向认同的过程。教育过程中的一个难题就是实现认知向认同的转化。培育强调的是从土壤中生长出来的过程，体现了价值生成过程，效果更为持久。价值生成的过程还内在地包含了价值观尚未定型这一层含义，具有开放性。

因此，只有自觉厘清"教育"与"培育"的关系，才能更好地把握教育与培育各自的功能、作用、实现路径、机制、方式与方法，从而才能卓有成效地促进社会主义核心价值观在中华大地落地生根。

三、重视社会与家庭在青少年社会主义核心价值观培育中的作用，形成培育合力

调查显示，影响青少年社会主义核心价值观认同的主要因素分别为现实当中的不良风气、大众媒体（特别是网络）传播的负面信息、西方文化与价值观的影响（见表2—9）。调查还表明，对青少年价值观影响最大的人物分别为父母（28.7％）、道德模范人物（24.7％）、老师（14.1％）。由此可见，青少年社会主义核心价值观的培育需要学校、社会、家庭各方共同努力，形成育人合力，构建学校、社会、家庭、网络四位一体的育人体系，形成强大的"育人场"。学校教育在青少年社会主义核心价值观培育过程中固然发挥着基础性作用。调查显示，25.4％的青少年主要是通过学校教育了解社会主义核心价值观。但是，学校教育并不是在与社会相分离的真空中进行的，青少年始终受到社会环境的影响，更何况青少年最终都要进入社会。一旦他们所受的教育与社会现实发生冲突，学校教育所培育起来的价值观就可能失去现实的社会生存土壤。而家庭是青少年成长与发展的重要场所，父母是最好的榜样与老师。如上所述，青少年比较认同且对他们影响比较深远的培育方式分别为潜移默化的文化熏陶与影响（41.7％）、在日常生活实践中养成的习惯（38.9％）。显然，家庭环境的熏陶与影响、家庭生活中的习惯养成对青少年的影响十分重要且非常深远。正因为如此，中共中央办公厅印发《关于培育和践行社会主义核心价值观的意见》强调，要完善学校、家庭、社会三结合的教育网络，引导广大家庭和社会各方面主动配合学校教育，以良好的家庭氛围和社会风气巩固学校教育成果，形成家庭、社会与学校携手育人的强大合力。

表 2—9　影响青少年社会主义核心价值观认同的主要因素

主要因素	频次	百分比
现实当中的不良风气与社会主义核心价值观格格不入，让人难以信服	1966	20.4
大众媒体（特别是网络文化）传播的负面信息过多	1794	18.6
受西方文化与价值观（包括消费主义、个人主义、享乐主义等）的影响	1394	14.5
不够通俗易懂，十分抽象	1300	13.5
学校核心价值观教育内容不贴近实际，方法不科学，针对性不强	1136	11.8
字数太多，不容易记忆	868	9.0
内容不够科学，没有体现社会主义的特点	638	6.6
家庭环境的负面影响	543	5.6

第三章　青少年社会主义核心价值观培育原则

青少年社会主义核心价值观培育，不仅关乎青少年自身健康成长，还关乎其家庭幸福稳定，更关乎中国特色社会主义事业合格建设者和可靠接班人的培养。青少年社会主义核心价值观培育是一个从无到有、从局部到整体、从内在认知认同到外在践行转化的过程。青少年社会主义核心价值观的培育是一个涉及青少年自身、家庭、学校、社会各个方面，涵盖经济、政治、文化、社会建设等各个层面的系统工程。因此，青少年社会主义核心价值观培育既要遵循价值观培育的一般原则，又要立足青少年自身的身心特点、成长规律、知识结构、社会阅历等方面来探寻其特殊原则。

第一节　知行合一原则

中华传统文化的知行思想与马克思主义理论中的实践认识理论是知行合一原则的两个主要理论来源。青少年社会主义核心价值观培育的知行合一原则既要继承中华传统文化的知行思想，又要坚持马克思主义的实践认识理论。

一、中华传统文化的知行思想

"知"与"行"是中国传统哲学的重要范畴，在其体系中具有非常重要的地位。按照冯友兰先生的说法，中国传统哲学与西方哲学一个最大的区别就是"出世"与"入世"的迥然差异：西方哲学关注的是理念、超道德、本体等形而上的与现实生活和人生关系甚为疏远的话题，呈现为"出世"的特征；中国传统哲学则注重伦理道德尤其是个人的修养与德行，以追求"内圣外王""君子人格""道德完善"为目标，将个人修养与社会功用有机统一，表现出"入世"的特点。可见，"传统哲学的本体论并非以宇宙的本质为认识的根本目标，而是借'天道'以明'人道'；传统哲学的认识论并非以认识的来源和规律为探讨的最终归宿，而是借'知行'以说'道德'"①。因此，中华传统文化的知行合一思想主要贯穿于个人道德修养提升和人格完善的道德实践中。

在知行合一的中国传统哲学思想中，王阳明的思想是最具特色的。在知行观上，朱熹的"先知后行"思想一直占据主导地位。王阳明对这种"重思考轻行动"和"重道德修养轻道德践履"的知行脱离的现象严重不满，他从"天地万物本为一体"出发，主张"知是行的主意，行是知的功夫。知是行之始，行是知之成"②，"知之真切笃实处，即是行；行之明觉精察处，即是知，知行功夫本不可离"③。这样，在修身养性和道德锤炼方面"知"与"行"犹如车之两轮、鸟之双翼密不可分。虽然在"知"与"行"的关系上王阳明的观点强调、注重"知"在"行"中的积极意义，但是他把"知"与"行"等量齐观，且更看重"心""理"和"良知"的重要作用，他的知行合一学说最后都归结于不假外求、只需求诸己心的"致良知"，这无疑带有强烈的道德说教、浓厚的主观色彩和一定程度的神秘性。

二、马克思主义的实践认识理论

如果说西方传统哲学侧重"知"，中国传统哲学偏重"行"的话，那么马克思主义哲学则更注重将"知""行"在实践的基础上统一协调

---

① 赵馥洁. 中国传统哲学价值论［M］. 北京：人民出版社，2009：4.
② 王守仁. 传习录译注［M］. 王晓昕，译注，北京：中华书局，2018：20.
③ 王守仁. 传习录译注［M］. 王晓昕，译注，北京：中华书局，2018：198.

起来。在马克思的话语体系中，"知"就是认识，"行"就是实践。在马克思主义看来，一方面，实践是认识的基础、来源、动力和目的，没有实践这个前提和基础，认识就成了无源之水；同样，不以实践为目的的认识都是毫无价值的。虽然马克思主义强调实践在认识论中的决定作用，但是也非常看重认识在实践中的指导作用。因为，只有探寻到事物本质和真理的认识才能指导实践，才能确保实践的目标，才能实现实践主体所追求的价值。

当然，实践与认识的关系不是简单的线性关系，而是相互促进、相互升华的辩证关系。这一过程不是瞬时完成的，它需要经过"实践—认识—再实践—再认识"这样一个否定之否定、螺旋式上升的反复无限过程。只有历经了这一系列过程后，实践主体方能不断地认识到事物本质从而成功地完成在实践中所期许的目标。可见，马克思主义的实践与认识也是合一的，实践决定认识、认识指导实践，实践与认识共同构成了人类的两大活动，即实践活动与认识活动。但实践与认识不能等量齐观，相较认识而言，实践更具有前提性和决定性。也只有在此意义上，我们才能说实践与认识是合一的。

马克思主义关于认识与实践的辩证关系原理为青少年培育社会主义核心价值观提供了基本的理论遵循。青少年社会主义核心价值观培育看似是一个认识转换问题，但要完成认识的根本转换，仅仅在认识活动里兜圈子、想办法是不能真正完成价值观培育工作的。青少年社会主义核心价值观培育工作还必须回归到青少年的实践生活中和日常生活体验中。青少年只有在实践中感知、认知社会主义核心价值观之于国家、之于社会和之于自身的积极意义和重要作用，才能激发其培育社会主义核心价值观的动力。青少年只有在日常生活中去检验、印证宣讲者所讲授的关于社会主义核心价值观的相关知识和理论，才能为培育社会主义核心价值观提供实践基础。

三、社会主义核心价值观的"知"与"行"

(一)社会主义核心价值观的"知"

青少年社会主义核心价值观培育的"知"主要体现为道德认知、道德情感、道德意志和道德信念这四个前后相随、层层递进、不断攀升的环节与过程。

首先是道德认知,即通过对社会主义核心价值观的了解、记忆、理解来提高青少年对社会主义核心价值观的认知能力。这是一个由感性认识到理性认识的不断深化的过程。青少年对社会主义核心价值观的价值认知主要包括以下五个方面:了解社会主义核心价值观对于国家、民族、社会及其个人的重要意义,理解社会主义核心价值观在国家、社会、个人不同层面的不同价值追求,理解社会主义核心价值观对夯实全国各族人民建设中国特色社会主义、实现伟大民族复兴所必需的共同思想道德基础的重要性,认知到社会主义核心价值观对国家治理、对社会和谐稳定的重要作用,认知到社会主义核心价值观对个人成长、成才、全面发展及其个人幸福、家庭幸福的重要意义。

其次是道德情感,即通过激发培育社会主义核心价值观的兴趣、增强践行社会主义核心价值观的动力来提升对社会主义核心价值观的认同。马克思指出:"激情、热情是人强烈追求自己的对象的本质力量。"[①] 对社会主义核心价值观有全面认知,能进一步促进青少年对社会主义核心价值观的价值认同。当前,由于民生问题、两极分化问题、腐败问题、社会行为失范问题等所导致的传统价值观、社会消极价值观、西方价值观与社会主义核心价值观之间的价值冲突比较激烈,这给青少年认同社会主义核心价值观带来了迷茫和困惑。为此,要通过创造性转化、创新性发展中华优秀传统文化和采取加强引导灌输、完善国家治理、促进社会公平正义、加强利益调整等措施促进青少年对社会主义

---

① 马克思恩格斯文集:第1卷[M]. 北京:人民出版社,2009:211.

核心价值观的认同。

再次是道德意志，即通过提高明辨是非的能力、选择能力和培养顽强意志的方法来提升青少年培育社会主义核心价值观的意志能力。青少年在培育社会主义核心价值观的过程中，会面临其他非主流意识形态价值观的困惑，也会面对诸多不良社会现象的困扰，这就要求青少年具备顽强的道德意志，树立培育和践行社会主义核心价值观的远大志向，以社会主义核心价值观为标尺，克服自身不良心理因素和不良行为习惯，自觉抵制那些与社会主义核心价值观不相符合的言行。

最后是道德信念，这是建立在道德认知、道德情感、道德意志基础之上的更高环节的认知行为。如果说道德认知、道德情感、道德意志还停留在认知情感的低层次的不自觉的状态的话，那么道德信念则是迈向高层次的自觉的状态。四者固然都是道德培养与价值观培育的重要因素和驱动力，道德信念也必然要建立在道德认知、道德情感和道德意志的基础之上，但是相较于其他三个因素，道德信念更能发挥稳定的强大的关键驱动力。只有具备强烈的道德信念，才能实现社会主义核心价值观从宣传、灌输到认同、接受和内化的飞跃。

（二）社会主义核心价值观的"行"

社会主义核心价值观的"行"就是一种道德践履行为，是社会主义核心价值观培育的目的和归宿。社会主义核心价值观是价值认知、价值培育和价值实践三者环环相扣、层层递进和内在统一的过程。只有在对社会主义核心价值观正确的价值认知基础之上，才有可能激发培育社会主义核心价值观的主动性和内驱力。社会主义核心价值观的培育不是目的，其最终的落脚点和归宿在于价值实践和价值创造，即将正确的价值观转化为正确的行为实践。

社会主义核心价值观培育是知与行内在统一，其中知是基础与前提，行才是目的和归宿。社会主义核心价值观的"知"与"行"二者是辩证统一的：一方面，社会主义核心价值观的"行"是其培育的目的；另一方面，社会主义核心价值观的"知"又要通过其"行"来加以验证、加以巩固、加以强化。人的行为看似具有偶然性，但是细究起来，都是受一定思想意识所支配和调节，尤其是受特定价值观的影响和支配。诚如恩格斯所深刻指出的那样，"就单个人来说，他的行动的一切动力，都一定要通过他的头脑，一定要转变为他的意志的动机，才能使他行动起来"[①]。而头脑中一定的价值观会形成一定的动机，一定的动机导致一定的行为，这就是价值观的作用机制。

社会主义核心价值观的生命力在于其实践性，如果脱离了实践，如果没有全体社会成员的自觉遵循与自觉行动，社会主义核心价值观的培育也就失去了实践基础。只有每个价值主体遵循社会主义核心价值观，国家才会繁荣进步、社会才会公平正义、个人生活才会提升进步。对此，习近平总书记谆谆告诫："青年要从现在做起、从自己做起，使社会主义核心价值观成为自己的基本遵循，并身体力行大力将其推广到全社会去。"[②] 因此，社会主义核心价值观的培育不能停留于空洞的说教，也不能止步于宏大的战略规划，必须落细、落小、落实，必须贯穿于经济发展和社会治理中，必须融入国民教育的全过程之中，必须落实到公民道德建设实践和群众的精神文明创建活动之中。总之，要不断强化和促进社会主义核心价值观的大众化、日常化、生活化、具体化、形象化，才能有效地推进社会主义核心价值观的培育。

第二节　内外兼顾原则

青少年社会主义核心价值观培育的"内外兼顾原则"可以从主体与客体的关系来加以理解，可以将"主体"理解为"内"，将"客体"理解为"外"。主体性的突出表现就是客体主体化，客体性的突出表现就是主体客体化。在青少年社会主义核心价值观培育过程中，主体客体化

① 马克思恩格斯选集：第4卷［M］. 北京：人民出版社，1995：251.
② 习近平谈治国理政：第1卷［M］. 北京：外文出版社，2018：172.

表现为教育者宣讲社会主义核心价值观时必须充分尊重青少年的身心特点、知识结构、经验阅历，做到因材施教；客体主体化表现为青少年认同、接受、内化教育者宣讲的有关社会主义核心价值观思想内容并将其外化为相应的行为。社会主义核心价值观培育中"内外兼顾"的原则还可以从矛盾规律的角度加以理解和阐释。从矛盾规律角度看，内外兼顾中的"内"是指在青少年价值观培育过程中起主导作用的因素、发挥决定性影响的力量，也即培育青少年社会主义核心价值观的主要矛盾及矛盾的主要方面；内外兼顾中的"外"则是指在青少年价值观培育过程中起次要作用、发挥辅助性影响的力量，也即培育青少年社会主义核心价值的次要矛盾及矛盾的次要方面。

一、思想政治素质形成的"内"与"外"

人的思想政治素质是在内化机制与外化机制的内外联动过程中形成和发展的。所谓内化机制，就是受教育者把教育者所宣传、灌输和传授的思想观念内化为自己的思想意识、态度习惯和行为规范，这是一个由感性认知到理性把握的过程，也是一个从改造既有思想观念到主动接纳新的思想观念的过程，还是一个不断比较、权衡和反馈的过程。如果说内化机制是其理论认知的话，那么外化机制则是其行为实践的表现形式。理论认知仅仅是实践行为的手段和基础，实践行为才是真正的目的和最终归宿。正是在内外联动的共同作用下，受教育者才完成了特有思想素质的形成、培育，才完成了从特定思想到特定行为的过渡与飞跃。

人的思想政治素质形成的过程也是内在教育与外在教育相统一的过程。教育者的主导性教育（可称之为外在教育）与受教育者的自我教育（可称之为内在教育）是整个思想政治教育过程中相互影响、相互制约、相互作用的两个不同方面。思想政治教育不是教育者单方面施加影响单方面作用的独角戏，评判思想政治教育最终还得以受教育者的接受度和言行改变度为重要依据，而受教育者对教育者宣讲的思想观念的真正接受离不开对其所宣讲内容的感悟、学习、内省，这一过程实质上就是受教育者自我教育的过程。因此，"教育作用的实现，又离不开受教育者的自我教育；没有受教育者的自我教育作用的发挥，教育者所传授的教育内容就不可能为受教育者所真正认识和接受，教育者的主导作用就失去了它的意义"①。

受教育者对所宣传、灌输和讲授的思想观念是否真正接受、在多大程度上接受是思想政治教育要解决的核心问题。教育者在开展思想政治教育工作时，必须针对受教育者的思想实际与生活实际，明确受教育者的真正需要，建立需要与思想政治教育之间的内在联系，从而激发与调动受教者的内驱力与最大积极性。教育者要改变传统的以教育者为中心的教学模式，建构双向互动模式，充分尊重受教育者的人格，进行平等沟通交流。对受教育者而言，要提高对特定思想政治教育内容的认可度以增进接受的主体意识，要具备与特定思想政治教育内容相关的知识以提高对此的理解能力，要具有对特定思想政治教育内容的明辨、选择和内化能力以提升接受的有效性。

如果说青少年自身是其思想政治素质转化的内在力量的话，那么教育者则是其思想政治素质转化的外在力量，而教育者主导性作用的发挥是其外在力量的重要作用方式，教育者主导性的发挥是主动性与创造性的内在统一。教育者的主导作用主要表现为"组织功能（对教育内容、教育情境的组织）、教育功能（对教育内容的传输、对教育对象思想行为变化的引导等）、调控功能（获取思想政治教育过程中的各种反馈信息，进行分析、整理，并据以调控自己的组织行为及教育行为等）"②。为此，教育者一方面要有强烈的主体意识，要把让青少年培育社会主义核心价值观放到培育中国特色社会主义合格建设者和可靠接班人的高度上来认识自己所肩负的责任感、使命感和荣誉感。与此同时，教育者还应具备相应的理论素质、政治素质和人格素质。

---

① 周中之，石书臣. 现代思想政治教育理论与实践探微［M］. 北京：人民出版社，2009：133.

② 沈壮海. 思想政治教育有效性研究［M］. 2 版. 武汉：武汉大学出版社，2008：62.

二、价值的"内"与"外"

从核心要义看，价值概念本身就体现了内外兼顾的原则。价值的"内"是指人的内在需求，价值的"外"则指外在于主体的客观事物所具有的特点与属性。从实质上讲，价值就是外在的客观事物对人的内在需要所具有的作用、功能和意义。可见，价值就是实践主体按照主体需求这一尺度来取舍、改造和利用的外在客体。"价值固然不能离开客体及其属性，但客体及其他所具有的属性和功能只是价值的负载物，它们只有相对于主体的需要，在主体需要的这个'天平'、这个'衡器'上，才能显现出自己的'分量'和意义，才被看作是有益的或有害的、有用的或无用的、好的或坏的。"① 所以，价值也只有在主体性上才能真正彰显其真正本质和内在力量，才能充分展示和真正体现意识的能动性、创造性，尤其是意识变物质的独特魔力。但是也不能忽略外在的物质的客观属性，因为人的需要能否真正得到满足与实现，最基本的前提是遵循客观事实与客观规律，而且人的需要看似是一个主观的随意的意识，但是提出什么样的需要是要受客观物质条件与现实情况制约的。

人的价值可分为对"内"与对"外"两个向度，对内是指实践活动对其自身需要的满足与意义，这是指向自身的维度；对外是指自身的实践活动对外在于自身的他人、社会和自然的意义，这是指向自身之外的维度。内外兼顾原则的重要体现就是要求价值主体在价值认识与价值实践活动中做到个人价值与社会价值的兼顾、协调与统一。实践活动是人的本质体现，而人在实践活动中首先表现为一个价值存在物，即人总是在不断探寻自身存在的意义，总是按照自己的价值需求来影响改变个人、社会和自然。全部人类历史的第一个前提无疑是有生命的个人的存在。所以，人首先是个体存在物，在实践活动和现实生活中，大多数人率先考虑的是通过自己实践活动满足自身的需要。但我们不能因为人的

---

① 马俊峰. 马克思主义价值理论研究 [M]. 北京：北京师范大学出版社，2012：103.

个人价值而否认人的社会价值，须知人不仅是个体存在，更是社会存在。正是在社会性属性的层面上，人才真正与自然、与其他动物群类区分开来。可以说，社会属性真正彰显了人的本质。所以，社会价值根源于人的社会属性。

　　个人价值与社会价值构成了人的价值结构中不可分割的两个方面，二者之间是辩证统一的关系。一方面，要积极肯定承认个人价值、尊重个人价值、实现个人价值的正当性与合理性。另一方面，还要强调个人价值与社会价值、对内价值与对外价值的不可分割性。片面强调个人价值或社会价值都会给人的发展和社会的发展带来消极后果。在改革开放前的很长一段时间，价值观宣传和价值取向上一个最大的失误就是片面强调和放大社会价值，甚至用社会价值取代和淹没个人价值，这固然是不可取和应予以坚决反对的，但是还得警惕另外一个不好的倾向，那就是随着改革开放四十多年来社会主义市场经济的发展，伴随着个人能力的极大发挥与主观能动性的极大释放，我国现阶段价值观又呈现出一种对个人价值的过度宣扬与看重、对社会价值不合时宜的冷落与忽视的倾向。

三、青少年社会主义核心价值观培育的"内"与"外"

　　青少年的主体性是决定其社会主义核心价值观培育的内在因素，教育者的宣传、灌输，制度的支持、环境的熏染等因素都是外在的协同要素。在青少年社会主义核心价值观培育过程中，培育者常犯的一个错误是：认为教育即接受，以为宣传什么、灌输什么，受教者就会接受什么、认可什么，进而会践行什么。其实，培育者和青少年之间存在一个巨大鸿沟，其中最为重要的缘由就在于过分夸大了培育者的主导性，忽略、贬低了受教者在这一过程中的主体性。诚然，没有培育者主导性的有效发挥是不能有效培育青少年社会主义核心价值观的；但同样，如果没有青少年内在主体性的有效发挥，其社会主义核心价值观的培育也只能是教育者单方面的良好愿望。而影响内在主体性发挥最为核心的两个要素是接受需要的强弱和接受能力的大小。

内在需要是激发青少年培育社会主义核心价值观的重要引擎和动力。青少年只有真正地体验到、认识到社会主义核心价值观与自身利益的紧密联系与密切相关性，其培育社会主义核心价值观的内驱动力才会真正得到激发。正如有的学者所正确理解和指出的那样："思想接受活动中的基本矛盾是，受教育者的接受需要与思想影响源之间的非互适性矛盾。"[1] 因此，有没有接受需要、有多大程度的接受需要是青少年能否主动接受、多大程度上接受社会主义核心价值观培育的重要衡量标准。为此，施教者要激发青少年培育社会主义核心价值观的强烈需要。与此同时，青少年要深刻认知和体验社会主义核心价值观内容与自身需要的内在契合性。青少年应深刻认识到国家好、社会好、集体好个人才会真正好，个人价值的实现是以社会价值为保障的。

如果说内在主体性的发挥是青少年培育社会主义核心价值观的内在原因与主要矛盾的话，那么对青少年群体切身利益的关注、相关的制度保障和积极的氛围环境的创设则是其外在条件和次要矛盾。

首先，关注青少年特殊利益与诉求。青少年时期是人生成长和发展中最为关键的时期，尤其是价值观塑造培育的重要阶段，他们渴望被理解、被尊重、被赞许，他们有浓厚的家国情怀和强烈的社会责任感，也愿意为家庭、他人、社会和国家尽一份心出一份力。青少年之所以出现这样那样的问题，是因为其得到的关爱和帮助不够，关注、解决青少年的合理需求，为其学业成绩进步提供多方面的关心与关爱、为其身心健康成长提供各种关注与帮助、为其个人健康成长成才提供指导与支持、为其创业就业提供多方面保障与扶持，是青少年社会主义核心价值观培育的重要物质前提。只有现实关注的利益得到满足后，他们才能真切地体会到社会主义核心价值观的培育与自身的成长、成才和发展的密切联系。

---

[1] 张世欣. 思想教育规律论 [M]. 杭州：浙江大学出版社，2008：107.

其次，为青少年社会主义核心价值观的培育提供制度保障和政策支持。虽然社会主义核心价值观的价值规范与价值引导大多属于道德领域范畴，但由于道德主要是依赖于社会舆论、信念、习惯、传统、教育等不具有刚性约束力的方式来规范社会行为、调节社会关系与维护社会秩序的，因而道德教化、道德约束和道德调节具有一定程度的局限性，青少年社会主义核心价值观的培育还必须依赖完善的法律法规来提供制度保障。一方面"要把社会主义核心价值观贯彻到依法治国、依法执政、依法行政实践中，落实到立法、执法、司法、普法和依法治理各个方面"①，另一方面，"要运用法治手段解决道德领域突出问题"②，对社会上的失信行为、见利忘义行为、辱骂英烈行为、制假售假行为加大执法力度，让其行为不仅受到道德的谴责，还受到法律的严惩。

最后，要创造有利于青少年社会主义核心价值观培育的公平公正的社会氛围。要让青少年群体真切地感知和体验到遵循和践行社会主义核心价值观能得到社会的认可、道义的支持、利益的实现，不能让践行社会主义核心价值观成为曲高和寡的行为，不能让社会主义核心价值观被当今社会的功利主义、实用主义和个人利益至上等价值观淹没和遮蔽，不能让老实人吃亏，不能让英雄流血又流泪，要在整个社会形成崇德向善、见义勇为、尊老爱幼、诚实守信、崇尚公平正义的良好氛围。

第三节　显隐结合原则

从青少年社会主义核心价值观培育的路径与策略来看，显性层面主要包括施教者对青少年群体直接进行灌输、教化、宣传和说服工作，比如教师的课堂讲授、宣传部门的大力宣传等；隐性层面则主要包括通过渗透、陶冶、浸染等间接手段，潜移默化、润物细无声地影响青少年的

---

① 中共中央办公厅. 关于培育和践行社会主义核心价值观的意见［EB/OL］.（2013－12－23）［2019－12－06］. http://www.gov.cn/jrzg/2013－12/23/content_2553019.htm.

② 习近平谈治国理政：第2卷［M］. 北京：外文出版社，2017：134.

价值观，比如文化的熏陶、环境的浸染。在青少年社会主义核心价值观培育过程中，要扭转偏重显性教育忽视隐性教育的倾向。诚然，正面地、公开地、理直气壮地充分利用组织效应和声势效应对青少年进行社会主义核心价值观的宣传教育是必不可少的，但我们的工作不能止步于此。传统的思想政治教育常会陷入"讲时激动而讲后不动""中看不中用"和"雷声大雨点小"的怪圈，原因有很多，而过度偏重和依赖显性层面的教育而忽视了隐性教育确是一个重要因素。

一、正面宣传施教的显性教育

显性教育作为青少年社会主义核心价值观培育的传统手段和行之有效的经验，其最为显著的特点就是直接性、公开性、组织性。显性教育最主要的形式就是正面的宣传和施教。青少年社会主义核心价值观的培育，宣传教育是基础性的工作。改善宣传工作、发挥思想政治理论课教学的主渠道作用是社会主义核心价值观显性教育的重点工作。

改善社会主义核心价值观的宣传工作。首先是思想上要重视。对社会主义核心价值观宣传工作的一种偏见是：经济工作是实的，宣传工作是虚的；经济工作要常抓不懈，宣传工作可有可无。对此，习近平总书记旗帜鲜明地指出："经济建设是党的中心工作，意识形态工作是党的一项极端重要的工作。"[1]"极端重要"四字道明了宣传工作的重要性与不可替代性，只有思想上重视宣传工作，才能在实践中贯彻落实好宣传工作的各项任务和目标。其次要明白宣传重点。总书记提出的"坚持团结稳定鼓劲、正面宣传为主""巩固壮大主流思想舆论，弘扬主旋律，传播正能量"为社会主义核心价值观宣传指明了方向、道明了重点。要大张旗鼓地宣传社会主义的成就，宣传道德楷模、行业标兵、感动中国人物、身边好人好事，宣传文明家庭、文明单位、文明校园、文明村镇、文明城市，要让提气充满正能量的宣传盖过负面的信息。最后是要抓好

---

① 习近平谈治国理政：第1卷 [M]. 北京：外文出版社，2018：153.

重点人群。党员干部、文艺界知名人士、网络大V、商界名流、学术大咖等公众人物的言谈举止对整个社会起着风向标作用，能够激发整个社会崇德向善从而具有示范导向性的榜样作用，这是宣传的重点人群。

充分发挥思想政治理论课教学的主渠道作用。从接受教育的普遍情形来看，青少年时期主要是接受中学教育和大学教育的时期，因此，国民教育是青少年社会主义核心价值观培育的基本途径。诚如江泽民同志指出的："正确的世界观、人生观、价值观的确立，民族优良传统的发扬，共同理想和精神支柱的形成和巩固，科学文化水平的提高，都离不开教育工作"[①]。在整个国民教育体系中，中学、大学的思想政治理论课教师是发挥这一主渠道作用的主体。围绕这个主渠道作用的发挥，思想政治理论课教师需要做好以下两个方面的重要工作。

一方面，充分发挥思想政治理论课教师的主导作用。思想政治课老师最为重要和具体的任务就是要完成特定内容的进教材、进课堂与进头脑。相较而言，进教材、进课堂是形式化的东西，是比较容易的，而进头脑则是内在的和本质的东西，是棘手和困难的事情。进头脑的关键在于落实教育部部长陈宝生提出的实现理论体系向教材体系的转化、教材体系向教学体系的转化、知识体系向价值体系的有效转换，教师"在思想上确保进入，要从落实立德树人根本任务的战略高度，带着立场、情感、温度来统筹推进'三进'工作，做到感情和行动相统一"[②]。为此，就得下一番苦功夫：不仅要研究教材，还得研究学生、研究自己、研究社会，并在此基础上摸索出一套适合学生、适合自己的行之有效的教学方法。然后围绕课堂打响关键一战，让课堂成为有心的课堂、开放的课堂，让学生头脑起风暴，真正实现教育者所期望的思想素质的提升和价值观的积极转换。

第三章

青少年社会主义核心价值观培育原则

---

① 江泽民文选：第 2 卷 [M]．北京：人民出版社，2006：331.
② 陈宝生．用好讲好高校思政理论课教材 用中国特色社会主义最新理论成果武装大学生头脑 [EB/OL]．（2018—05—15）[2019—12—23]．http://www. moe. gov. cn/jyb_xwfb/gzdt_gzdt/moe_1485/201805/t20180515_336124. html.

另一方面，切实做好社会主义核心价值观与思想政治理论课的融入结合工作。首先，扭转教学过程中的功利化倾向。目前在中学与大学阶段，存在着一种"口头上重视、行动上忽视"的现象，教育过程中功利化色彩非常明显，中学阶段以升学为目标、大学阶段以就业为目标，思想政治教育课程在一些学校成了摆设，从事思想政治课程教学的老师也没有足够的自信和底气。其次，思想政治理论课教师要做到"明道、信道和传道"的有机统一。所谓"明道"是指思想政治理论课教师只有完整全面深刻理解社会主义核心价值观，才能准确阐述解读宣传社会主义核心价值观；所谓"信道"是指思想政治理论课教师只有把社会主义核心价值观作为自己内心真正的信仰和信念，才会主动自觉地讲解传授社会主义核心价值观；所谓"传道"是指思想政治理论课教师面向青少年宣传、讲解社会主义核心价值观。人们往往更多关注"传道"环节，其实这一环节是以"明道""信道"作为基础和支撑的。最后，要充分发掘思想政治理论课中与社会主义核心价值观相契合的要素进行宣传讲授。比如公民教育、国情教育是贯穿青年学生不同阶段的主题，这可结合社会主义核心价值观中的个人层面、社会层面和国家层面的要求进行融入性探讨和教学。比如高中阶段的"经济与生活、哲学与生活"和大学阶段的"马克思主义基本原理概论"可结合马克思主义的立场、观点、方法及其马克思主义理论的科学体系进行教学。

二、文化熏陶的隐性教育

文化熏陶是青少年社会主义核心价值观培育的一个重要隐性途径，从青少年接受文化熏陶的主要类型来看，主要包括中华优秀传统文化、革命文化、社会主义先进文化和西方文化。对青少年来讲，中国特色社会主义文化是主导文化，大众文化与网络文化是主流文化，校园文化与西方文化是两个具有重要影响源的文化。中国特色社会主义文化是青少年培育社会主义核心价值观的重要文化类型，为此，青少年要主动学习、积极接纳中华优秀传统文化、革命文化和社会主义先进文化。

第一，汲取中华优秀传统文化的丰厚滋养。"文化具有天然的历史积淀性和代际传承性"①，而文化的传递、价值观的传承都是人们在以往历史及先辈们的实践生活尤其是精神文化生活的基础上经过特定选择生成的。中华优秀传统文化是社会主义核心价值观的重要来源，更是青少年培育社会主义核心价值观的重要沃土。传统文化中"崇仁爱、重民本、守诚信、讲辩证、尚和合、求大同等思想"与"自强不息、敬业乐群、扶正扬善、扶危济困、见义勇为、孝老爱亲等传统美德"是社会主义核心价值观的重要借鉴资源②。为此青少年要主动学习中华文化的优秀典籍和重要文献，从中汲取思想道德营养；要积极参加经典诵读、文化讲堂、传统节日等实践活动，从中感悟传统文化的精髓与魅力；要处理好继承和发展的关系，做好创造性转化和创新性发展。

第二，继承革命文化的优良传统。革命文化蕴含的崇高的革命理想、坚定的革命信念、浓烈的家国情怀等丰富内容与深刻的人民性、鲜明的时代性、严明的纪律性等特质，与社会主义核心价值观的内容、原则和基本精神具有高度的契合性。红船精神、井冈山精神、长征精神、延安精神、西伯坡精神是青少年培育社会主义核心价值观需要继承的精神食粮。为此，青少年一方面要反对历史虚无主义，认真学习中国历史尤其是近现代史，本着尊重历史、尊重传统的精神，从中发掘与社会主义核心价值观相契合的资源；另一方面，青少年要崇尚英雄、捍卫英雄、学习英雄、关爱英雄。学习英雄人物的先进事迹，汲取英雄人物身上的宝贵精神，将其转化为培育社会主义核心价值观源源不断的重要动力和取之不竭的精神财富。

第三，坚持社会主义先进文化的前进方向。社会主义先进文化是以马克思主义为根本指导思想，以满足人民群众日益增长的精神文化需要为目标，以先进的思想道德和先进的科学文化为主要内容的文化。社会

---

① 纪宝成. 发挥好大学文化交融与创新的功能 [J]. 中国高等教育，2011 (24).
② 中共中央宣传部. 习近平总书记在文艺工作座谈会上的重要讲话学习读本 [M]. 北京：学习出版社，2015：28－29.

主义先进文化具有抵制批判消极腐朽文化、整合引领各种社会思潮、促进达成文化认同等的重要功能。社会主义先进文化功能的发挥需要各方协同发力。首先，青少年要学习、理解、认同和践行社会主义先进文化。其次，要用社会主义核心价值观引领文艺创作，因为"对文艺来讲，思想和价值观念是灵魂，一切表现形式都是表达一定思想和价值观念的载体。离开了一定思想和价值观念，再丰富多样的表现形式也是苍白无力的"①。最后，要构建中国特色哲学社会科学体系，为青少年社会主义核心价值观培育提供理论支撑和文化支撑。

第四，扬弃以大众文化为主要形式的主流文化。大众文化是青少年日常生活中经常面对的文化形态。大众文化对青少年社会主义核心价值观的培育带来了双重影响：一方面，大众文化有助于青少年个性的解放、民主平等意识的增强、文化权利与文化消费范围的扩展，但与此同时也带来诸如消解传统权威、解构主导意识形态和主导文化、增多价值冲突与价值盲从等弊端。因此，要多方发力为青少年社会主义核心价值观的培育提供一方文化净土。首先，青少年要增强明辨能力。面对多元文化、多种价值观的交融与碰撞，要善于运用马克思主义的立场、观点和方法去分析、选择、过滤。其次，要正确处理虚拟与现实的关系，发挥网络空间在培育社会主义核心价值观中的积极作用，规避其消极影响。再次，大众文化生产者要履行"把关人"职责，坚决过滤掉那些"大量关于黄赌毒、反党反社会主义、诋毁历史人物、否定党的历史与改革开放、西方价值观等与社会主义核心价值观相冲突的"负面信息②。最后，营造良好的网络生态，为青少年社会主义核心价值观培育提供健康的网络环境。

---

① 习近平谈治国理政：第 2 卷 ［M］．北京：人民出版社，外文出版社，2017：351.
② 唐旭昌，王奇珅．网络空间视域下社会主义核心价值观培育的若干重要问题探讨 ［J］．重庆邮电大学学报（社会科学版），2018（3）.

三、环境浸染的隐性教育

习近平总书记在主持十八届中央政治局第十三次集体学习时指出："要利用各种时机与场合，形成有利于培育和弘扬社会主义核心价值观的生活情景和社会氛围，使核心价值观的影响像空气一样无处不在、无时不有。"[1] 这突出强调了环境在青少年社会主义核心价值观培育中的重要作用。青少年的成长过程是不同环境与之相伴随的过程，青少年价值观正是在各个环境的影响下得以塑造、培育和定型的。不同环境的特点不同、功能不同，对青少年社会主义核心价值观的培育施加影响的特点、作用的性质与功能的大小也不一样。按照青少年的成长轨迹和对其价值观影响的重要性来看，家庭环境、学校环境、社区环境、社会环境和网络环境是最为重要的几种环境类型。

（一）重视家庭环境建设在青少年社会主义核心价值观培育中的基础性作用

积极、健康的家庭环境是青少年社会主义核心价值观培育的重要条件。家庭环境是青少年社会主义核心价值观培育的始发地和第一个重要场域。家庭环境在青少年价值观培育过程中具有基础性和始发性地位。从青少年成长阶段来看，最先接触的就是家庭环境；从家庭环境影响青少年的影响因素来看，"各种家庭环境因素的综合作用，会形成一种具有共振性和弥散性的家庭氛围，对孩子施加一种无形的影响，使其产生某种心理评价，形成某种思想状态，进而支配其行为"[2]。因此，父母或者其他监护人应注重家庭关系的构建、注重家庭文化的培育、注重家庭生活方式的优化，从而为青少年的健康成长与全面发展守好人生的第一站和最重要的一程。

在家庭环境中，塑造积极、健康、向上的家庭文化氛围尤其重要。

① 习近平谈治国理政：第1卷［M］. 北京：外文出版社，2018：165.
② 关颖. 家庭教育社会学［M］. 北京：教育科学出版社，2014：293.

家庭文化是由家庭的各种要素组成的，是家庭成员的思想意识、价值观、知识水平、行为方式等主观因素以及家庭物质环境的总和①。家庭文化的一个重要功能就是塑造培育孩子科学的价值观。家庭文化对价值观的塑造培育主要体现在导向功能和制约功能上。良好的家庭文化可以抵制、过滤不良文化的消极影响。良好的夫妻关系、亲子关系和邻里关系能有效作用于孩子的心灵从而为青少年社会主义核心价值观的培育提供良好条件，严格而优良的家规家教能让青少年树立责任意识、义务意识和规则意识。家风与民风、政风以及整个社会风气息息相关，良好家风能为个人成长提供正确的价值取向，进而带动民风、政风和整个社会风气的改善。

（二）重视学校环境在青少年社会主义核心价值观培育过程中的重要地位

学校环境是塑造培育青少年价值观的重要场域。在青少年成长过程中，学校环境是其接触频率最高、相处时间最长的场所。学校环境既包括物质环境，比如运动场、教学楼、宿舍、图书馆等场地和教学设备和办公用具、公共用品等设施，还包括校风、学风、校史、校训、校规、学习氛围、生活习惯、文明习惯等熔铸而成的精神文化环境。优化学校环境是一个系统的工程，既涉及思想观念的变革，又关联到各个部分、众多角色的共同参与、积极配合。

首先，要改变德育工作是"虚"、升学就业才是"实"的功利观念。目前，青少年社会主义核心价值观培育的一个最大障碍就是部分学校领导和教师认识的不到位。"唯有升学和就业才是硬性指标和刚性要求，德育工作和思想政治工作可有可无"是一些学校、一些教师实际信奉的理念。这里的症结在于如何处理德育工作和教学工作的关系，须知，德育工作不仅不妨碍教学工作，而且能提升教学工作。

其次，教师要正确认识与处理"教书"与"育人"的关系。教师的

---

① 关颖. 家庭教育社会学［M］. 北京：教育科学出版社，2014：332.

使命与职责到底是什么？习近平总书记给予了科学的回答："教师重要，就在于教师的工作是塑造灵魂、塑造生命、塑造人的工作。""国家繁荣、民族振兴、教育发展，需要我们大力培养造就一支师德高尚、业务精湛、结构合理、充满活力的高素质专业化教师队伍，需要涌现一大批好老师。"① 在此，习总书记不仅对教师的职责进行了科学明确的界定，即"塑造灵魂、塑造生命、塑造人"，而且对优秀教师应具备的素质做了科学的概括，即"师德高尚、业务精湛、结构合理、充满活力"。

最后，从青少年校园日常生活着手培育社会主义核心价值观。青少年社会主义核心价值观的培育是在日常生活的感知、引导下得以形成和稳固的。青少年在学校的日常生活主要由学习、交往、消费和休闲等活动组成，其中学习部分占了绝大部分时间和精力。因此，教师要充分利用社会主义核心价值观培育的主渠道，让社会主义核心价值观进教材、进课堂、进头脑，让社会主义核心价值观入耳、入脑、入心和见行见效。除开课堂教学这个主要日常生活部分外，还需要把社会主义核心价值观的内容和精神实质融入贯穿到诸如消费、朋辈交往、日常休闲和社会实践等环节中，让社会主义核心价值观通过日常生活的渠道真正走进青少年的内心深处、真正落实到青少年的具体行为中。

（三）强化社区环境在青少年社会主义核心价值观培育中的独特作用

青少年社会主义核心价值观的培育固然离不开家庭环境的自然性、亲情性，离不开学校环境的正规性、系统性，同样也离不开社区环境的社会性、持久性。青少年终归要离开家庭、离开学校走向社会去实现自己的个人价值与社会价值。优良社区环境的打造要着重做好以下两个方面的工作：

一方面，打造优质的物质环境，为青少年社会主义核心价值观的培育提供物质基础。优化社区环境、完善社区设施，为青少年社会主义核心价值观培育提供物质保障。对居住空间、公共空间、道路交通等环境

---

① 习近平. 做党和人民满意的好老师［N］. 人民日报，2014-09-10（2）.

进行优化美化，通过基础配套服务设施的完善、全面优质服务的提供、丰富多彩活动的参与，为青少年创设一个舒适、惬意的物质环境。舒适、良好的物质环境为青少年身心的健康成长尤其是价值观的培育塑造提供了坚实的物质基础，这有助于青少年对社区产生积极的心理认同、强烈的归属感进而促成一定程度的价值认同。

另一方面，塑造优良的文化环境，为青少年社会主义核心价值观的培育提供文化氛围。社区文化以其特有的生活方式、行为方式、风俗习惯、规章制度、伦理道德对居住在本社区人的价值观产生特定的影响，生活在一定社区的人的价值观深深地打上了一定社区文化的独特烙印。要通过增加文化服务设施、开展多样文化活动、规范行为方式、提高伦理道德水准、倡导良好家风等措施，强化青少年对所在社区的存在感、归属感、认同感，提高其环保意识、道德意识、法律意识、协作意识和大局意识，从而全面发挥社区文化在青少年社会主义核心价值观培育中的认识功能、教育功能和审美功能。

第四节　情理交融原则

此处所讲的"情"主要是指由人的喜、怒、哀、乐、惧、爱、欲等情绪构成的心理状态和对某种事物怀有的深深感情，此处所讲的"理"主要是指事物所具有的抽象的道理。社会主义核心价值观是抽象的理性与鲜活的感性的统一，在青少年社会主义核心价值观培育过程中既要晓之以理，又要动之以情，不能顾此失彼、按下葫芦浮起瓢，既要深刻认识到社会主义核心价值观理论方面阐释、解读的重要性，又要深刻体会认识到情感因素在其中所具有的独特作用。

一、青少年社会主义核心价值观培育要"晓之以理"

社会主义核心价值观是一个复杂的抽象的理论体系，它涉及众多概念、判断，比如"传统与现代、西方与东方、社会主义与资本主义、经济与文化、政治与文化、价值观与文化"等众多关系的对比分析、认知理解和评判取舍，这些都需要足够的理性思维能力方能胜任。为此，青少年需在以下两个方面做出努力：

首先，注重培养理性思维能力。随着青少年年龄的不断增长、社会经验的不断积累、知识含量的不断增加，青少年的抽象思维能力、逻辑思维能力、辩证思维能力不断发展，对社会主义核心价值观这种抽象复杂概念理解的能力不断增强。但相较于社会主义核心价值观的复杂理论体系而言，青少年的理性思维能力还应得到不断拓展与提升。一方面，青少年要有提高理性思维的自觉意识，在日常生活与学习中不能仅仅满足于感官的快乐、不能放弃读书思考的习惯、不能放弃马克思主义理论修养、不能被电子网络时代碎片化无深度的信息裹挟；另一方面，家长、长辈、教师等宣教培育者要对青少年进行正确的引导，为其实现从感性层面的认识到理性层面认识的跨越创造条件。在价值观培育塑造过程中最重要的理性思维能力就是价值判断力。

其次，充分发挥教育工作者、理论研究者和相关职能部门的协同作用。对理论进行科学的阐释、解读是青少年社会主义核心价值观培育的前提性工作。对教育工作者而言，要学习、钻研社会主义核心价值观的相关理论，做到全面科学地理解理论、阐释理论、宣传理论，教育工作者要有效实现从理论体系到教材体系再到教学体系、从理论话语到教材话语再到教学话语的转换；理论研究者要深入研究阐释社会主义核心价值观的基础问题、元理论问题、重大问题和实践问题，比如核心概念、历史渊源、重大意义的正确解读，诸如传统价值观与现代价值观、社会主义核心价值观与西方价值观、社会主义核心价值观与人类共同价值观、社会主义核心价值观与普世价值等重大理论问题的回应与关切；相关部门要重点支持社会主义核心价值观方面的课题研究、学术研讨和著作出版，尤其要"深入推进马克思主义理论研究和建设工程，发挥国家社科基金的导向带动作用，推出更多有分量有价值的研究成果"①。

二、青少年社会主义核心价值观培育要"动之以情"

社会主义核心价值观的培育是抽象的理性与鲜活的感性的统一，理性认识与感性认识相互交融、相互交替共同推动青少年社会主义核心价值观的培育。在青少年社会主义核心价值观培育过程中，既要注重理性因素的重要作用，又不要忽视忽略兴趣、意志、直觉、顿悟等非理性因素的作用。

从信息加工观的角度来看，青少年社会主义核心价值观培育的过程就是青少年对社会主义核心价值观的相关信息不断进行吸收、存储和提取的过程。而青少年对社会主义核心价值观的信息是否愿意吸收、在多大程度上吸收是不以宣教者的单纯美好愿望为转移的，其中重要的前提性条件就是欲望、动机、兴趣、情感、意志和信念、信仰这些层次不同的情感因素的参与。只有在此基础上，青少年才能主动接受社会主义核心价值观的相关信息，青少年才可能生发出对社会主义核心价值观的理论认同，进而产生对社会主义核心价值观的价值认同。

从青少年对社会主义核心价值观接受的心理生成机制来看，情感因素在其中起到了承上启下的关键作用。从心理机制的角度分析社会主义核心价值观，"培育和践行社会主义核心价值观实质上就是社会主义核心价值观内化于个体的心理结构，融入个体的价值观体系并产生相应的行为的过程"②。青少年在社会主义核心价值观培育过程中的心理机制主要包括知、情、意、信、行这五个前后相随、层层递进、彼此关联的过程。所谓"知"是指对社会主义核心价值观本质的理性认识，所谓"情"是指对社会主义核心价值观发自内心的认可、主动的接纳，所谓

---

① 中共中央办公厅. 关于培育和践行社会主义核心价值观的意见 [EB/OL]. (2013-12-23) [2019-12-06]. http://www.gov.cn/jrzg/2013-12/23/content_2553019.htm.

② 徐斌，陆树程. 论培育和践行社会主义核心价值观的心理机制 [J]. 江汉论坛，2015 (5).

"意"是指在对社会主义核心价值观内化与践行的过程中能够克服外在的不利影响和内在的不良情绪而始终如一地对社会主义核心价值观保持一种笃定、笃行的状态，所谓"信"是指把社会主义核心价值观内化为信念、信仰的高级精神形式并将此作为生活实践的内在规范与行为准则，所谓"行"是将内化的社会主义核心价值观外化于生活实践中，完成认知到行为的嬗变。可见，社会主义核心价值观从"知"到"行"这个巨大鸿沟的跨越必须依赖于"情""意""信"这些情感因素的参与。

要充分有效地激发青少年社会主义核心价值观培育的情感作用，需从以下方面着手：

第一，增强对青少年的情感作用力。"情感作用力"是浙江师范大学教授张世欣在《思想教育规律论》中提出的一个重要概念，在他看来，思想政治教育效果的提升必须要遵循"情感作用力规律"，这一规律要求"思想教育者在其施教活动中，要尊重客体，调整自我，加大情感倾斜，充分发挥感情投入的作用力，力求主客体的和谐与统一，营建良好的教育生态，增强教受心理融合度"①。"情感作用力"思想的启发意义在于，在对青少年社会主义核心价值观培育的过程中，要关注、维护、促成青少年合理的现实需要，在此基础上激发青少年对社会主义核心价值观培育的欲望、动机、兴趣、意志和信念，激发青少年的道德情感，增强青少年的道德意志，坚定青少年对社会主义核心价值观的价值自信。教育工作者要随时随地关注青少年的情绪情感变化，要有效疏导、化解青少年在社会主义核心价值观培育过程中面临的情感困惑与矛盾；教育者要带着热情、爱心和耐心去工作，以自己高尚的人格力量去感召、激励青少年对社会主义核心价值观培育的主动性、能动性。

第二，注重思想政治教育情境的有效性。思想政治教育情境的作用功能主要表现为"思想政治教育情境为思想政治教育活动的开展、为思想政治教育对象初步印证其所接受的思想意识的正确性等提供具体场

---

① 张世欣. 思想教育规律论［M］. 杭州：浙江大学出版社，2008：58.

合，渗透、体现思想政治教育的目的、内容，为思想政治教育者与思想政治教育对象之间的教育-被教育关系的确立及其教育互动的进行提供着精神的或物质的纽带和载体"①。思想政治教育情境与思想政治教育对象的匹配是思想政治教育情境有效性的客观要求，而"这一匹配关系的重要表现即思想政治教育者与教育对象之间友好、平等、信任、尊重等关系的形成。这种关系确立与否，直接影响着教育对象在整个思想政治教育活动中主体性是否得以发挥及发挥的程度，影响着教育对象在整个思想政治教育活动中的接受状态"②。因此，在青少年社会主义核心价值观培育过程中，教育者与受教育者要建构一种良好的情感关系，教师应平等对待每一个学生，尊重学生的选择，尊重学生的主体地位。教师应积极主动地创设符合青少年身心特点的平等、民主、开放、友好、信任的精神氛围。

第三，注重家庭教育的情感因素。与以地缘、业缘、趣缘为纽带组成的社会组织社会群体所不同的是，家庭是建立在以血缘关系或者收养关系为纽带的社会细胞，注重亲情是家庭最主要的特征，"血浓于水"是对这种亲情最直观形象的描述。正是在这种浓浓亲情润物细无声地潜移默化的影响下，青少年初步形成了行为习惯和价值取向。这种独特的情感作用机制表现为"由血缘关系所产生的特殊亲密情感能带给人精神上的归属感、安全感、依恋感，对子女的内心具有强大的推动力和感化力，为人的健康发展奠定最重要的基础"③。这就要求家庭成员之间要积极地进行情感交流，家长更应发挥家庭的中枢作用，带头协调处理好夫妻关系、子女关系、婆媳关系，营造一种平等、民主、关爱、友好、信任的家庭氛围，以自己良好的行为习惯和优质的道德素养感化、影响、引导青少年社会主义核心价值观的培育。

---

① 沈壮海. 思想政治教育有效性研究［M］. 2 版. 武汉：武汉大学出版社，2008：95.
② 沈壮海. 思想政治教育有效性研究［M］. 2 版. 武汉：武汉大学出版社，2008：150.
③ 常青伟. 思想政治教育环境渗透研究［M］. 苏州：苏州大学出版社，2015：142.

第五节　虚实互补原则

从哲学层面来理解，"虚"与"精神"相对应，"实"与"物质"相对应。随着网络社会的来临，学术界又出现了"虚拟"与"现实"这两个概念，"虚拟"主要特指网络空间中的生活世界，"现实"主要是指在自然空间和社会空间中的生活世界。本书主要是从哲学的角度和思想政治教育的角度上探讨"虚""实"这一对相辅相成的范畴。

一、物质的"实"与精神的"虚"

物质与精神的关系既揭示了哲学的基本问题，又反映了构成世界的两个基本层面，还体现了人类生活的两个基本方面。进而言之，人的实践活动主要指向物质生活与精神生活两个层面，人的需要主要朝向物质需求与精神需求两个向度。青少年社会主义核心价值观的培育旨在影响改变青少年的精神世界或主观世界，力图用社会主义核心价值观影响、改造甚至替代其既有价值观，这属于改造主观世界的范畴，相对经济工作这种实实在在的物质层面而言呈现出"虚"的特征。但物质的"实"与精神的"虚"不是孤立存在、各自为政的，而是一种对立统一的关系。这是因为，从外在表现来看，价值观的塑造培育是直接作用于客体的精神世界或主观世界并使其价值观发生朝向主体所倡导的价值观的改变，从这个意义上来讲价值观培育塑造工作属于"务虚"的工作；但从内在的实质来看，价值观的塑造培育并不是真正目的，其真正目的在于被培育者用内化的价值观去作用于周边的人、周边的物与周边的事，使客观世界发生真真切切、实实在在的改变。所以，就真正目的和最终落脚点而言，价值观的培育塑造属于"务实"的工作。

按照辩证唯物主义观点，物质的"实"决定精神的"虚"，这是因为人的思想不管是错误的还是正确的都只能来源于客观的物质世界，不管是个人的意识、群体的意识或者社会的意识都只能产生于劳动交往和生活实践中，但与此同时，精神的"虚"对物质的"实"能产生巨大的反作用力，这个巨大的反作用力的一个突出体现就是人类能够按照自己的想法创造一个新的客观世界。简言之，物质的"实"决定精神的"虚"，但精神的"虚"也可以创造物质的"实"，也即是说，精神可以变物质，"虚"也可以转化为"实"。

物质的"实"与精神的"虚"这一辩证关系原理对青少年社会主义核心价值观培育工作给予了重要的启示：价值观培育要遵循解决思想问题与解决实际问题相统一的原则。从直观的角度来看，社会主义核心价值观的培育解决的是思想问题，但思想问题要真正得到解决、社会主义核心价值观要真正进入青少年头脑得到内化并最终得以践行，仅仅停留在思想意识领域和精神世界层面想办法、找对策是不能真正解决问题的。思想问题是现实问题的表现，现实问题才是思想问题产生的真正根源，解决思想问题必须以现实问题为抓手才能收到真正效果，而现实问题主要涉及经济问题、利益问题。所以，在青少年社会主义核心价值观培育过程中，要充分关注、关切和解决青少年在成长过程中面临的学习困难、情感困惑、家庭问题、升学问题、就业问题等事关青少年切身利益的实际问题，只有把青少年面临的实际问题解决好，才能从根本上扫除青少年培育社会主义核心价值观的主要障碍，也才能让青少年主动接纳、内化和践行社会主义核心价值观。但也不能由此走向"片面强调务实工作"的极端，在青少年社会主义核心价值观培育过程中还应贯彻精神鼓励与物质利益相结合的原则。精神上的鼓励、赞许、表扬和激励能最大限度地调动青少年培育社会主义核心价值观的主动性、积极性。

二、现实社会的"实"与虚拟社会的"虚"

从生产力尤其是生产工具的发展更迭来看，人类社会先后经历了石器时代、铜器时代、铁器时代、蒸汽时代、电气时代和电子时代，与此相应人类社会的技术社会形态也从渔猎社会、农业社会、工业社会进入了信息社会。信息社会是随着电子技术、通信技术和网络技术的发展而出现的最新技术社会形态。随着人类进入 21 世纪，"世界经济正在加速从工业社会向以信息为主导、以互联网等先进传媒为载体、以知识创新为核心的信息社会过渡，信息技术日益成为推动生产力进步的决定性因素"[①]。可见，信息社会具有与农业社会、工业社会根本不同的特征，其中最为根本的特征就是与现实社会相对的虚拟社会的来临。"相较于物理（自然）空间和社会空间而言，网络空间最大特点莫过于以数字化形式反映的虚拟性。与自然空间和社会空间的物质实践不同，网络空间的实践形式主要是虚拟实践"[②]，而所谓虚拟实践是指"主体和客体之间通过数字化中介系统在虚拟空间中进行的双向对象化的活动，主要活跃于网络界，具有交互性、开放性、间接性等特点"[③]。

积极发挥网络空间在青少年社会主义核心价值观培育中的积极作用。网络空间在青少年社会主义核心价值观培育过程具有独特的优势：其一，扩大了社会主义核心价值观传播的范围。网络媒体具有报刊、广播、电视等传统媒体所不具备的开放性、自由性、自主性和交互性等特点，社会成员不再受身份、职业、年龄、时间、地点的束缚限制就能通过手机、电脑、网络电视等终端设备与网络建立联系，就可以传播、接受、分享、交流社会主义核心价值观的相关资讯。其二，丰富了社会主义核心价值观培育的手段。网络空间中的社会主义核心价值观培育可以有效克服传统价值观培育的缺陷，可以跨越时空通过多种渠道、多种形式主动地传播与接受社会主义核心价值观的信息，与此同时网络空间还可以运用"互联网＋"的思维和模式实现与社会主义核心价值观诸要素的有机融合与对接。其三，增强了社会主义核心价值观培育的效果。网络空间中融文字、图片、视频、音频于一体的传播模式大大增强了社会主义核心价值观传播的直观性、生动性、形象性和趣味性，一定程度上

① 杨春贵. 马克思主义与社会科学方法论［M］. 北京：高等教育出版社，2012：109.
② 唐旭昌，王奇珅. 网络空间视域下社会主义核心价值观培育的若干重要问题探讨［J］. 重庆邮电大学学报（社会科学版），2018（3）.
③ 本书编写组. 马克思主义基本原理概论［M］. 北京：高等教育出版社，2018：61.

减轻了受众对社会主义核心价值观教育培育的抵触情绪，同时还可以通过信息过滤和议程设置等手段在网络空间中大量、密集和高效地传播社会主义核心价值观①。

　　主动规避网络空间在社会主义核心价值观培育中的消极因素。网络空间在青少年培育社会主义核心价值观中的消极因素主要体现在价值冲突和行为失范这两个方面。价值冲突是指"不同价值观之间在价值标准、价值评价、价值选择、价值取向和价值行为等方面存在的差异甚至对立"②。网络空间中充斥着大量的功利主义、实用主义、消费主义、个人主义、新自由主义、历史虚无主义、普世价值、西方宪政民主等与社会主义核心价值观相冲突的价值观，给青少年社会主义核心价值观的培育带来了价值选择的困惑和价值冲突，这在客观上加大了社会主义核心价值观培育的难度。行为失范主要是指"在传统价值观受到质疑、挑战而新的社会主导价值观尚未完全形成，从而使人们的言行缺乏科学合理的价值观调节与规范的一种情形"③。网络空间中的行为失范主要表现为人际交往能力的下降、道德领域的失范和犯罪行为的发生这三种情形。为了有效应对网络空间给青少年社会主义核心价值观培育带来的价值冲突和行为失范问题，要用主旋律和正能量信息占据网络空间，要规范网络空间，要"加强网络内容建设，做强网上正面宣传，培育积极健康、向上向善的网络文化，用社会主义核心价值观和人类优秀文明成果滋养人心、滋养社会，做到正能量充沛、主旋律高昂，为广大网民特别是青少年营造一个风清气正的网络空间"④。

---

① 唐旭昌，王奇珅. 网络空间视域下社会主义核心价值观培育的若干重要问题探讨[J]. 重庆邮电大学学报（社会科学版），2018（3）.
② 唐旭昌，王奇珅. 网络空间视域下社会主义核心价值观培育的若干重要问题探讨[J]. 重庆邮电大学学报（社会科学版），2018（3）.
③ 唐旭昌，王奇珅. 网络空间视域下社会主义核心价值观培育的若干重要问题探讨[J]. 重庆邮电大学学报（社会科学版），2018（3）.
④ 习近平. 习近平谈治国理政：第2卷［M］. 北京：外文出版社，2017：337.

第四章 青少年社会主义核心价值观培育机制

"机制"一词最初的意义是指机器的构造和运行的原理，后来借指能够促成系统内各个部分间有效而协调运行的方式、方法、程序或手段。青少年社会主义核心价值观培育机制，是指在青少年社会主义核心价值观培育过程中相互影响、相互促进、协同前行的各个方面、各个环节、各个手段。青少年社会主义核心价值观培育是一个涉及多个主体、多个方面、多个环节、多个手段的系统工程，这个系统工程的有序推进、有效运行必须依赖一系列不同机制作用的充分发挥和相互协作。概括性地讲，这些机制主要包括价值认同机制、融入结合机制、约束规范机制、传播宣传机制和社会协同机制。

第一节 价值认同机制

社会主义核心价值观的培育主要关乎"知不知""信不信"和"行不行"的问题。如果宣传教育是通过灌输的途径解决"知不知"的问题、外化践行是通过实践行动解决"行不行"的问题的话，那么价值认同则是通过内心的笃定解决"信不信"的问题。可见，价值认同是链接价值认知与价值实践的中介与桥梁，正是通过价值认同这个中间环节，价值主体才得以实现从价值认知到价值实践的实质性跨越。那么，何谓价值认同呢？所谓价值认同，是指"价值主体在社会实践中通过交往、对话和互动，不断调适自身的价值结构以适应、接受和遵循社会价值规范的过程。它标志着人们在社会实践中能够以社会共同的价值要求作为标准来规范自己的活动，并使之'内化'为自觉行为的价值取向"①。青少年对社会主义核心价值观的价值认同面临的最大问题是个人价值观与社会主义核心价值观这种社会主导价值观之间的矛盾。青少年对社会主义核心价值观的价值认同是多个环节和多个阶段前后相随、协同作用的过程。该过程始于经验感知，历经认知认同、情感认同环节，最后达成价值认同。

一、青少年对社会主义核心价值观的经验感知

实践是认识的来源，青少年对社会主义核心价值观的经验感知来源于其生活的现实世界。青少年对社会主义核心价值观的经验感知既有积极的一面，也有消极的一面。随着中国特色社会主义经济建设、政治建设、文化建设和生态文明建设的整体推进，国家呈现出富强、民主、文明、和谐、美丽的整体风貌，社会越来越充满了自由、平等、公正、法治的浓厚氛围，大多数社会成员都能秉承爱国、敬业、诚信、友善的价值准则说话做事，这些都为青少年提供了关于社会主义核心价值观积极的、肯定的、正面的经验感知，这也坚定了青少年对社会主义核心价值观的理论认知、情感认同并最终达成价值认同。但是也应当看到一定程度上存在的经济发展的不平衡不充分、政治上的贪污腐败、文化上的低俗媚俗庸俗、生态上的短视行为，以及其他司法不公、践踏法律、触碰道德底线等消极与负面的经验感知，这些感知会动摇青少年对社会主义核心价值观的价值认同。因此，国家、社会和个人等各个价值主体，都应按照社会主义核心价值观的内在要求努力践行其价值目标，从而为青少年对社会主义核心价值观的认同创造一个积极、正向的社会环境。

青少年对社会主义核心价值观的经验感知不仅来源于对外在社会环

---

① 冯留建. 社会主义核心价值观培育的路径探析 [J]. 北京师范大学学报（社会科学版），2013（2）.

境的把握，更来源于对自己切身利益的真实体会。青少年在成长过程中，如果能切实感受到国家的支持、社会的关爱、他人的友善，如果能在升学、就业等关键环节，其自身利益能够得到公平保障和真实维护，如果能切实体会到遵纪守法、讲道德、讲诚信、讲原则不是让自己"吃亏"而是让自己受益，那么他们就能真真切切地体会到社会主义核心价值观之于国家、之于社会、之于自身的巨大价值。这些积极的个人体验会促成青少年对社会主义核心价值观的认知，加深其对社会主义核心价值观的情感，进而会达成其对社会主义核心价值观的认同。所以，党、政府、企业、学校、家庭、社区都要为青少年的健康成长提供积极条件和切实帮助，努力维护和切实保障青少年群体的核心利益，努力打造公平正义的社会环境，从而为青少年对社会主义核心价值观的积极、正向的经验感知创造有利条件。

二、青少年对社会主义核心价值观的认知认同

认知认同是指青少年对社会主义核心价值观理性层面的认可、认同和接受，作为一种知识体系的社会主义核心价值观，涵盖众多范畴、概念，涉及众多判断、推理，比如传统与现代、中国与世界、个体与群体、个人与社会等众多概念的理解和多重关系的辨析，这在客观上决定了对青少年进行社会主义核心价值观宣传灌输的必要性，这也意味着讲解、阐释、辨析等手段在促成青少年对社会主义核心价值观认知认同上的重要性。宣教者只有在认知层面加强青少年对社会主义核心价值观的理解与认识，才能使青少年达成对社会主义核心价值观本质、意义、特点、功能和作用的全面而深刻的认知，也才能使青少年最终完成对社会主义核心价值观的认知认同这一理性认识的关键环节。

人们对一事物的认识与接纳可分为自发和自觉两种状态。自发状态是一种被动消极的状态，其驱动因素主要来自感性因素，且具有持续时间短、稳定性不强、动力弱等特点；自觉状态是一种主动积极的状态，其驱动因素主要来源于理性因素，具有持续时间长、稳定性好、动力强

等特征。自觉状态是青少年社会主义核心价值观认知认同的突出特征和重要标尺，如果青少年没有高度的思想自觉和理论自觉，那么对社会主义核心价值观的认知认同是很难取得实效的。自觉状态与认知认同相互促进共同推动青少年对社会主义核心价值观的价值认同：一方面，在自觉状态下，青少年会主动、持久地学习、了解、认识社会主义核心价值观的相关内容，并将其内化为自己的思想意识和价值观；另一方面，对社会主义核心价值观有更为全面而深刻的认知会反过来提升青少年培育践行的自觉性。社会主义核心价值观培育的重要目的在于实现从他律向自律的转化，而自觉认同是实现这一转化的关键环节，只有在自觉认同的基础上，青少年才能把外在宣传灌输教化的社会主义核心价值观转化为内心的自觉遵循。

三、青少年对社会主义核心价值观的情感认同

思想问题与心理问题相互联系、相互缠绕，共同作用于社会主义核心价值观培育。概括地说，心理问题更多地关乎感性认识，思想问题更多地属于理性认识。青少年社会主义核心价值观培育首先要解决的是思想认识问题，但又与心理问题有着割舍不断的紧密联系：首先，心理健康是社会主义核心价值观得以有效培育的前提；其次，思想意识问题是心理问题产生的重要根源；最后，思想问题和心理问题彼此影响、相互转化。思想问题能够导致心理问题，心理问题也可以导致思想问题。思想认识问题不解决必然会转化为心理问题，同样，如果心理问题不克服，那么科学价值观的塑造培育也只能是一句空话。

青少年对社会主义核心价值观有了经验感知和认知认同后，情感认同就是一件水到渠成的结果，因为"价值观念的形成以价值认知为前提，但价值认知还不是价值观念本身。价值观念的形成，有一个把价值

认知转向价值意向和信念体系的过程"①。真正高级情感的产生往往是建立在对对象的真正认知理解基础上的一种自觉行为。美国社会心理学家凯尔曼认为强制服从、自愿接受和进入潜意识是价值观内化过程的三个高低不同的阶段。在他看来，潜意识阶段是价值观内化的最高阶段，因为现代心理学研究表明，人的很多行为是受潜意识影响和支配的。康德也主张，像价值观培育的这种德性知识本身具有不同于自然知识的非理性特征，它只有处于情感认同这样一种感性状态下才能实现内化价值观的外化。

情感认同在青少年社会主义核心价值观培育中具有独特的重要作用。情感认同的突出表现就是把对社会主义核心价值观的了解认知转化为主体诸如欲望、爱好、兴趣、信念、信仰等积极情感。情感认同能够与认知认同产生良性互动，共同作用于和服务于价值认同。一方面，情感认同可以巩固加深认知认同。对社会主义核心价值观持有积极的情感并将之提升为信念、信仰和理想的层面，必然会巩固和加深青少年对社会主义核心价值观的认知与认同。另一方面，认知认同能够促成与提升情感认同。对社会主义核心价值观本质、意义、地位、作用、功能等方面知识的系统理解必然会强化青少年对社会主义核心价值观的浓厚情感，并有利于其形成对社会主义核心价值观的信念、信仰等高级情感。

情感认同的重要作用对教育者的重要启示就是，在青少年社会主义核心价值观培育中要最大限度地投入情感、激发情感、利用情感。投入情感就是指教育者要带着感情去进行社会主义核心价值观培育工作，不能将这项工作当作一件任务或不得不完成的差事，应深刻认知社会主义核心价值观培育之于国家、社会和青少年的重要性，带着使命、带着责任、带着情感，用平等的态度、坚韧的精神、细致的工作做好青少年社会主义核心价值观培育工作；激发情感就是要发掘青少年潜在的需求、

第四章
青少年社会主义核心价值观培育机制

---

① 李德顺，孙伟平，赵剑英，等. 马克思主义哲学范畴研究［M］. 北京：中国社会科学出版社，2010：434.

动机、欲望、情趣等情感因素，将这些情感调动起来，让青少年能够认知自身的情感并最大限度地将这些情感投入社会主义核心价值观培育的过程之中；利用情感就是要合理引导青少年的情感，既要克服不良情感的负面作用，又要积极引导健康情感的正向作用。

四、青少年对社会主义核心价值观的价值认同

价值认同是指值主体对特定价值观内心认可、主动接纳和自觉践行的一种积极心理状态，它是建立在对一定价值观的经验感知、认知认同和情感认同基础上形成的一种必然结果。虽说价值认同是一种心理状态，但能否获得价值认同以及在多大程度上获得认同却是受物质条件影响、制约甚至支配的。促成价值认同的主要动力是价值主体的需要能否得到有效满足，而人的需要是多样和多层次的系统。物质的需要、文化的需要、健康的需要、安全的需要、平等的需要、公平正义的需要、获得尊重的需要构成了人的需要主要内容，如果一种价值观的推行与实践能够让价值主体真实地感受到自己的需要获得了满足，得到了实现，那么就会促成价值主体对该种价值观的认可、接纳和践行。

青少年对社会主义核心价值观认同的一个最主要矛盾是如何平衡协调个人价值与社会主义核心价值观之间的关系。个人价值与社会价值的矛盾可以通过认知提升、思想灌输、利益调节等综合施策来解决。

第一，提升青少年对社会主义核心价值观的认知水平。首先，青少年要审视自己的个体价值观，剔除自己不合理的需求，应更多从个人、集体、社会与国家之间关系的角度来看待自己的价值观，不能局限于自己的小天地，当个人价值与集体价值、社会价值和国家价值发生冲突时，个人价值要让位于集体价值、社会价值和国家价值。其次，青少年对社会主义核心价值观的本质、意义、地位、作用要做一个全方位的系统的了解与评判，须知社会主义核心价值观是人民群众在价值观上的最大公约数和最大同心圆，社会主义核心价值观是凝聚各族人民思想和意志的黏合剂，社会主义核心价值观是全国人民共同奋斗的思想道德基

础。最后，正确认识个人价值与社会主义核心价值观之间的辩证关系。一方面，合理的科学的个人价值观是推动社会主义核心价值观培育和践行的重要基础，社会主义核心价值观是影响、制约个人价值观的重要因素；另一方面，青少年要自觉认识到自身需求与集体需求、社会需求和国家需求的根本一致性，从而真正理解社会主义核心价值观的培育、推广和践行也是个人价值得以实现的重要保障。

第二，注重对青少年社会主义核心价值观教育的思想灌输。作为知识系统的社会主义核心价值观不会自发地进入青年人的头脑，必须要通过外在力量对其施加影响，而思想灌输就是最佳的途径。由于青少年的认知能力、思想觉悟和现实需求与社会主义核心价值观的理想期许有着较大差距，这必然导致部分青少年对社会主义核心价值观学习的热情程度不够高、主动性不够强。这就要求家长、长辈、学校教师、公众人物、宣传管理部门、各类媒体等各种培育主体，对青少年进行社会主义核心价值观的阐释、解读、说服和宣传，让社会主义核心价值观有效抵达青少年的心灵，进而为青少年社会主义核心价值观的培育提供外在动力。

第三，注重对青少年利益关系的调节。青少年的利益关系主要分为直接利益关系和间接利益关系。其直接利益关系主要涉及自身学习、升学、就业等与自身成长发展息息相关的利益，间接利益主要涉及其自身能感知的家庭成员利益，比如家庭收入、家庭生活质量、父母工作及收入保障情况。诚然，青少年各种不同利益的满足和实现需要家庭的保障与个人的努力，但是社会的制度设计是否合理、国家的大政方针是否给力、各种利民利好政策能否落地、社会保障措施能否到位等因素都会对青少年利益能否得到实现产生重大影响。因此，教育部门要更加注重教育公平尤其是升学公平，要大力实施素质教育，让青少年从繁重的学业负担中解放出来；社会各个部门要协同配合为青少年就业创造积极条件。与此同时，国家要进一步完善制度设计以缩小贫富差距，着力解决发展不平衡不充分问题，落实各项社会保障措施来为青少年间接利益的实现提供保障。

第二节　融入结合机制

融入是指两种物质或要素处于一种有机交融、密不可分的状态，融入不是简单拼凑，更不是水火不相容的状态。判断几个成分或者要素是否是相容的，一个最为重要的标尺就是看它们是否能够作为整体并发挥整体功能。社会主义核心价值观作为一种意识形态、一种理论体系，必须与日常生活、国民教育、经济发展和社会治理等实践层面相结合。抽象的玄乎的理论如果脱离开具体的、鲜活的实践必然是没有生命力的，这样的理论也是没有任何功用和实际价值的。对此，习近平总书记深刻指出："一种价值观要真正发挥作用，必须融入社会生活，让人们在实践中感知它、领悟它。要注意把我们所提倡的与人们日常生活紧密联系起来，在落细、落小、落实上下功夫。"①

一、将社会主义核心价值观融入青少年群体的日常生活

社会主义核心价值观要融入日常生活，既源于历史的经验又源于现实的启示。从历史经验来看，价值观的成功培育必须植根于人民群众的日常生活。中国的儒家哲学思想能够代代相传并不断发展壮大乃至当今还有重要影响，一个最为重要的原因在于它对个人修养、家庭生活、社会生活、国家命运的充分关注与积极作用。从世界三大宗教的历史传播与有效推广来看，也莫不是遵循关注、介入和指导日常生活的逻辑。从现实启示来看，价值哲学与生活世界是统一于人们日常生活实践的两个不可分割的重要方面。作为价值哲学的价值观不是凭空产生的，也不是在精神文化领域里的自说自话和喃喃自语，而是厚植于日常生活的这片沃土，从其中概括、提炼和总结而成。而价值观的概括、提炼和总结不是目的、只是手段，价值观的最终目的和最大价值是要回归日常生活、

---

① 习近平谈治国理政：第 1 卷 ［M］. 北京：外文出版社，2018：165.

指导日常生活、提升日常生活。没有价值观的日常生活是不可想象的，就如同没有空气的生存是不可能的一样。社会主义核心价值观是身处中国特色社会主义新时代的中国人过上美好生活的重要价值引导，是实现国家富强、社会繁荣、人民幸福的价值引领。

社会主义核心价值观如何融入青少年群体的日常生活？第一，社会主义核心价值观要成为青少年日常工作生活的基本遵循。一种价值观能否真正发挥作用关键是看其是否落地生根，也即是否成为人们日常生活的生活守则和价值遵循。只有让规章制度和行为准则成为青少年心中的戒尺和行为遵循，社会主义核心价值观才能真正作用于日常生活，社会主义核心价值观也才会有生命力和持久性。第二，要以各种精神文明创建活动为社会主义核心价值观培育的载体。青少年社会主义核心价值观的培育不能脱离一定的活动载体，创建文明城市、文明单位、文明家庭和学雷锋志愿服务等精神文明创建活动就是其最为理想的载体形式。青少年对各种类型精神文明创建活动的积极参与能够使其深刻地体会和认知到个人、社会与国家利益的密切相关性和根本一致性。第三，要通过建立和规范礼仪制度来增强青少年对社会主义核心价值观的认同感和归属感。升国旗仪式、成人仪式、入队入团入党和开学毕业各种典礼是伴随青少年成长不同阶段的重要仪式，重大纪念日、民族传统节日是青少年能够感受和经历的重要特殊日子，青少年在这种特殊的场合与情境氛围中能够增进对社会主义核心价值观的接纳和认同。

二、将社会主义核心价值观融入国民教育全过程

当前最应注意到的一个不容乐观的客观事实就是，在各级学校落实"将社会主义核心价值观融入国民教育"的过程中，各个培育主体彼此独立、各个环节相互脱节的非系统化现象比较严重。有学者用"内源性危机"和"外源性困境"对此现象作了比较准确的归因分析：其"内源性危机"表现为"现有思想政治教育系统的内部结构失衡，功能缺失：教育目标抽象，教育内容僵化，教育方法陈旧，教育载体单一，教育评

价、反馈环节薄弱"[①]；其"外源性困境"主要体现在"思想政治教育与多样化的教育资源没有形成一个良好的互动关系，现有学校思想政治教育结构中对多种教育资源的占有和利用效率低，缺乏整体性规划和有效的整合机制"[②]。进行青少年社会主义核心价值观培育的中学、大学各级各类主体应该深知青少年社会主义核心价值观培育是一项系统工程，需要各个方面协同发力。

第一，特别重视课堂在青少年社会主义核心价值观培育中的主阵地作用。实践证明，课堂是进行思想政治教育和意识形态教育的主要阵地，课堂教学是价值观培育的重要教学形式。如果课堂能有一种良好的氛围和浓重的仪式感，在这种特殊的场合中，教师的主导作用和学生的主体作用都能得到最大限度的发挥。最为关键的是课堂为师生思想的交流、碰撞提供了一个特殊的场合和重要的平台，课堂能为青少年思想困惑的解决和新的价值观注入培育提供最佳的途径。课堂主阵地作用的有效发挥依赖于教师的大量细致的工作：一方面，教师要做到对社会主义核心价值观的真知、真信、真行，这是对青少年进行社会主义核心价值观培育的重要前提条件；另一方面，教师要放低身段与青少年做朋友，进行平等对话和沟通交流，事实证明，强制灌输和被动接受是最为低效的培育模式。

第二，充分发挥课外实践在青少年社会主义核心价值观培育中的外化践行功能。课堂教学又称"第一课堂"，其主要任务在于社会主义核心价值观的内化认知；课外实践又称"第二课堂"，其主要任务在于社会主义核心价值观的外化实践。一种价值观要真正得到培育，仅靠灌输说理是难以取得真正实效的，还得依赖外化实践来验证、强化和巩固。认识来源于实践、认识指导实践、认识推动实践是唯物辩证法的认识规

① 林晶.新形势下加强我国高校思想政治教育的系统化发展研究［J］.马克思主义研究，2017（2）.
② 林晶.新形势下加强我国高校思想政治教育的系统化发展研究［J］.马克思主义研究，2017（2）.

律，也是社会主义核心价值观培育的基本遵循。因此，课堂教学与课外教学应相互结合、相互补充共同服务于青少年社会主义核心价值观培育。为此，学校应为青少年课外教学制定切实有效的政策、充分搭建各类平台、广泛开拓多种渠道、积极营造各种环境；教师要充分重视实践教学，尽力完善实践教学体系，努力开发实践课程，积极说服和带动青少年投入实践教学；青少年自身也应力所能及地参加各类生产劳动、志愿服务活动、勤工俭学活动和爱心公益活动等实践活动。

第三，积极促成"三育人"机制在青少年社会主义核心价值观培育中的整体作用。"三育人"机制是指教书育人、管理育人和服务育人在学校教育教学中的相互联系、协同作用的运作方式。教学、管理、服务是学校教育教学的三个有机联系的重要环节，其中教学居于核心和关键地位，但教学离不开管理和服务这两个环节的切实保障。可见，教师虽然是学校教育的主体，但教师教育教学主体作用的发挥离不开管理部门的监管指导，同样也离不开后勤部门的保障服务。所以，在青少年社会主义核心价值观培育过程中，教师、管理人员、服务人员都应围绕立德树人这一根本任务，充分发挥各自独特的功能和作用，形成全员育人、全方位育人和全过程育人的培育机制，共同助推青少年社会主义核心价值观培育这一重要工作。

三、将社会主义核心价值观融入经济发展和社会治理

通过道德力量调节经济是社会主义核心价值观作用于经济发展的重要方式。人们习惯谈经济调节的"两只手"，市场经济这只"无形的手"和政府调控这只"有形的手"，却往往忽略了道德力量对经济发展的重要作用。正如厉以宁指出的那样："市场调节在资源配置中起决定性作用，政府调节用法律法规政策这只有形的手在经济发展中起着引领和规

划的作用。但有了市场和政府的调节，道德力量的调节也不能丢。"①历史与现实都证明，良好的道德基础是经济健康发展的重要文化保障，因为它从价值观的角度规范、引导整个社会经济发展的理念，并能为经济发展持续提供强劲稳定的精神动力。

国家治理体系完善与否和治理能力高低是体现一个国家制度执行力大小的重要标尺，也是社会和谐稳定、国家长治久安的必要条件。"我国政治稳定、经济发展、社会和谐、民族团结"，说明我们国家治理体系和治理能力是适应我国国情和发展要求的，但"相比我国经济社会发展要求，相比人民群众期待，相比当今世界日趋激烈的国际竞争，相比实现国家长治久安，我们在国家治理体系和治理能力方面还有许多不足，有许多亟待改进的地方"②。中国如何实现善治？解放生产力、发展生产力固然是主要的途径与手段，但如果没有精神、信仰、理想、价值观等文化力量的支撑，经济发展的质量、效益很难得到保障，经济发展的动力最终也难以为继。所以，将社会主义核心价值观融入社会治理是推进国家治理体系和治理能力现代化必要、重要的有效途径。

之所以将社会主义核心价值观融入社会治理，主要基于以下事实。首先，社会主义核心价值观的宣传践行本身就是社会治理的重要内容。社会主义核心价值观体现了个人、社会、国家层面的应然状态，也一定程度上体现了中国特色社会治理的目标要求。换言之，社会主义核心价值观就蕴含于社会治理的目标体系之中。其次，社会主义核心价值观又是社会治理的重要手段。这是因为"培育和弘扬核心价值观，有效整合社会意识，是社会系统得以正常运转、社会秩序得以有效维护的重要途径，也是国家治理体系和治理能力的重要方面"③。最后，社会主义核心价值观是整合、引领当今社会多样价值观的重要价值力量。要实现社

① 厉以宁. 发挥道德对经济的调节作用［EB/OL］.（2015−08−27）［2019−12−06］. http://www.rmzxb.com.cn/c/2015−08−27/563613.shtml.
② 习近平谈治国理政：第1卷［M］. 北京：外文出版社，2018：91.
③ 习近平谈治国理政：第1卷［M］. 北京：外文出版社，2018：163.

会的有效治理，在价值观层面需要解决的问题就是如何整合多样价值观。社会之所以出现价值观多样化，一个最为重要的原因在于主导价值观的影响力不大、感召力不强。社会主义核心价值观凝聚了当今中国最大多数人的共识，具有广泛的群众基础；社会主义核心价值观是对中国优秀传统文化的继承和发展，是对西方文明成果的有效借鉴，是对中国特色社会主义文化的集中表达，具有科学性和真理性；社会主义核心价值观从提出、推广到践行，彰显了它对维护社会和谐稳定、维持国家长治久安的重要功能，具有明显的实践功效。这些事实表明，作为社会主导的社会主义核心价值观具有统摄、整合、引领多元多样价值观的功能。

社会主义核心价值观融入社会治理的具体办法应遵循制度、思想、行为的有机统一。在制度层面，要做好社会主义核心价值观融入制度建设的工作，要为人民群众的"诉求表达机制、利益协调机制、矛盾处理机制和权益保障机制"提供切实的制度、法律保障；在思想层面，主要是发挥社会主义核心价值观的教化引导和引领作用，让社会主义核心价值观内化为人们心中的道德律令，同时要用社会主义核心价值观凝聚人心，最大限度地增加人民群众对社会主义核心价值观的认同，从而夯实中国特色社会主义事业共同的思想道德基础；在行为层面，让社会主义核心价值观外化为人们的行为实践，让社会主义核心价值观成为各行各业和每一个人的行为准则，尤其要"完善市民公约、村规民约、学生守则、行业规范，强化规章制度实施力度，在日常治理中鲜明彰显社会主流价值，使正确行为得到鼓励、错误行为受到谴责"[①]。

---

① 中共中央办公厅. 关于培育和践行社会主义核心价值观的意见［EB/OL］.（2013-12-23）［2019-12-06］. http://www.gov.cn/jrzg/2013-12/23/content_2553019.htm.

第三节　约束规范机制

规范性是存在于价值内部的一种本质规定性，价值规范性是价值的客观性的重要体现。社会规范是社会共有价值观得以形成的重要前提，社会规范对个人成长和社会发展具有重要的积极意义。社会规范对于个人成长和社会发展的意义在于：规范是人的社会化的基本内容，具有一种社会教化作用；规范是人的行为的指示器，具有一种示导的作用；规范是社会管理的手段，具有一种调节的作用；规范是评价人的行为的依据，具有一种尺度的作用①。社会主义核心价值观的培育需要一定的规范要素作为保障，其中道德规范与法律规范是社会规范的两种主要形式，它们各自具有不同的特点、作用与功效，共同作用于、服务于个人发展和社会发展之中。

一、德治是社会主义核心价值观的内在本质和应然要求

社会主义核心价值观是由个人的德、社会的德和国家的德构成的有机系统。社会主义核心价值观是中国特色社会主义文化的内核，是中国特色社会主义意识形态的集中表达，也是中国特色社会主义道德的集中体现。从内容、本质和要求来看，社会主义核心价值观就是中国特色社会主义道德观的表达系统。对此，习近平总书记指出："核心价值观，其实就是一种德，既是个人的德，也是一种大德，就是国家的德、社会的德。"② 从社会主义核心价值观的内容来看，就是要从道德层面理顺和协调个人、社会与国家的关系；从社会主义核心价值观的本质来看，就是个人的德、社会的德和国家的德的有机统一；从社会主义核心价值观的要求来看，就是要对个人、社会、国家三个不同层次的主体提出不

---

① 袁贵仁. 价值观的理论与实践——价值观若干问题的思考［M］. 北京：北京师范大学出版社，2013：87−91.
② 习近平谈治国理政：第1卷［M］. 北京：外文出版社，2018：168.

同的道德要求和道德规范。所以，从道德层面来讲，社会主义核心价值观就是由个人的私德、社会的公德和国家的大德构成的有机整体。

社会主义核心价值观道德层面的本质规定性启示我们，社会主义核心价值观的有效培育必须以道德条件和道德手段作保障，而以德治国就是最为重要的抓手。所谓以德治国，就是"以为人民服务为核心，以集体主义为原则，以爱祖国、爱人民、爱劳动、爱科学、爱社会主义为基本要求，以职业道德、社会道德、家庭美德建设为落脚点，积极建立适应社会主义市场经济发展的社会主义思想道德体系，并使之成为全体人民普遍认同和自觉遵守的规范"①。以德治国的重要性、迫切性主要基于以下两个方面的客观事实：

第一，道德之于个人、社会与国家的重要性。为什么道德建设如此重要？习近平总书记给我们提供了明晰的答案：对个人来说，"人而无德，行之不远。没有良好的道德品质和思想修养，即使有丰富的知识、高深的学问，也难成大器"②，"一个人只有明大德、守公德、严私德，其才方能用得其所"③；对社会而言，"道德是社会关系的基石，是人际和谐的基础"④；对国家而言，"国无德不兴，人无德不立。如果一个民族、一个国家没有共同的核心价值观，莫衷一是，行无依归，那这个民族、这个国家就无法前进"⑤。

第二，市场经济发展引起的道德问题。改革开放前，由于公有制经济的绝对主导地位、计划经济的绝对支配地位，人们价值取向中的集体主义、国家主义比重较高，个人主义色彩比较淡薄。但随着社会主义市场经济的逐步确立和发展，部分群众价值取向中的个人主义、功利主义、实用主义愈来愈占突出地位，集体利益、社会利益与国家利益则成

第四章

青少年社会主义核心价值观培育机制

　　① 莫纪宏. 法安天下　德润人心——把社会主义核心价值观融入法治建设 ［J］. 中国特色社会主义研究，2017（5）.
　　② 习近平. 之江新语 ［M］. 杭州：浙江人民出版社，2007：64.
　　③ 习近平谈治国理政：第1卷 ［M］. 北京：外文出版社，2014：173.
　　④ 习近平. 深入开展学习宣传道德模范活动　为实现中国梦凝聚有力道德支撑 ［N］. 人民日报，2013-09-27（1）.
　　⑤ 习近平谈治国理政：第1卷 ［M］. 北京：外文出版社，2018：168.

了相对次要的因素。这种价值取向的转变容易导致贪污腐败、诚信缺失、道德失范、理想信念模糊、价值扭曲等大量道德和法律问题。

青少年社会主义核心价值观培育的道德保障与道德支撑需要国家、社会和个人协同发力。

就国家层面来说，应把思想道德建设放在非常突出和重要的战略位置，要正确认识和协调处理"道德提升"与"经济发展"的辩证关系。须知，经济发展固然是根本，但没有道德素质跟进与提升的经济发展注定会问题重重和难以为继。因此，经济发展和社会治理要有鲜明的价值导向，要把社会主义核心价值观融入经济发展和社会治理之中，用社会主义核心价值观矫正和调适经济发展的方向，完善和提高经济发展的质量。

就社会层面而言，要注重社会公德、职业道德和家庭美德的整体推进。社会、职场、家庭涵盖了人们生活的主要场域，也构成了人们社会道德生活的主要层面。社会公德更多关涉的是社会公共生活领域，更多地体现了社会规范的刚性要求。因此，重视社会教化的功能、建立道德激励惩处机制、注重社会氛围的营造是加强社会公德的重要举措；职业道德是连接社会公德和家庭美德的中介与桥梁，拥有良好社会公德的人一般也具有良好的职业操守，具有良好职业操守的人一般也具有良好的家庭道德；家庭道德在社会化道德中具有基础地位，作为初步社会化组织的家庭，其道德状况直接影响和决定着职业道德和社会公德状况。

就青少年个人来讲，要注重个人品德的培养和道德实践能力的提升。个人品德在道德建设中具有基础性和前提性地位，没有个人品德素质的提高，家庭美德、职业道德和社会公德的提升与进步最终只能是不切实际的梦想。因此，"广大青年要把正确的道德认知、自觉的道德养成、积极的道德实践紧密结合起来，自觉树立和践行社会主义核心价值观，带头倡导良好社会风气"[①]。道德认知、道德养成、道德实践是一个前后相继、逐级提升的完整链条，它们共同作用于青少年的道德培育

---

① 习近平谈治国理政：第 1 卷 [M]. 北京：外文出版社，2018：52-53.

和道德实践。其中道德认知是前提，只有对道德本质、道德意义、道德功能有了全面科学的认识，青少年才有可能自觉地养成道德习惯；道德养成是中介，自觉的道德养成要以正确的道德认知为基础，同时它又构成了积极道德实践的前提条件；道德实践是目标，正确的道德认知、自觉的道德养成都服从、服务于积极的道德实践，当然，积极的道德实践也必须以正确的道德认知和自觉的道德养成为必要条件。

二、法治是社会主义核心价值观的价值追求和制度保障

社会主义核心价值观与社会主义法治具有内在的密切联系。一方面，社会主义核心价值观是社会主义法治建设的灵魂。法治是实现国家治理、社会治理的最佳手段，而法治建设的成效如何又依赖于人们持有什么样的价值观。社会主义核心价值观体现全体人民的共同利益，是个人利益、社会利益和国家利益都得以保障的最佳价值选择，理应成为人们制定法律法规的理念遵循和法治实践的价值依归。如果一个社会没有先进的、科学的核心价值观，其法律法规的制定就缺乏核心的理念和可供遵循的精神，而所谓的法治善治也只能是不切实际的奢谈。另一方面，社会主义法治是社会主义核心价值观的价值追求和制度保障。"法治"是社会主义核心价值观在社会层面的价值追求和目标内容。同时，社会主义法治还为社会主义核心价值观提供了切实的制度保障。思想道德建设固然是重要手段，但这还不足以让社会主义核心价值观的培育和践行得到切实保障。因为道德层面的手段更多依靠人们的思想自觉来实施，本身缺乏刚性的约束。社会主义法治的实现机制主要是通过规范和惩处来实施，法律制度层面的规定具有刚性的约束力，对人们的行为具有明确的警示作用；而惩处制度则是法律法规得以遵循的可靠保证，当人们意识到违法成本比较高、代价比较大时一般都会做出比较理性的选择。

推动社会主义核心价值观入法入规、用司法公正引领社会公正是有效发挥社会主义法治对社会主义核心价值观的保障作用的两个重要方面。

社会主义法治要彰显社会主义核心价值观的内在要求和价值理念。

社会主义法治是中国特色社会主义国家治理的重要手段，满足人民群众日益增长的对美好生活的需要是社会主义法治的最终目标，而社会主义核心价值观则是人民群众美好生活需要得以实现的共同价值遵循。法律规范作用的有效发挥是社会主义法治的重要保障，而"发挥好法律的规范作用，必须以法治体现道德理念、强化法律对道德建设的促进作用"①。所以，社会主义核心价值观理应成为制定法律法规的基本理念，将社会主义核心价值观融入法治建设并使其成为社会主义法治的价值目标，让法律法规成为传递社会主义核心价值观的有效载体。

司法公正是社会主义法治的价值追求，社会公正是社会主义核心价值观的价值目标，二者在范围和层次上虽然具有一定的差异性，但在根本目标上具有一致性，且相互影响、相互促进。从范围和层级上讲，司法公正属于法治的核心价值，司法公正属于社会公正的重要组成部分，其层次比社会公正要低；社会公正属于社会主义核心价值观的核心价值，社会公正包含司法公正，其层级比司法公正要高。但除了看到二者之间的区别外，更应看到它们之间的联系：一方面，追求公平正义都是二者的共同价值目标；另一方面，司法公正是社会公正的核心内容，也是寻求社会公正的最后一道防线和最后一线希望。在此意义上说，司法公正是社会公正的晴雨表和风向标，对社会公正具有重要的导向与引领作用；与此同时，社会公正能够为司法公正创设一种积极的环境氛围，从而有利于为司法公正提供良好的外部社会条件，并促进与推动司法公正的真正落实。

第四节　传播宣传机制

青少年社会主义核心价值观培育离不开持续灌输，而传播宣传与教化手段共同构成了灌输的重要途径。从信息传播角度来看，社会主义核

---

① 习近平谈治国理政：第 2 卷［M］. 北京：外文出版社，2017：117.

心价值观就是一个信息传递、信息接受、信息处理和信息反馈的过程。传播的准确性、互动性、实效性是社会主义核心价值观传播宣传的总目标，促成受众科学价值观的培育和践行是社会主义核心价值观传播宣传的总任务。社会主义核心价值观要有效抵达青少年内心并促成认知和实践行为的转变，要依赖于承载社会主义核心价值观信息的不同媒介协同发力。传统媒介与现代媒介各有优劣，应加强不同媒体融合共同推动社会主义核心价值观的传播宣传。社会主义核心价值观传播宣传涉及传播主体、客体和中介等各个要素，只有激发各个要素活力，才能胜任社会主义核心价值观传播宣传的目标任务。

一、发挥各种传播功效，扩大社会主义核心价值观传播宣传的范围

社会主义核心价值观传播宣传是多种传播形式共同参与、不同媒体相互融合和各个要素协同发力的系统工程。按照传播的范围，可将社会主义核心价值观传播形式由小到大划分为人内传播、人际传播、群体传播、大众传播和对外传播，各个传播形式既具有各自独特的功效，又服从服务于社会主义核心价值观传播宣传的总目标与总任务。

社会主义核心价值观人内传播是指在个体内部进行有关社会主义核心价值观信息的接受、处理与加工等行为，它是在作为意愿和行为主体的主我（I）和作为他人的社会评价和社会期待的代表的客我（Me）之间进行的信息交流。在这个传播过程中，传播信息的主体和接收信息的客体都是同一个人。[1] 人内传播是社会主义核心价值观传播的起始阶段和最小范围，但它又是至关重要的。只有社会主义核心价值观的相关信息进入受众大脑，并通过感觉、知觉、表象、概念、判断、推理等一系列由低到高的思维形式，再辅以欲望、兴趣、动机、意志、信念、信仰等非理性形式共同对相关信息进行编码、解码等加工处理，受众才能产

---

① 胡正荣. 传播学总论 [M]. 北京：北京广播学院出版社，1997：121.

生对社会主义核心价值观的认知与认同。如何平衡、协调个人价值观与社会主义核心价值观的矛盾与冲突是社会主义核心价值观人内传播要解决的核心问题。

社会主义核心价值观人际传播是指人与人之间通过面对面的交流或其他媒介进行社会主义核心价值观信息交流的行为。人的本质是一切社会关系的总和，社会性是人的重要特性。虽然人内传播初步对社会主义核心价值观相关信息进行了加工和处理，也初步解决了个人价值和社会价值之间的矛盾和冲突，但出于社会协作、相互认知和与他人互动的动机，受众总希望求助于他人以进一步交流、验证与社会主义核心价值观相关的信息，从而调适、矫正已有的一些认识。社会主义核心价值观人际传播是其人内传播的拓展，也是其群体传播和大众传播的基础。

社会主义核心价值观群体传播是指在特定群体内部成员之间进行的与社会主义核心价值观相关的信息加工处理行为。群体有组织群体与非组织群体，二者之间的重要区别在于组织群体有着更为严密的结构秩序、更加明确的目标任务、更为发达的分工管理体系、更为严格的制度纪律规范。因此，社会主义核心价值观的群体传播又分为组织传播与非组织传播。青少年朋辈之间有关社会主义核心价值观的信息交流属于非组织传播，这种传播形式具有亲和性、平等性、互动性、共通性等特质，能收到其他传播形式所不能达及的特殊功效。同时，青少年又属于特定组织，班级、学校、共青团、社团等组织是青少年群体组织的重要形式，社会主义核心价值观群体传播的组织性、规范性、目标性更强，在社会主义核心价值观的传播宣传中能够更为正规地、系统地、深入地传播社会主义核心价值观的信息。因此，社会主义核心价值观的组织传播和非组织传播应相互结合、取长补短，既相互独立又协同配合地进行社会主义核心价值观的传播宣传。

社会主义核心价值观大众传播是专业的传播组织借助机械媒介或电子媒介进行社会主义核心价值观信息传播的行为。报社、杂志社、电台、电视台是社会主义核心价值观大众传播的较为传统的大众传播形式，网络传播是相对现代的传播形式。不管哪种形式的大众传播都具有功利性大、信息量多、复制性强、传播速度快、受众范围广等优点，但又存在针对性不强、自觉性不大、收效性不高、反馈性不够等缺陷。可见，大众传播在社会主义核心价值观传播宣传中能够发挥其广覆盖和强力度的优势，但应在增强针对性、实效性上面下功夫、使力气。

社会主义核心价值观对外传播是指向中国以外的其他国家和地区传播宣传社会主义核心价值观的相关内容，这是国际传播与跨文化传播的重要形式。随着中国日益走近世界舞台的中心，作为体现中国特色社会主义文化内核的社会主义核心价值观就有了对外宣传的必要。这既是提高国际话语权的需要，也是宣传中国、认识中国、了解中国的需要。目前，中国的国际话语权与中国的国际地位严重不相称，国际上对中国误解、曲解的现象还比较严重，中国发展必须要获得世界的道义支持和对中国道路、制度、文化的理解认同，而加强社会主义核心价值观的对外宣传就是切实可行的措施。因此，"要精心做好对外宣传工作，创新对外宣传方式，着力打造融通中外的新概念新范畴新表述，讲好中国故事，传播好中国声音"[①]，与此同时还要"加强国际传播能力建设，增强国际话语权，集中讲好中国故事，同时优化战略布局，着力打造具有较强国际影响的外宣旗舰媒体"[②]。

二、加强不同媒体融合，形成社会主义核心价值观传播宣传的合力

媒体即传播媒介，按照时代发展特点可分为传统媒体与现代媒体。人类传播历程先后经历了语言、文字、印刷术、电报与电话、摄影与电影、广播与电视、电脑七个重要阶段，与此相对应的媒体分别是口头传媒、书写传媒、印刷传媒、电子传媒与新传媒。与电脑技术相对应的就

---

① 习近平谈治国理政：第1卷 [M]. 北京：外文出版社，2018：156.
② 习近平谈治国理政：第2卷 [M]. 北京：外文出版社，2017：333.

是现代媒体，之前的传媒形态统称为传统媒体。可见，现代媒体主要是指网络媒体，它是伴随信息技术和网络技术的飞速发展而出现的以数字化形式传递信息的媒体，它包括电子出版物、数字电视、数字电话尤其是因特网等形式。媒体形态不同，所刺激的感官对象、接受反馈的渠道、信息覆盖和信息分享等方面也就具有各自特点。虽然不同媒体有着相异的特质，但都具有强化社会规范、达成社会共识的一致作用，都具有传承社会文化的共同功能。青少年正是在媒体传播特定价值观的环境和氛围下进行价值观培育和塑造的，这也构成了青少年社会化机制的重要方面。

在社会主义核心价值观传播宣传中，传统媒体与现代媒体在传播力、公信力与影响力方面各有千秋。就传播力来说，现代媒体明显优于传统媒体，这是因为：现代媒体传播主体更加多元，传播主体不仅仅局限于正规媒介组织，而是扩展到了无数个体；现代媒体传播方式更加多样，传播方式不再局限于一种或几种，而是融合了文字、图像、声音、平台等各种要素；现代媒体传播的即时性、互动性、参与性都是传统媒体所不能企及的。就公信力来讲，传统媒体明显强于现代媒体，这是因为：传统媒体的组织性、专业性更强，再加上受政府、政治、法律监管较多，因而在信息产出的质量上更有保障；传统媒体由于历史悠久，具有较好的群众基础和大众口碑，信息更具有可信度；传统媒体的使命感和责任意识强于现代媒体，这在一定程度上提升了其社会主义核心价值观传播的公信力。就影响力来看，双方各有特色：在影响的广度上，现代媒体优于传统媒体；在影响的深度上，传统媒体优于现代媒体。信息的海量、时空的突破、受众的普遍造就了现代媒体在社会主义核心价值观传播方面的广泛影响力，但社会责任感的缺乏、媒介素养的欠缺、功利性的倚重、受众门槛的降低必然会导致现代媒体在社会主义核心价值观传播中信息质量大打折扣，在社会主义核心价值观信息传播的接受效果上也不尽如人意。

虽然在社会主义核心价值观传播宣传中，传统媒体与现代媒体各有自己的优势与不足，但两者并非水火不相容，恰恰相反，二者能够实现优势互补与深度融合。现代媒体的的确确给传统媒体带来了巨大的挑战与压力，但也为传统媒体的转型升级带来了动力和机遇，传统媒体应与时俱进地更新观念，树立"互联网＋"思维，吸收现代媒体的先进技术、传播手段、营销策略，从而更大限度地扩大社会主义核心价值观的传播范围、丰富社会主义核心价值观的传播手段、增强社会主义核心价值观的传播力度；相应的，现代媒体也要正视自身的局限，主动学习传统媒体优良的媒介素养、扎实的专业素质、崇高的社会责任，做社会主义核心价值观的信奉者、传播者和践行者。但传统媒体与现代媒体的融合不是几种不同媒体的简单拼凑和叠加，而是要发挥整体效应与聚合效应。传统媒体与现代媒体如何具体融合？习近平总书记提出了明确的原则、思路与办法："推动传统媒体和新兴媒体融合发展，要遵循新闻传播规律和新兴媒体发展规律，强化互联网思维，坚持传统媒体和新兴媒体优势互补、一体发展，坚持先进技术为支撑、内容建设为根本，推动传统媒体和新兴媒体在内容、渠道、平台、经营、管理等方面的深度融合。"①

在现代媒体与传统媒体的融合发展中，尤其要注重网上舆论工作的引导与管理。网络媒体是现代媒体最为主要的形态，也是青少年接受信息的最主要的渠道，青少年是网络媒体主要参与者、消费者。正如习近平总书记在 2013 年 8 月 19 日全国宣传思想工作会议上所指出的那样："很多人特别是年轻人基本不看主流媒体，大部分信息都从网上获取。必须正视这个事实，加大力量投入，尽快掌握这个舆论战场上的主动权，不能被边缘化了。"②引导好和管理好网上舆论，首先，要加强互联网领域立法，将网络信息的传播纳入法律监控的视野，从源头上堵住

---

① 习近平. 关于全面建成小康社会论述摘编［M］. 北京：中央文献出版社，2016：117－118.

② 中共中央文献研究室. 习近平关于社会主义文化建设论述摘编［M］. 北京：中央文献出版社，2017：29.

不良信息的发布与传播；其次，要用社会主义核心价值观引领网上信息的内容生产与传播；最后，要壮大网上主流舆论阵地，价值多元是社会的现实，但不能让各种价值观尤其是与社会主义核心价值观相悖的价值观肆无忌惮地通过网络传播，对这些价值观要进行系统深入的分析与批判，要理直气壮地打造有利于社会主义核心价值观传播的各种平台，要大张旗鼓地传播社会主义核心价值观的内容，要旗帜鲜明地巩固社会主义核心价值观的网上舆论阵地。

第五节　社会协同机制

青少年社会主义核心价值观培育涉及个人、组织、企业等多个主体，党委、政府、群团组织等多个部门，家庭、学校、社会等多个层次。在这一宏大系统工程中，各个主体、各个部门、各个层面既担负各自特有功能与独特任务，同时相互之间又彼此合作、相互补充，共同服务于青少年社会主义核心价值观培育这一共同目标与整体任务。因此，从事青少年社会主义核心价值观培育工作的各个主体、各个部门、各个层次都应树立大局意识、整体意识、合作意识，共同助推青少年社会主义核心价值观培育。

一、构建党委、政府、群团组织齐抓共管的局面

发挥社会主义能够集中力量办大事的优势，做好青少年社会主义核心价值观培育工作。自 1956 年进入社会主义社会以来，尤其是改革开放四十年来，我国之所以能够取得如此举世瞩目的成就，最为重要的原因之一就是社会主义具有集中力量办大事这一制度优势。青少年社会主义核心价值观培育工作是最为重要的文化铸魂工程、是关乎中国特色社会主义事业后继有人的接班人工作，必须举全社会之力共同推动这一工作。其中，党委、政府的政治责任与领导责任最为关键，各级群团组织积极参与是重要保障。

各级党委、政府要有高度的政治责任与强有力的领导力。各级党委、政府只有在思想上与党中央保持高度一致，深知青少年社会主义核心价值观培育工作是夯实和巩固中国特色社会主义事业的共同思想道德基础，是增强国家文化软实力的重要手段，是提升中国特色社会主义文化自信的重要策略，是关乎中华民族伟大复兴中国梦的重要保障，是关乎中国特色社会主义事业合格建设者与可靠接班人的关键工作，更关乎青少年健康成长，才能增强其强烈使命感与重大责任感。只有在使命感和责任感的驱动下，才能进一步做好顶层设计和具体落实相关工作。顶层设计方面的工作主要是要把青少年社会主义核心价值观培育工作纳入经济社会发展总体规划之中，并融入政治建设、文化建设、社会建设、生态文明、党的建设等各个领域。具体落实工作主要是指要把上述要求、思想、理念贯彻到具体工作实践之中。因此，党的基层组织要在青少年社会主义核心价值观培育中发挥政治核心作用与战斗堡垒作用。各级政府要做好督促与落实工作，实行严格的奖惩机制，对有利于青少年社会主义核心价值观培育的给予奖励，对有损于青少年社会主义核心价值观培育的实施惩戒；各级领导干部应有强烈的政治意识与责任意识，要像抓经济建设、民生工程那样抓思想文化与意识形态工作，让青少年社会主义核心价值观培育的方方面面工作落到实处、见到实效。

工会、共青团、妇联等群团组织要努力发挥桥梁与纽带作用，坚持服务群众的工作生命线，引导青少年自觉培育和践行社会主义核心价值观。与青少年相关的群团组织是青少年自我教育、自我管理的平台，在这些群团组织中，青少年能够切实感受到自己的主体地位与存在价值，能够主动融入这些群团组织并积极参与所组织的各种活动，并最终在群团组织的文化氛围中感悟社会主义核心价值观、在其各种活动中践行社会主义核心价值观。在各种群团组织中，尤其要重视学校共青团、学生会组织和学生社团在青少年社会主义核心价值观培育中的重要作用。共青团是凝聚青少年、服务青少年、联系青少年的重要组织，学校共青团组织要将社会主义核心价值观融入自己的组织制度、文化氛围和日常工作中，积极为青少年社会主义核心价值观培育创设良好的条件与氛围。学生会组织与学生社团应自觉地用社会主义核心价值观来审视自己的规章制度并进行修订完善，自觉地把社会主义核心价值观的原则要求、内容实质融入各种活动的组织开展中，让青少年在社团组织中接受社会主义核心价值观熏陶、在活动中体会认识社会主义核心价值观。

二、营造典型示范与全民共同参与"点面结合"的机制

人们的思想认识与社会主导价值观存在差距是客观的现实。由于理解认知能力和接受效果的差异，导致人们对社会主义核心价值观的内化能力与外化能力存在差别。那些能自觉认知到社会主义核心价值观意义、本质、地位、功能作用的人，那些具有家国情怀和强烈道德责任感的人，那些具有担当精神和忧国忧民意识的人，能够自觉和率先践行社会主义核心价值观，并能推动社会"见贤思齐、崇德向善"积极社会氛围的形成。在这种特殊氛围的渲染下，青少年能够感悟这些先进人物的人格魅力、思想魅力、高尚情操与博爱精神，并会将这些可贵品质融入自己的情感与思想，最终体现为与社会主义核心价值观相一致的行为。道德模范、英雄人物、行业标兵、时代楷模、最美人物、身边好人的典型示范，会成为激励、推动青少年培育社会主义核心价值观的重要动力。

典型示范之所以能在青少年社会主义核心价值观培育中发挥重要作用，主要源于青少年善于模仿这一特殊心理行为。模仿行为是人类行为的共性，但在青少年群体中表现得最为突出。这是因为青少年心智发育还不够健全和成熟，青少年价值观塑造培育还没有定型。伴随着青少年的成长，他们的理性认识也在逐步发展，但相较于感性认识而言，理性认识还不占主导地位，青少年的行为更多受感觉、知觉、表象、欲望、动机、兴趣、直觉等非理性因素影响与支配。所以，社会能否为青少年社会主义核心价值观培育提供一个积极的可供学习效仿的社会环境就显得尤为重要。而道德模范、英雄人物、行业标兵、党员干部、文娱明星

等先进人物的积极向上、充满正能量的言行，会形成一种典型示范效应，而蕴含其中的积极价值导向会对青少年产生潜移默化的影响，进而会让青少年思想行为朝着社会期望的方向转化，并最终对青少年社会主义核心价值观培育工作产生促进作用。

在青少年社会主义核心价值观培育过程中，典型示范固然重要，但它必须与全民共同参与相结合，否则就会陷入曲高和寡、孤掌难鸣的尴尬境地。如果把先进人物的典型示范比作"点"，那么全民参与则是"面"，只有"点面结合"，形成的整个社会大环境带来的积极氛围才会最终促成青少年社会主义核心价值观培育。青少年社会主义核心价值观培育的"点面结合"机制的有效发挥要坚持矛盾的"两点论"与"重点论"相结合的原则。先进人物的典型示范是青少年社会主义核心价值观培育的重点，但一定不能忽视广大民众的积极参与。所以，既要重视先进人物的典型示范作用，又不要忽视广大民众的参与，唯有不同民族、不同地域、不同行业、不同群体的民众共同投身于社会主义核心价值观践行的这股洪流中，青少年社会主义核心价值观培育的工作才能取得真正的实效。

三、激发各个要素活力，增强社会主义核心价值观传播宣传的实效

社会主义核心价值观传播宣传机制是多种要素协同参与的运作过程，这可以借用拉斯韦尔的 5W 模式加以分析。按照这种理论，who（传播者的主体）、what（传播的讯息）、in which channel（传播的中介）、to whom（传播的受众）、with what effects（传播的效果）是传播机制的重要构成要素。虽然拉斯韦尔的 5W 模式没有穷尽社会主义核心价值观传播过程的所有要素且带有典型的线性化色彩，但这种模式基本上概括出了社会主义核心价值观传播过程的基本要素。激发各个要素的最大活力是社会主义核心价值观有效传播的必要条件。概括性地讲，传播主体、传播客体和传播中介是影响青少年社会主义核心价值观传播

宣传的基本要素。

（一）调动各个传播主体传播宣传社会主义核心价值观的主动性与积极性

社会主义核心价值观传播的主体，可以是学者、教师、家长、长辈、公众人物等个体，也可以是大众传媒、党派、团体、企业、学校、家庭、社区等社会组织。传播主体的形式虽然有所不同，但都承担着社会主义核心价值观的阐释解读和社会教化的职责。理解价值观、认可价值观和实现话语转换是传播价值观的前提。传播主体只有对社会主义核心价值观的时代意义、基本内涵与实践要求进行准确的阐释解读，只有将社会主义核心价值观纳入其内心遵循和行为准则，只有将社会主义核心价值观抽象的理论话语转化为具象化、形象化和生活化的语言，才能有效传播宣传社会主义核心价值观。在社会主义核心价值观传播宣传中，各级媒介组织要正确处理经营目标与公益目标的关系，虽然经济效益是媒介组织赖以生存发展的重要基础，但也不应忘记"扩大社会主义核心价值观的传播力与影响力"这一重要职责和任务。宣传部门"必须守土有责、守土负责、守土尽责。宣传思想部门工作要强起来，首先是领导干部要强起来，班子要强起来"①。

（二）增强青少年群体对社会主义核心价值观传播宣传的接受效果

社会主义核心价值观传播受众是指社会主义核心价值观信息的接受者。青少年是社会主义核心价值观传播受众的重要群体，从信息传播意义上来说，青少年社会主义核心价值观培育的工作就是青少年接受、处理、加工和输出社会主义核心价值观相关信息的过程。如何让社会主义核心价值观的信息有效抵达青少年心灵，并促成其认知和实践行为朝着与社会主义核心价值观相一致的方向转化，是社会主义核心价值观传播

---

① 习近平谈治国理政：第 1 卷［M］．北京：外文出版社，2018：156.

宣传的核心任务。这一核心任务的完成有赖于以下几个方面的工作：其一，要做好从普通受众到有效受众的转化工作。普通受众是指那些被动接受或自发接受社会主义核心价值观信息，不能有效内化和外化相关信息的人；有效受众则是指那些主动或自觉接受社会主义核心价值观相关信息，并能在价值观和态度上发生预期转变的人。其二，要关注青少年的接受需求。一般说来，青少年使用大众传播媒介的动机无外乎获取信息以认识外部的世界、娱乐消遣以放松自己的心情、寻求认同以验证和校正自己的已有价值观等目的。这就要求传播宣传主体要通过主动调整信息内容、优化传播策略、丰富传播手段等措施来契合青少年的接受需求。其三，要关注青少年的心理特点。传统的传播宣传过多关注人们的思想意识层面对人们接受行为的影响，而较少从心理层面去加以关注。须知，青少年接触、注意、理解、记忆信息往往都带有很大程度的选择性，而这种选择往往受个性化心理、务实心理和新奇心理等复杂情感的影响和制约。因此，社会主义核心价值观传播应更加重视互动性、参与性，应更加注重表现手段的新颖性、传播手段的现代性，应更加契合青少年的心理需求。

（三）利用各种载体在青少年社会主义核心价值观传播宣传中的信息承载作用和传导作用

社会主义核心价值观传播载体主要有物质载体和精神载体。就物质载体而言，社会主义核心价值观的传播宣传主要以下面两方面为抓手：第一，充分利用各种场所和设施传播社会主义核心价值观。要发掘利用图书馆、文化馆、纪念馆、博物馆、少年宫、科技馆各种设施所蕴含的社会主义核心价值观信息进行传播宣传，要在交通工具和公园、广场等场合宣传社会主义核心价值观。第二，高度重视各种社会主义核心价值观的实践活动。要把社会主义核心价值观信息蕴含于实践活动中，注重实践活动的思想性、科学性与趣味性，精心设计、指导组织好实践活动，让青少年在活动中感悟、体验、践行社会主义核心价值观。就精神载体而言，社会主义核心价值观的传播宣传主要须做好以下几个方面的工作：第一，做好话语体系转换的工作。口头语与书面语是语言传播的两种形态，二者各自具有优势与短板。传播宣传者应将社会主义核心价值观的理论话语、抽象话语、教学话语转化为实践话语、具体话语、生活话语，从而增加传播宣传的实效性。第二，以优秀文艺作品为载体，传播社会主义核心价值观。何谓优秀作品，习近平总书记给出了科学的界定——优秀作品是指那些"传播当代中国价值观念、体现中华文化精神、反映中国人审美追求，思想性、艺术性、观赏性有机统一"的作品①。可见，优秀作品一定是承载、传递社会主义核心价值观的正能量作品，优秀作品一定是引导青少年健康成长、积极向上的作品。

四、构筑家庭、学校、社会协同发力的格局

社会上流行一种观点，认为青少年社会主义核心价值观培育仅仅是学校的责任，这种错误观点往往导致一些家庭、社会组织在青少年社会主义核心价值观培育方面不作为。青少年社会主义核心价值观培育工作是青少年德育工作的重要组成部分，这绝对不是学校一己之力所能胜任的。正如习近平总书记所指出的那样："基础教育是全社会的事业，需要学校、家庭、社会密切配合。学校要担负主体责任，对学生负责，对学生家庭负责。家长要尊重学校教育安排，尊敬老师创造发挥，配合学校搞好孩子的学习教育，同时要培育良好家风，给孩子以示范引导。各相关单位特别是宣传、文化、科技、体育机构要积极为学生了解社会、参与实践、锻炼提高提供条件。"② 因此，学校、家庭、社会应在共同目标与共同任务的激励下，心往一处想、劲往一处使，本着大局观念和系统理念，协同推动青少年社会主义核心价值观培育工作。

学校要义不容辞地担负起青少年社会主义核心价值观培育的使命与

---

① 中共中央宣传部. 习近平总书记在文艺工作座谈会上的重要讲话学习读本 [M]. 北京：学习出版社，2015：8.
② 习近平. 全面贯彻落实党的教育方针　努力把我国基础教育越办越好 [N]. 人民日报，2016—09—10 (1).

责任。在学校教育中，思想政治课老师理所当然地是青少年社会主义核心价值观培育的主体，思想政治课老师既是社会主义核心价值观的理解者，也是社会主义核心价值观的阐释者、宣传者，更是社会主义核心价值观的引领者与践行者。思想政治理论课教师应立足课堂教学的主渠道对青少年进行社会主义核心价值观的讲解、灌输，同时还要通过第二课堂等实践渠道让青少年学生感悟、体验、践行社会主义核心价值观。同时，整个学校要树立大德育观念，其他任课老师、教学管理人员、后勤人员都要积极参与到这一任务当中，各自守好自己的一道渠，将社会主义核心价值观的理念、实质、原则、要求与自己的工作进行有效结合，共同助推青少年社会主义核心价值观培育工作。学校思想道德教育还有一个不可忽视的重要方面就是要注重青少年之间即同辈之间的相互影响。青少年群体有着相同的时代背景、近似的人生矛盾、相似的人生经历、相近的心理特质以及能够产生共鸣的人生目标，这些都为青少年之间价值观的相互影响、相互渗透创造了有利条件。

青少年社会主义核心价值观培育最不应该忽视的就是家庭教育。大多数家长认识上存在两个主要误区：一是认为成绩高于一切，智育比德育更重要；二是认为孩子既然到了学校，就没有家长的事。家长一定要扭转这种偏见。须知，如果没有良好的道德教育做基础与支撑，拥有再好学习成绩的孩子在社会上的空间和平台都是有限的。再者，把一切责任都推给老师也是不负责任的。首先，老师的时间和精力毕竟是有限的。父母两人面对一个子女尚不能培育成人，又怎能指望一个老师能将几十个孩子培养成人呢？而且，严格意义上来讲，父母才是孩子的第一任老师，父母的教育如何、家庭氛围如何、家教家风如何其实已经打造了孩子价值观的底色，老师只不过是接过父母手中的接力棒继续对孩子进行教育罢了。所以，家长要摒弃德育可有可无的思想、要积极担当教育孩子的使命与责任。关于这一点，习近平总书记做了深刻的阐述："家庭是孩子的第一个课堂，父母是孩子的第一个老师。家长要时时处处给孩子做榜样，用正确行动、正确思想、正确方法教育引导孩子。要善于从点滴小事中教会孩子欣赏真善美、远离假丑恶。"①

只有学校教育、家庭教育与社会教育相结合，青少年社会主义核心价值观培育工作才能取得真正实效。从青少年成长历程和生活经历来看，虽说家庭、学校是其成长和生活的主要空间，但青少年不是生活在真空中，他们最终都要接触社会、了解社会、走进社会，并受社会现实的积极或消极的影响。从这个意义上说，社会教育也构成了青少年社会主义核心价值观培育的重要一环，必须高度重视社会教育在青少年社会主义核心价值观培育中的重要作用。与亲情维系的家庭教育、正规渠道的学校教育所不同的是，社会教育更多地是以各种各样的社会关系，非正式地、潜移默化地对青少年产生影响。整个社会风气如何、道德状况如何，尤其是整个社会的主流价值观状况和特点会对青少年的价值观选择产生至关重要的影响。所以，要尽可能弥合社会主义核心价值观的主导价值观与社会实际起作用的主流价值观的差异，用社会主义核心价值观这种主导价值观引导社会主流价值观，让社会主义核心价值观与社会主流价值观产生最大交集，让社会上的绝大多数成员的言行都以社会主义核心价值观为依归。

---

① 习近平谈治国理政：第 1 卷 [M]. 北京：外文出版社，2018：184.

第五章　文化育人：以文化传承助力青少年社会主义核心价值观培育

习近平总书记指出："坚守我们的价值体系，坚守我们的核心价值观，必须发挥文化的作用。"① 文化是由人创造的，文化反过来又塑造了人。优秀的文化能够丰富人的精神世界，增强人的精神力量，促进人的全面发展。优秀的文化具有陶冶情操、滋养品质、塑造人格、砥砺德行等功能与作用。文化对人的这种塑造作用最根本地体现在对人的价值观的塑造和改变上，而且这种塑造和改变往往具有潜移默化、润物无声、持久深远的效果。因此，我们必须通过文化的传承，借助于文化建设来助推青少年社会主义核心价值观的培育。

第一节　培育社会主义核心价值观需要文化的陶冶

社会主义核心价值观的培育需要文化的陶冶和滋养，具体体现在以下几个方面：社会主义核心价值观的培育总是离不开文化作为载体，社会主义核心价值观的培育必须植根于民族文化的土壤，社会主义核心价值观的培育需要营造良好的文化环境或文化氛围。

---

① 习近平谈治国理政：第 1 卷［M］. 北京：外文出版社，2018：106.

一、社会主义核心价值观的培育离不开文化作为载体

社会主义核心价值观的培育，既需要通过语言交流进行直接性的理论宣传、说理与说教，又离不开间接性的文化陶冶与熏陶。如果我们能够将社会主义核心价值观融入广大青少年喜闻乐见、生动形象的文化产品、文化作品之中，广大青少年就可以在轻松地享受文化作品、消费文化产品的过程中潜移默化地受到教育、影响和感化。

通常来讲，文化有广义与狭义之分。广义的文化又被称之为"人化"，即凡是人所创造的一切成果都属于文化。广义的文化概念的局限性在于将文化与社会相等同，将文化与文化载体、文化存在形态相混同，从而容易导致文化的泛化现象，反而掩盖或遮蔽了真正属于文化的内核部分即价值观。因此，更多的学者坚持从狭义上来理解文化。狭义的文化是指精神文化、观念形态。狭义上讲的文化虽然看不见、摸不着，但它又如同空气一样无处不在，无时不有，它弥散在一个社会婚丧嫁娶、衣食住行等世俗生活当中，体现在一个国家的社会风气、精神风貌之中，广泛地渗透到社会制度、行为模式、理论形态之中。由此可见，文化虽属于观念形态，但又不局限于观念形态。除了观念形态之外，文化在现实当中还有多种表现方式或存在形态，包括物质形态（如图书、影像产品、文物等）、制度形态以及行为形态。此外，我们还可以把文化划分为理论形态与世俗形态。但无论哪一种形态的文化，其内核与灵魂都是价值观。在现实中，作为文化的内核与灵魂的价值观总是寄居于这些文化形态之中，借助于各种文化形态尤其是物质形态文化才得以传播。因此，社会主义核心价值观的培育离不开多样化的文化形态或文化表现形式，离不开各种文化产品和文化活动，它们正是社会主义核心价值观得以传播的文化载体。

我们经常讲，中华文化是世界上唯一没有中断过的文化。中华文化为什么能够在数千年历史长河中不曾中断地连续传承发展？这其中可能包括多个方面的原因。但我们以为，一种文化能否得到不断传承发展，

不仅取决于文化自身是否具有强大的生命力，而且也取决于这一文化能否得到有效的传播和传承，而这种传播与传承显然离不开上述所说的文化载体。中华民族在历史上创造了辉煌、灿烂的中华文明，博大精深的中华文化具有跨越时空、超越历史的强大生命力。中国历史留给我们后人的是万卷史书，浩瀚的史书记载了中华民族的悠久历史，丰富的史学遗产传承着中华民族的优秀精神。中国历史留给我们后人的是充满智慧之光的思想巨著，先秦子学、两汉经学、魏晋玄学、隋唐佛学、宋明理学、清代朴学，这些思想巨著在人类思想发展史上熠熠生辉。中国历史还为后人留下了诗经、楚辞、汉赋、唐诗、宋词、元曲、明清小说等无数文化经典。这些宝贵的历史文化遗产承载的是中华民族的智慧结晶，延续的是中华民族的精神命脉。而所有这些文化遗产能够有效传播和传承，某种程度上要归功于中国古代造纸术与印刷术。可以说，造纸术与印刷术的发明为中华文化的传播与传承创造了有利的条件，做出了重要贡献。

同样，今天社会主义核心价值观的培育既要保护好这些历史文化遗产，传承好民族文化精神，又要不断创作出反映时代特点、体现社会主义核心价值观的文化精品与佳作，正如习近平同志所指出的，"广大文艺工作者要高扬社会主义核心价值观的旗帜，充分认识肩上的责任，把社会主义核心价值观生动活泼、活灵活现地体现在文艺创作之中，通过文艺作品传递真善美，传递向上向善的价值观"①。这样，就能将社会主义核心价值观从抽象的理论领域引向生动的生活世界，从而更好地契合青少年的特点与需求。

二、社会主义核心价值观的培育离不开文化作为土壤

文化总是具有鲜明的民族性的，民族性是文化的重要特征之一。美国文化学家菲利普·巴格比（Philip Bagby）曾经指出："正是在民族这

---

① 习近平总书记系列重要讲话读本［M］. 北京：学习出版社、人民出版社，2016：200.

一层次上的社会才具有最鲜明的文化差异。我们感到自己所属的是某个民族，我们试图仿效我们同胞的习俗和风度。而且，我们非常方便地辨别出法国人、英国人和美国人，以及他们各自的言谈方式、风俗和服饰等等。"① 不同民族在长期的历史发展过程中形成了各具特色的民族文化，导致文化民族差异性的原因主要有以下几个方面：第一，地理环境因素。地理环境直接影响到一个民族的生产方式与生活方式，形成了不同的风土人情，正所谓一方水土养一方人。第二，经济与政治因素。毛泽东指出："一定的文化（当作观念形态的文化）是一定社会的政治和经济的反映，又给予伟大影响和作用于一定社会的政治和经济；而经济是基础，政治则是经济的集中的表现。"② 因此，一个民族的文化的发展与变迁最终是由一个民族的经济与政治所决定的。第三，文化传统因素。文化具有继承性，历史上存在的文化长期积淀并流传下来，就逐渐转化为文化传统。传统文化一旦转化为文化传统，就会产生持久、深远的影响，具有强大的惯性力和影响力，它作为一种社会遗传密码总是代代相传，以一种潜意识方式影响着民族成员。文化人类学中把这种继承文化传统的过程以及与此同步发生的文化从一代传到下一代的过程称为"濡化"过程。

不同的民族文化之间需要相互学习、借鉴与交流。但由于文化民族性的存在，在文化交流过程中往往容易产生摩擦、发生碰撞甚至出现冲突。由于文化的灵魂与核心是价值观，因此这种碰撞与冲突最根本的体现在价值观上的碰撞与冲突上。

既然文化具有继承性和民族性，且不同民族文化之间还存在价值观的差异，容易产生碰撞与冲突，因此社会主义核心价值观培育必须植根于中华文化土壤之中，从中华优秀传统文化中汲取养分，深入挖掘和阐发中华优秀传统文化讲仁爱、重民本、守诚信、崇正义、尚和合、求大

---

① 〔美〕菲利普·巴格比. 文化：历史的投影——比较文明研究〔M〕. 夏克，李天纲，陈江岚，译. 上海：上海人民出版社，1987：123.
② 毛泽东选集：第2卷〔M〕. 北京：人民出版社，1991：663-664.

同的时代价值，使中华优秀传统文化成为涵养社会主义核心价值观的重要源泉。脱离了中华优秀传统文化这一土壤，社会主义核心价值观就失去了文化底蕴与文化根基。所以，习近平同志指出："牢固的核心价值观，都有其固有的根本。抛弃传统、丢掉根本，就等于割断了自己的精神命脉。"①"对历史文化特别是先人传承下来的价值理念和道德规范，要坚持古为今用、推陈出新，有鉴别地加以对待，有扬弃地予以继承，努力用中华民族创造的一切精神财富来以文化人、以文育人。"②

三、社会主义核心价值观的培育需要营造良好的文化环境

人类的生存与发展总是离不开一定的场所，离不开各种因素与条件，这些场所、因素与条件的总和构成了人类生存与发展的环境。通常而言，我们可以把环境区分为自然环境和社会环境。自然界是人类生存和发展的基础与前提，自然环境就是人类赖以生存的各种自然条件，包括水土、地域、气候等，相当于唯物史观所讲的地理环境因素。人类在认识和改造自然界的实践活动中形成了人与人之间的复杂关系，产生了人类社会。人总是社会关系中的人，任何人都不能脱离社会而存在，离不开人类所创造的社会环境。由于社会关系与社会结构是极其复杂的，因此社会环境必然也是复杂的，它包括了经济环境、政治环境、文化环境、心理环境等。换言之，文化环境是从属于社会环境，是社会环境的重要构成之一。我们绝不能将社会环境与文化环境混为一谈，加以等同，就如同前面在谈到文化的定义时反对将文化与社会相等同一样。那么，何为文化环境？有学者将之界定为"影响主体活动，存在于主体周围的各种精神文化条件的总和或系统"，包括了教育、科技、文艺、道德、宗教、哲学、民族心理和传统习俗，等等③。文化环境与自然环境不同，它既是人类创造的，又反过来影响和制约着人的发展。文化环境

① 习近平谈治国理政：第1卷［M］. 北京：外文出版社，2018：164.
② 习近平谈治国理政：第1卷［M］. 北京：外文出版社，2018：164.
③ 马志政. 论文化环境［J］. 浙江大学学报（人文社会科学版），1999（2）.

又是社会环境当中的独特性构成，它是社会环境当中的非物质性环境，具有相对的独立性、广泛的渗透性。

文化环境可以按其时间与空间来进行分类。从时间上来看，文化是处在不断地传承与发展之中的。因此，任何一个时代的文化既与同时代的经济、政治相适应，同时也包含着传统文化的内容。就中国而言，中国传统文化当中存在着一些与当代社会主义先进文化不相适应的部分，例如人情文化、官本位思想、小农意识等，这些都不利于社会主义核心价值观的培育。因此，我们必须改善这种与社会主义核心价值观不相适应的传统文化环境。另外，传统文化当中也有许多优秀文化，成为滋养社会主义核心价值观的重要资源，我们应当积极弘扬。从空间上来看，文化总是与人相联系的，按照人的活动空间的不同，可以把文化环境划分为家庭文化环境、校园文化环境、社会文化环境、虚拟网络文化环境等。按照地域的不同，可区分为本土文化环境、区域性文化环境与外来文化环境。特别值得一提的是，并不是所有的文化环境都将成为青少年的现实文化环境，与青少年生活、学习、工作不发生任何联系的文化环境并不能对他们构成任何影响，充其量只是潜在的文化环境。

我们认为，文化环境对人的影响还不同于文化对人的影响。原因很简单，前者强调的是由文化所形成的环境对人的影响，文化环境是各种文化形态的总和，它是一个文化系统。文化环境的形成是依靠不同形态（包括制度形态、物质形态、观念形态）的文化力量共同作用、长期作用的结果。在各种文化力量的共同作用下形成的是一种合力、一种氛围、一种风气，它的影响力如同"文化磁场"，具有强大的吸引力、同化力，产生"蓬生麻中，不扶而直""入芝兰之室，久而自芳"的效果。"文化环境凭借其强大的感染熏陶和整合教化功能潜移默化地塑造着生活于其中的人们的思维方式、行为习惯、价值观念和道德规范等。"[①]

[①] 蒋艳，张长立. 文化环境视域下社会主义核心价值观的培育［J］. 吉首大学学报（社会科学版），2017（4）.

社会主义核心价值观的培育显然离不开一个良好的文化环境。培育社会主义核心价值观，需要我们不断加强社会主义文化建设，通过各种途径、各种手段营造一个与社会主义核心价值观相契合的文化场景与文化环境。正如习近平同志所指出的，"要利用各种时机和场合，形成有利于培育和弘扬社会主义核心价值观的生活情景和社会氛围"①，在这种文化环境下，一切与社会主义核心价值观相背离的举动都将受到道德的谴责甚至是法律的制裁，从而对不良行为起到矫正效果。一切与社会主义核心价值观相一致的言行都将获得人们的认同甚至称颂，从而使这种良好行为得到不断强化。这种良好的文化环境一旦形成，社会主义核心价值观的成功培育也就指日可待。

第二节　青少年社会主义核心价值观培育的文化困境

青少年社会主义核心价值观培育离不开文化的陶冶和滋养，因此必须高度重视和加强文化建设，为青少年社会主义核心价值观培育打造精品力作，提供厚实的文化土壤，创造良好的文化环境。然而现实当中，青少年社会主义核心价值观培育所面临的文化环境日益复杂化，这种复杂化集中到一点就是文化观念日益多元化，从而导致青少年的文化与价值认同面临挑战。

一、青少年社会主义核心价值观培育的文化环境日益复杂化

20世纪90年代以来，经济的全球化促进了西方文化的强势输入，互联网的产生带来了网络文化的兴起，市场经济的发展推动了流行文化的盛行。这些不同内容的文化、不同形态的文化对青少年都产生了广泛

---

① 习近平谈治国理政：第1卷［M］. 北京：外文出版社，2018：165.

的影响，青少年社会主义核心价值观培育的文化环境变得日益复杂化。

（一）经济全球化与西方文化的强势输入

当今时代的重要特征之一就是经济全球化。经济全球化的形成和发展过程与资本主义的兴起、商品经济的发展以及资本的全球扩张密切相关。第二次世界大战结束后，特别是 20 世纪 90 年代以来，世界进入到一个市场全球化阶段，标志着世界经济进入一个真正的全球化时代。1992 年 10 月 24 日，联合国秘书长加利在联合国致辞中就指出："第一个真正的全球化时代已经到来。"经济的全球化推动了世界各国、各地区之间的经济联系，必然也会促进彼此之间的文化交流。

不同民族之间的文化交流本来应该是有利于世界各民族的文化发展的，然而，迄今为止的经济全球化基本上是由资本主义世界主宰的全球化。以美国为代表的西方发达资本主义国家借助经济全球化浪潮，凭借着自身在经济、科技以及信息技术等方面的优势地位，在资本无限追求增殖的本性驱使下，将文化产品商品化，不断向广大发展中国家倾销其文化商品。据有关资料显示："四大西方主流通讯社——美联社、合众国际社、路透社、法新社每天发出的新闻量占整个世界新闻发稿量的五分之四。传播于世界各地的新闻，90％以上是由美国等西方国家垄断。西方 50 家媒体跨国公司占据了世界 95％的传媒市场。美国控制了全球 75％的电视节目的生产和制作，许多第三世界国家的电视节目有 60％～80％的栏目来自美国。美国电影产量仅占全球影片总量的 6.7％，却占领了全球 50％以上的总放映时间。"① 文化产品的商品化和全球化扩张，不仅给西方资本主义国家带来巨大的经济收益，而且他们还依托文化产品向广大发展中国家尤其是社会主义中国不断传播和灌输西方价值观念，宣扬西方价值观的普适性，企图将西方价值观念普世化。这种文化扩张主义本质上就是一种文化帝国主义，是西方意识形态渗透的重要手段，而青少年无疑成为他们渗透的重点。

---

① 胡惠林. 中国国家文化安全报告 [M]. 太原：山西人民出版社，2005：33-34.

西方文化与价值的强势输入，对广大青少年产生了巨大的负面影响。西方资本主义核心价值观与社会主义核心价值观在本质上是相对立的。"极端个人主义同拜金主义、享乐主义互为因果，构成资本主义核心价值观的本质特征。"① 这种价值观是与资本主义经济基础相适应，用以维护资产阶级政治统治的工具。因此，西方文化与价值观的强势输入必然会对广大青少年产生极大的负面影响，给青少年社会主义核心价值观培育制造巨大的阻力与障碍。这种负面影响主要表现在：扰乱了部分青少年的思想认识，干扰了青少年的价值判断，消解了青少年的价值认同，动摇了青少年理想信仰，影响了青少年的自尊心与自信心，消磨了青少年的斗志，导致部分青少年精神空虚、信仰缺失、生活堕落，拜金主义、享乐主义、极端个人主义滋生。

（二）互联网的诞生与网络文化的兴起

互联网诞生于美国，起源于 1969 年的阿帕网（ARPAnet）。在某种意义上，互联网可以说是美苏冷战的产物。1957 年，苏联发射了世界上第一颗人造地球卫星（Sputnik-1）。为保持美国在军事科技领域的领先地位、超前地位，美国国防部于 1958 年组建了高级研究计划署（ARPA），负责研发用于军事用途的高新科技。古巴导弹危机后，美国国防部认为：如果仅有一个集中的军事指挥中心，万一这个中心被苏联的核武器摧毁，全国的军事指挥将处于瘫痪状态，其后果将不堪设想，因此有必要设计一个分散的指挥系统。这一设想直接促进了互联网技术的产生。1969 年，美国国防部高级研究计划署开始建立一个命名为 ARPAnet 的网络，当时只有 4 个结点，分布在洛杉矶的加利福尼亚州大学洛杉矶分校、加州大学圣巴巴拉分校、斯坦福大学、犹他州大学 4 所大学的 4 台大型计算机中。现在的 Internet 正是在阿帕网的基础上建立起来的。由于互联网起初主要是由政府部门投资建设，因此最初只是限于研究部门、学校和政府部门使用。20 世纪 90 年代开始，互联网逐

---

① 袁银传. 认清资本主义核心价值观 [J]. 求是，2015 (8).

渐商业化，并走向全球。

中国互联网建设起步于 20 世纪 80 年代末。1994 年，中国正式签约加入国际互联网，中关村教育与科研示范网络（NCFC）率先与美国 NSFNET 直接互联，实现了中国与 Internet 全功能网络连接，标志着我国最早的国际互联网络的诞生。中国互联网虽然起步稍晚，发展时间较短，但发展速度非常迅猛。根据《中国互联网发展报告 2019》，截至 2019 年 6 月，中国网民规模达 8.54 亿，普及率达到 61.2％。中国网民数量占世界网民总数的 1/5，居全球第一。中国不仅成了一个网络大国，而且正在从一个网络大国向网络强国迈进。

互联网的诞生是人类通信技术史上的一次革命。互联网的产生与发展改变了经济的发展方式，推动了经济的快速增长。互联网的产生与发展改变了政府管理模式与政治参与方式，促进了政府治理的现代化与政治的民主化。互联网的产生与发展改变了信息传播方式和人们的生活方式，增进了人们之间的交流，使人们的生活日益便捷化。网络拓展了人的经济活动、政治活动、交往活动空间，也开辟了文化活动的新领域。伴随着互联网的日益普及，网络文化也随之兴起。网络文化是指人们在网络虚拟空间中的文化活动、文化产品、文化观念等的集合。网络文化作为人们在虚拟空间活动的外化与表现，具有不同于真实世界的许多新特点，它具有开放性、共享性、交互性、大众性、及时性、虚拟化等特点。网络文化不仅丰富了人们的精神文化生活，而且促进了人们之间的文化交流，为人们参与文化活动提供了新的渠道。

网络文化如同一把双刃剑，如果能够得到健康发展，就可以丰富人民的精神文化生活，促进社会主义文化的繁荣与发展；反之，就会对人们的精神世界带来污染，首当其冲的就是广大青少年。第 43 次《中国互联网络发展状况统计报告》显示，截至 2018 年 12 月，中国 30 岁以下的互联网年轻用户群体数量超过 4 亿，其中 10～19 岁群体占整体网民的 17.5％，20～29 岁年龄段的网民占比最高，达 26.8％。由此可见，我国青少年网民在网民总数中占比巨大。青少年又正处于价值观的形成与确立时期，网络文化对青少年的危害与影响也是最大的。网络文化的兴起为青少年社会主义核心价值观培育既带来了机遇，也带来了前所未有的挑战。首先，网络文化的低俗化、娱乐化。网络空间为青少年提供了丰富的文化产品，如网络文学、网络音乐、网络电影、网络电视、网络游戏等。然而，在商业利益的驱动下，加之网络空间的监控困难，网络文化中也出现了明显的低俗化、娱乐化趋向。淫秽色情、网络暴力、网络炒作、网络谩骂、宣泄等内容严重污染了网络空间环境，十分不利于青少年的健康成长。其次，网络文化的去中心化。网络时代人人都是麦克风，人人都是播音员，信息传播出现平面化。各种负能量信息可以在网络中快速传播，主流价值的导向性功能出现弱化。面对各种鱼龙混杂、良莠不齐的信息，青少年往往缺乏甄别能力而容易被错误诱导。最后，网络空间成了意识形态争夺的前沿阵地和主战场。西方国家凭借自身在信息技术上的优势地位，借助互联网，努力争夺网络文化阵地话语权、主动权，对社会主义中国展开强大的舆论攻势。长期以来，中国努力将自己塑造为一个体现社会主义性质，拥有中国文化传统特点的"和平发展、充满活力、勇于担当"的国家形象。然而，由于西方国家掌握着全球话语霸权与媒介权力，对中国进行不断抹黑，中国被西方媒体、政客、学者不断地抹黑并塑造成一个"威胁、崩溃、邪恶"的危险形象。

（三）市场经济的发展与流行文化的盛行

对于流行文化的界定，学术界存在不同的观点。例如，有学者将它界定为"许多人实践和追随的一种普遍的生活方式"。[①] 显然，要界定清楚流行文化这一概念，首先就要回答什么是文化。对于这一问题，我们前面已经作过分析，这里不再赘述。文化的本质是观念，观念形态的文化在现实当中有多种具体的存在形态，因此流行文化也有多种表现形式，包括流行性思想、流行性文化产品（如流行音乐、流行歌曲）、流

---

① 夏建中. 当代流行文化研究：概念、历史与理论 [J]. 中国社会科学，2000（5）.

行性行为、流行性语言，等等。其次，我们还必须界定清楚"流行"这一概念。所谓流行，是指在普遍认同基础上的自觉接受、竞相追捧与广泛传播，其背后反映了一定时代人们普遍的共同社会心理和价值观念。因此，流行文化就是一定时期内社会大众自觉接受、竞相追捧与广泛传播的文化观念、文化产品、文化符号以及行为方式。流行文化具有鲜明的时代性和变动性。一段时间内流行的东西可能很快就变得过时，有人将之比喻为"奔跑的文化"。

流行文化在西方国家开始盛行大约是在 20 世纪 50 年代。流行文化产生与发展的社会基础与条件主要有以下两个方面：第一，流行文化与现代工业社会商品经济、市场经济的发展密切相关。流行文化是工业社会、后工业社会的产物。与流行文化相伴而行的是流行文化产业的兴起。流行文化具有可复制性、消费性、娱乐性特点。因此许多西方马克思主义者认为，流行文化背后包含了消费主义的意识形态功能。它通过制造大量的虚假消费，使人们沉浸于娱乐消遣与感官刺激的愉悦之中，丧失了批判性。与此同时，也有不少人认为，流行文化是工业社会下人们对于自由与解放的个性化追求与文化表达。第二，流行文化的盛行与现代传媒的发展密不可分。流行文化主要依靠大众传媒这一重要载体而得以广泛传播，现代传播技术的发展为流行文化的流行起到了推波助澜的作用，它不仅扩大了流行文化的影响范围，而且增强了流行文化的影响力。

流行文化的消费主体一般以青少年为主。流行文化可以说与青少年有着天然的联系。一方面，青少年富有激情，喜欢追求和尝试新奇、新鲜事物。一种流行文化在其产生之初，会因其新鲜感引发青少年猎奇心理。另一方面，青少年心理不够成熟，比较容易受外界环境影响，具有从众心理。流行文化因其流行性而受到青少年追风与效仿。有研究表明："随着青少年年龄的日益增长，社会化程度的不断提高，其流行文化的参与愿望就会降低，并逐渐趋向稳定和固化。"① 因此，研究流行文化现象，必须以青少年流行文化为切入点，重点抓住和把握青少年流行文化发展的趋势与特点。

改革开放以来，中国青少年流行文化的发展与变迁大体上经历了如下几个阶段：第一个阶段是 20 世纪 80 年代中后期。20 世纪 80 年代，"理性主义和政治关怀成为当时青年文化的发展主脉"②。但到 80 年代中后期，流行文化 "已不再复制权威与效仿主流体制文化"③，开始出现对政治的疏离和对传统文化与价值的重估。第二个阶段是 20 世纪 90 年代流行文化的商业化发展。伴随着商品经济和市场经济地位的确立，流行文化的商业化气息越来越浓厚。各种文化消费产品，如磁带、录像带纷纷涌现，流行音乐市场、电影市场等文化市场兴起，影视明星成为青少年的崇拜偶像。第三阶段是 21 世纪以来流行文化的网络化和多样化发展。一方面，随着互联网的发展，网络流行文化成为青少年流行文化的主流形态。社交媒体的出现使青少年有更多的机会参与到流行文化的创造与传播之中。与此同时，流行文化越来越多样化，流行文化产品越来越丰富，流行文化产业成为新的经济增长点。

对于流行文化的评价，理论界褒贬不一。在精英文化主义者看来，流行文化是一种低俗的文化。有人则明确反对这种观点，认为流行文化不等于低俗文化，不能简单地将两者画上等号。不管怎么样，流行文化作为一种客观存在的文化现象，它实实在在地影响着广大青少年，成为青少年社会主义核心价值观培育的潜在环境。特别是，流行文化往往表现出与主流文化价值某种程度的疏离，这样势必会对政治意识形态与主流价值观念产生一定的消解或解构作用。总之，必须正视当今社会中存在的青少年流行文化现象。

---

① 吴烨宇. 青少年流行文化现象产生的动因 [J]. 中国青年研究，2003 (2).
② 袁潇，风笑天. 改革开放 40 年我国青年流行文化变迁 [J]. 中国青年社会科学，2018 (2).
③ 袁潇，风笑天. 改革开放 40 年我国青年流行文化变迁 [J]. 中国青年社会科学，2018 (2).

二、文化的多元化与青少年价值认同困境

西方强势文化的输入、网络文化的兴起、流行文化的盛行，不仅意味着青少年社会主义核心价值观培育的社会文化环境日益复杂化，而且三者从本质上反映了一个共同性特点：文化发展出现多样化和多元化，呈现出千姿百态、百花齐放、百家争鸣的文化景观。文化的多元化一方面有助于促进文化的发展与繁荣。不同文化在文化大花园中争芳斗艳、相互学习与借鉴，从而促进不同文化的发展。另一方面，文化的多元化也容易引发文化与价值认同危机。不同的文化在相互碰撞过程中，容易引发价值的冲突，导致价值认同危机。

（一）文化的多元化

当今时代，文化多元化已成为文化发展的显著特点，文化多元化也是历史发展的总体趋势。在当代中国，文化多元化的形成与发展最根本原因在于社会的转型与变革。经济全球化拓展了文化交流的空间，网络媒体为文化交流提供了重要载体和交流平台，他们也是文化多元化的重要推动因素。

首先，社会的转型与变革必然引发思想文化领域的激烈争鸣。按照历史唯物主义基本观点，社会意识总是由社会存在（其中最主要的是物质资料的生产及生产方式）决定，同时又具有相对的独立性。近代以来，中国社会主要处在从传统农业社会向现代工业社会转型与变革的时期。伴随着现代工业生产方式取代传统农业生产方式，思想文化领域也在发生深刻变革。与传统农业生产方式相适应的旧的思想观念（如封闭思想、小农意识、人情文化等）正在被现代社会新的思想观念（如开放思想、法制意识、平等观念等）所取代。社会的转型引发了传统文化与现代文化的冲突，这也是近代以来中国文化发展中的基本矛盾之一，而且传统文化因其根深蒂固性和强大惯性至今仍然具有较大的影响力。党的十一届三中全会以来，伴随着商品经济的发展和社会主义市场经济体制改革的深化，我国的所有制结构与分配方式都发生了巨大变化。所有

制结构与分配方式的多样化调动了不同社会阶层的积极性，激发了社会的创造活力，解放和发展了生产力。然而，利益格局的巨大调整，必然引发思想文化上的争鸣，不同的利益主体为维护自身的利益总要在思想文化战线上发出自己的声音。

其次，经济全球化促进了不同国家与民族之间的文化交流。世界上不同国家与民族在自己的历史发展过程中创造了各具特色的文化。每一种文化都为世界文化做出了自己的贡献。"每一个民族，不论大小，都有其本质上的特点，即只属于该民族而为其他民族所没有的特殊性。这些特点便是每个民族对世界文化共同宝库所作出的、使这个宝库更加充实、更加丰富的贡献。在这个意义上，一切民族，不论大小，都处于同等的地位，每个民族都是和其他任何民族同样重要的。"[①] 在前经济全球化时代，各地区、各国家之间的往来与交流远不及经济全球化时代密切与频繁。经济的全球化不仅增进了不同国家与民族之间的经济往来，同时也促进了不同国家和民族之间的文化交流。改革开放以来，中国不仅在经济上实行对外开放，而且在文化上也实行对外开放，积极融入全球化。在对外开放和融入全球化过程中，世界上不同文化思想不断涌入中国，特别是西方资本主义国家借此机会通过各种方式和途径对社会主义中国进行意识形态输出与渗透，企图分化、同化中国。西方文化与中国文化的交流、交融、交锋构成了当代中国文化发展的又一基本矛盾。

最后，网络媒体为不同文化交流提供了重要载体和交流平台。社会的转型引发传统文化与现代文化的冲突，经济全球化带来中国文化与西方文化的碰撞。无论是传统文化还是现代文化，不论是西方文化还是中国文化，文化的主体都是人。文化交流从根本上讲是人与人之间的交流。因此，如果人与人之间缺乏有效沟通与交流的载体与平台，那么文化是无法进行传播并形成影响力的。网络媒体实现了人与人之间交流的虚拟化、扁平化、便捷化，从而为不同文化的交流提供了重要载体和交

[①] 斯大林文集［M］. 北京：人民出版社，1985：539.

（右侧竖排文字）
第五章　文化育人：以文化传承助力青少年社会主义核心价值观培育

143

流平台。在网络媒体时代，不同思想文化的主体都可以在网络空间中进行发声、传播和对话。

社会思潮是指一定历史时期的思想潮流，体现了一个社会特定时期思想发展的倾向与趋势，属于社会意识范畴。因此，社会思潮是文化的重要构成内容和表现形式。当今时代中国文化的多元化最突出、最清楚地表现在各种涌动的社会思潮上。人民论坛问卷调查中心面向社会公众展开了一次调查，最后综合筛选出2017年国内值得关注的十大社会思潮，分别为民粹主义、民族主义、生态主义、消费主义、泛娱乐主义、激进左派、文化保守主义、历史虚无主义、新自由主义、普世价值论[1]。显然，这十大思潮中有些是典型的西方社会思潮，如新自由主义、普世价值论。有些社会思潮具有明显的生活化特点，如消费主义、泛娱乐主义。有些社会思潮带有特定的政治倾向性，如文化保守主义、历史虚无主义、新自由主义。这些社会思潮错综交杂，令人眼花缭乱，具有较大的欺骗性和迷惑性，如果缺乏正确的引导，将会对主流社会意识形态造成威胁、构成挑战。

（二）青少年价值认同的困境

综上所述，在复杂的文化环境以及多元文化背景下，在肯定大多数青少年都有正确的价值认同的同时，也要看到，一些青少年在价值认同上存在不足。这突出地表现在部分青少年文化自信心的不足和价值观的迷失上。

第一，部分青少年文化自信的缺失。党的十八大报告在回顾和总结党的90多年奋斗历程的基础之上，首次提出并深刻阐述了中国特色社会主义道路、中国特色社会主义理论体系与中国特色社会主义制度，并且要求全党一定要坚定上述三个方面的自信。党的十八大以来，习近平总书记在"三个自信"的基础上又提出"第四个自信"即"文化自信"，

---

① 陈琳，单宁. 当前国内社会思潮趋势走向 ［J］. 人民论坛，2018（6）.

并且强调"文化自信是更基本、更深沉、更持久的力量"①,"文化自信,是更基础、更广泛、更深厚的自信"②。社会主义核心价值观的培育需要不断增强文化的自信心,这个文化自信包括了中华优秀传统文化的自信、革命文化的自信以及社会主义先进文化的自信。鸦片战争以来,中华民族开始落后于西方资本主义国家,并且逐步沦为一个半殖民地半封建社会的国家,饱受西方侵略与凌辱,这种落后挨打的痛楚直接导致国人民族自尊心和自信心缺失。新中国成立以来,特别是改革开放以来中华民族取得了举世瞩目的成就,迎来了从站起来、富起来到强起来的伟大飞跃,看到了实现中华民族伟大复兴的光明前景。然而,与西方发达国家相比,中国仍然是一个发展中国家,处于相对劣势地位,加之近代以来思想惯性影响,一些中国人包括部分青少年对中国文化仍然缺乏足够的自信。特别是西方国家不断加强对社会主义中国的意识形态渗透,并且把重点放置在青少年身上,导致处在价值观形成和确立时期的部分青少年对西方文化与价值观盲目崇拜,对自身文化缺乏自信。文化自信的缺失对青少年社会主义核心价值观的认同形成了极大的消极影响。只有消除青少年身上的文化自卑心理,才能更好地促进社会主义核心价值观的培育。

第二,部分青少年价值观的迷失。多元文化满足了青少年对于文化的多样化需求,使青少年的文化生活变得五彩斑斓、五光十色。多元文化也为青少年提供了文化选择的机会与空间,彰显了人的自由性与社会的进步性。然而,有选择的机会并不代表能够正确选择,有选择的自由不见得真能自由。在鱼龙混杂的文化丛林中,青少年由于认识能力与鉴别能力有限,部分人往往分不清楚真伪、美丑、表里,要么陷入无所适从、随风摆动、缺乏主见的茫然与困惑之中,迷失了方向,要么被一些错误文化与思想引导、误入歧途。校园暴力、自杀、青少年犯罪、网络

---

① 习近平谈治国理政:第 2 卷 [M]. 北京:外文出版社,2017:339.
② 习近平谈治国理政:第 2 卷 [M]. 北京:外文出版社,2017:36.

成瘾等极端行为不能仅仅归结为心理上和认识上出现问题，这也是价值观上出现问题的结果。我们可以将部分青少年价值迷失现象归纳为"无梦、无痛、无趣"三种情况。所谓"无梦"，就是指理想信念出现陷落，失去了理想和意义的追求，急功近利，一切为了个人利益，追求物质生活的享受，表现出明显的个人主义和现实化取向。所谓"无痛"，是指民族意识淡化、政治关心度降低、社会责任意识弱化、人际关系疏离。所谓"无趣"，是指对生活失去兴趣，深感压力，缺乏动力、精神世界空虚。总之，在文化多元化时代部分青少年出现了价值迷失现象。

综上所述，多元文化的客观存在为青少年社会主义核心价值观培育带来了严峻的挑战。然而，多元文化的客观存在并不能否认主流文化存在的必要性，如果一个社会缺乏主流价值的引领，就容易陷入文化相对主义的泥潭。越是文化多元化，越是需要加强主流文化与价值的引领，越是凸显了社会主义核心价值观培育的重要性。

第三节　青少年社会主义核心价值观培育的文化路径

从青少年文化活动空间与范围来看，主要分为家庭空间、校园空间、社会空间、网络空间。因此，青少年社会主义核心价值观培育的文化路径主要包括重视家庭文化建设、加强校园文化建设、培育良好社会风气、净化网络文化环境四个方面，以上四个方面相互联系，构成了一个有机的整体，体现了社会主义核心价值观培育的落细、落小、落实原则。

一、重视家庭文化建设，培育优良家德家风

中华民族自古以来就十分重视家庭，中国人民思想深处有着深厚的家庭情结和浓厚的家庭意识，并且在长期的历史发展过程中形成了独特的家庭伦理道德。国人的这种家庭观念与意识可能与中国古代农业生产

方式有着直接的、密切的关系。中国古代主要是一个农业社会，农业生产方式占据主导地位，而传统的农业生产方式的特点就是以家庭为基本单位进行分工和生产，实现自给自足。然而，随着社会的发展和生产方式的变革，家庭的结构与家庭内部关系等都发生了巨大变化，人们的家庭观念也随之发生了重大改变。但是"无论时代如何变化，无论经济社会如何发展，对一个社会来说，家庭的生活依托都不可替代，家庭的社会功能都不可替代，家庭的文明作用都不可替代。无论过去、现在还是将来，绝大多数人都生活在家庭之中"①。

家庭是构成社会的基本细胞，一个社会是由一个个家庭构成的。家是最小国，国是千万家。因此，家庭文化也是社会文化系统的重要构成。家风好，社会风气才会好，家庭和谐，社会才可能和谐。在"家国同构"的中国传统社会，家庭文化更是社会文化的重要根基，家庭文化是社会文化的一个重要缩影，正如黑格尔所指出的："中国纯粹建筑在这一种道德（家庭的关系）的结合上，国家的特性便是客观的'家庭孝敬'。"② 家庭文化与社会文化之间的内在逻辑关系决定了家庭文化建设与社会主义核心价值观培育之间具有高度的契合性。一方面，家庭文化建设不能游离于社会文化大环境外，家庭文化建设必须以社会主义核心价值观为指引。另一方面，社会主义核心价值观的培育离不开家庭文化建设的支撑，社会主义核心价值观的培育决不能出现家庭文化建设的空场或缺席。对于青少年而言，家是青少年成长的摇篮，家庭环境对青少年的成长与发展具有深远的影响，家风家教对于青少年树立正确的价值观起着十分关键的作用，正如习近平同志在第一届全国文明家庭表彰大会上的讲话中所指出的："家庭是人生的第一个课堂，父母是孩子的第一任老师。"③ 因此，必须加强家庭文化建设，充分利用家庭场合，借助家庭环境，重视家庭教育，使社会主义核心价值观在家庭生活中落

---

① 习近平谈治国理政：第2卷［M］. 北京：外文出版社，2017：353.
② 〔德〕黑格尔. 历史哲学［M］. 王造时，译，上海：上海书店出版社，1999：127.
③ 习近平谈治国理政：第2卷［M］. 北京：外文出版社，2017：354.

细、落小、落实，使社会主义核心价值观走入千家万户，扎根青少年家庭生活。

那么，如何加强家庭文化建设，以家庭文化建设支撑和促进青少年社会主义核心价值观培育？习近平指出："良好家风和家庭美德是社会主义核心价值观在现实生活中的直观体现。"① 由此可见，加强家庭文化建设，以家庭文化建设支撑和促进青少年社会主义核心价值观培育，就必须弘扬家庭美德，树立良好家风，这可以说是青少年社会主义核心价值观培育之家庭文化路径的两个重要方面。当然，这两个方面本身也是有所区别、相互交融的。

第一，积极弘扬中华民族传统家庭美德，建设新时代家庭美德。社会主义核心价值观，在某种意义上其实就是一种道德规范。但是，它不是一种抽象的道德规范，而是具体体现在社会公德与职业道德之中，也体现在家庭美德与个人品德之中。由此可见，建设新时代家庭美德不仅是家庭文化建设的核心内容，也是青少年社会主义核心价值培育的重要任务和重要途径。建设新时代家庭美德，必须积极弘扬中华民族传统家庭美德。包括传统家庭美德在内的中华传统美德蕴含了社会主义核心价值观的文化基因，成为涵养社会主义核心价值观的重要源泉，更能引发青少年的文化共鸣感与文化归属感，增强青少年对社会主义核心价值观的接受度和认同度。以孝道为例，孝道文化可以说是一种融入中华民族血液之中的重要文化基因，因此我们可以充分挖掘传统孝道美德，批判地继承传统孝道文化，以之培育青少年的感恩意识、责任意识以及爱国主义精神。

第二，加强家风建设，营造良好家庭环境。习近平指出："家风是一个家庭的精神内核，也是一个社会的价值缩影。"② 优良的家风，如

① 习近平. 家风是家庭的精神内核　也是社会的价值缩影［EB/OL］.（2018－05－08）［2019－12－30］. http://news. 12371. cn/2018/05/08/ARTI1525752121605566. shtml
② 习近平. 家风是家庭的精神内核　也是社会的价值缩影［EB/OL］.（2018－05－08）［2019－12－30］. http://news. 12371. cn/2018/05/08/ARTI1525752121605566. shtml

和谐、和睦、仁爱、信义等能够反映和体现社会主义核心价值观的基本原则与根本精神，是社会主义核心价值观在家庭生活中的生动呈现，是社会主义核心价值观传播的重要载体。家风是家庭环境当中的无形力量，对于家庭成员，尤其是对青少年价值观念与行为活动有着潜移默化、润物无声、持久深远的影响。不仅如此，家风还连着民风，影响社会风气。家风正，民风淳。正因为如此，加强家风建设，传承优良家风，才成为青少年社会主义核心价值观培育的家庭文化路径中的重要途径。加强家风建设，还必须理顺家风与家教、家训、家规之间的关系。其中，"家风是家文化的灵魂"①，家训、家规是家文化的表现形态和重要载体，而家教则是家风建设的重要途径或手段。加强家风建设，建设文明家庭，必须重家教、立家规、传家训，唯有如此，方能树好家风。

二、加强校园文化建设，营造积极健康的校园文化环境

如上所述，青少年最初是通过父母家人的言传身教获得人生的第一笔财富的，但是随着年龄增长和视野的扩大，家庭教育已不能满足青少年对知识文化的需求和要求，这时迫切需要进入专门的从事教育活动的机构与场所即学校接受全面的、系统的、专业的培养与教育。尽管不同青少年在接受学校教育的时间和程度上存在差别，但每一位青少年都必然、也必须要接受学校教育。根据教育部发布的《2018 年全国教育事业发展统计公报》，我国各级各类学历教育在校生人数达到 2.76 亿人。其中，全国小学学龄儿童净入学率达到 99.95％，初中阶段毛入学率达到 100.9％②，高中阶段毛入学率达到 88.8％，高等教育毛入学率达到 48.1％。由此可见，校园成为每一位青少年学习与生活、成长与发展的重要场所，校园文化在青少年成长成才与发展过程中发挥着重要的作用。

① 李存山. 家风是家文化的灵魂 [N]. 北京日报，2019－02－11 (16).
② 毛入学率，是指某一级教育不分年龄的在校学生总数占该级教育国家规定年龄组人口数的百分比。由于包含非正规年龄组（低龄或超龄）学生，毛入学率可能会超过 100％。

对于一所学校而言，其灵魂在于文化。不同的学校有不同的文化，不同的文化塑造不同的人才。因此，必须高度重视校园文化建设，重视校园文化的育人功能。校园不是与社会相脱离的孤岛，校园文化是社会文化系统的重要组成部分。校园文化与社会文化之间的内在逻辑关系决定了校园文化建设与社会主义核心价值观培育之间具有高度的契合性。一方面，校园文化建设必须紧跟社会文化发展要求，以社会主义核心价值观为精神核心，坚持立德树人的根本目标；另一方面，青少年的社会主义核心价值观培育要以校园文化建设作为载体和途径，社会主义核心价值观培育离不开校园文化这一重要载体和环境。因此，要切实抓好校园文化建设，营造积极、健康、和谐的校园物质文化、精神文化、制度文化和行为文化，让社会主义核心价值观的种子在青少年心中生根发芽，引导青少年扣好人生的第一粒扣子。

校园文化对青少年学生具有较强的吸引力、凝聚力和感召力，在校园文化建设中有机融入社会主义核心价值观教育，让青少年学生在校园文化的滋养中，埋下真善美的种子，并使之内化于心、外化于行，这是培育青少年学生社会主义核心价值观的重要途径。如何加强校园文化建设，如何以校园文化建设促进青少年的社会主义核心价值观培育，是当前学校青少年思想道德建设工作的重点。

第一，发挥校训、校徽、校歌、校史文化的育人功能。校训是一所学校的灵魂，是一所学校办学理念的高度凝练，也是师生共同遵守的行为准则和规范；校徽是一所学校的独特标志，对外展现了这个学校的办学亮点，对内也体现了学生对母校的归属之情；校歌是一所学校的精神宣言，一方面向社会展示其精神风貌，另一方面也号召学子追求理想、奋发图强；校史文化真实记录了一所学校数代师生的拼搏奋斗历程，是学校建立与发展的重要体现。校训、校徽、校歌、校史文化是一所学校历史变迁的见证，是一所学校办学精神的沉淀。那些鲜活的校园人物和事迹承载了学校师生共同的价值信仰和理想追求，并以其内容的真实性和故事的鲜活性对青少年学生产生巨大的吸引力。因而，我们可以挖掘校训、校徽、校歌、校史文化中的丰富资源，为青少年学生的社会主义核心价值观培育提供生动的教材。

第二，开展丰富多彩的校园文化活动。校园文化活动集思想性、教育性和娱乐性为一体，能够有效地调动青少年学生的参与积极性，具有寓教于乐的独特功能和效果。以特殊节日、重大纪念日等活动为载体，可以增强学生的爱国主义精神教育；以高雅的、大众的艺术活动为载体，可以提升学生的艺术审美和人文修养；以志愿服务实践活动为载体，可以提高学生的责任意识和感恩意识。因此，学校应该高度重视校园文化活动建设，从活动的策划、组织到举办，每一环节都融入对青少年学生的教育与引导，将社会主义核心价值观巧妙地植入校园文化活动之中，使青少年学生在轻松愉悦的参与和体验的过程中，受到活动主题的熏陶和感染。

第三，借助校园广播、主题网站、特色报刊等媒介广泛传播社会正能量。青少年社会主义核心价值观培育离不开媒体宣传，校园广播、主题网站、特色报刊是青少年学生社会主义核心价值观培育的重要载体。特别是新媒体时代，虚拟空间成为意识形态争夺的主阵地，成为敌对势力对青少年进行价值观渗透的主渠道。校园文化建设要高度重视包括校园网站等在内的各种传统与现代传播媒介，通过校园广播、主题网站、特色报刊等媒介有计划、有组织地宣传历史文化、党的理论、时事热点等内容，引导学生明辨是非，抵制各种错误思潮侵袭。借助于校园广播、主题网站、特色报刊等媒介广泛宣传社会主义核心价值观实践中的模范人物、典型事迹，从而为青少年学生成长与发展树立典范，明确目标，引领青少年健康成长与发展。

三、培育良好社会风气，引导青少年崇德向善

所谓社会风气，"是指在某种社会心理的驱动下或某种价值取向的引导下，表现出的一种普遍流行的社会行为，是直接外化或体现社会意

识的客观活动"①。由此可见，社会风气既是行为范畴，也是意识范畴。社会风气具有如下特点：首先，时间上的即时性。社会风气是一定阶段普遍群体的共同价值取向和行为方式的反映，是当下经济、政治、文化、社会、生态各方面的映射，是时下具有代表性的社会风潮。其次，空间上的广泛性。风是空气流动的现象，气是流动中的气体，风气本身具有流动性和传播性。基于受众群体的庞大性和仿效性，社会风气的影响范围更广、更深。再次，主体上的群体性。一个人单独的思维与行为或是极少部分人的思维与行为并不能体现社会风气。社会风气，顾名思义，一定是社会中多数人意识活动的外化，是一种集体力量。最后，作用上的两面性。社会风气的性质影响其作用，良好风气能促进民风淳朴、风清气正，不良风气会助长歪风邪气，破坏社会和谐。

社会风气建设与青少年社会主义核心价值观培育具有内在的契合性。从表面上看，社会风气表现为一种普遍流行的社会行为，但行为背后所体现的则是共同的价值取向。当一种价值观成为流行性观念时，就会有相应流行性行为的产生。因此，社会风气建设与青少年社会主义核心价值观的培育总是相向而行、内在统一、相互促进的。一方面，社会主义核心价值观的提出、培育和践行有助于社会风气的建设。社会主义核心价值观的提出为社会风气建设注入了时代内涵，提供了方向指引。伴随着社会主义核心价值观在全社会的落地生根，整个社会风气也将随之焕然一新。另一方面，社会风气的建设必然有助于青少年社会主义核心价值观的培育。众所周知，社会风气包括积极健康的社会风气与消极不良的社会风气。积极健康的社会风气为青少年成长与发展营造了良好的社会环境，对青少年的世界观、人生观和价值观产生无形的影响和广泛的渗透作用。反之，不良的社会风气如同雾霾一样会对心智不成熟的青少年心灵产生严重污染，甚至使青少年学生在学校中所接受的积极、健康的教育大打折扣，产生怀疑与动摇。因此，我们要重视良好社会风气

---

① 郑仓元，陈立旭. 社会风气论［M］. 杭州：浙江人民出版社，1996：3.

的建设，营造积极健康的社会氛围，为培育社会主义核心价值观提供社会土壤，让良好的社会风气来带动社会主义核心价值观的培育与践行。

第一，运用正式手段调控社会风气，促进青少年社会主义核心价值观培育。"正式调控是社会通过一定的控制机构实施的有组织的社会调控，实施正式社会调控的社会规范主要有法律、纪律和政策。"① 正式调控体现的是法治思维，具有制度化与强制性特点。首先，良好社会风气的形成总是离不开具有强制性的法律与规章制度，单纯依靠个体的道德自觉与自律是难以形成良好社会风气的。因为任何一种道德规范只会对那些具有道德意识的人发生作用，对于那些缺乏道德意识的人只有通过外在的法律与制度对其施加强制性的影响。例如，要在社会中形成讲诚信的良好风气，就必须运用道德与法律双重力量，双管齐下。法律往往是道德的最低底线，是良好社会风气塑造的重要制度保障。其次，任何一种法律与制度的背后本身也体现了某种价值观念与道德观念。社会主义法律、规章制度体现的是社会主义的价值观与道德规范要求。因此，通过不断制定和完善各种法律与规章制度，引导社会成员树立法律意识和规则意识，不仅有利于促进社会良好风气的形成，而且有助于促进社会主义核心价值观的培育。总之，通过正式调控的方式，以法律的权威、制度的约束来调节和规范社会个体行为，能有效促进良好社会风气的形成，进而涵养社会主义核心价值观。

第二，运用非正式手段调控社会风气，促进青少年社会主义核心价值观培育。非正式调控主要是依靠道德、风俗习惯、社会舆论等方式来实施的调控方式，是一种具有无形约束力和影响力的调控方式。与正式调控不同，非正式调控体现的是德治思维。良好社会风气的形成既要依靠法律等正式手段，也离不开道德等非正式手段。如果说"法律是成文的道德"，那么"道德是内心的法律"②。法律是由外而内，道德是由内

---

① 郑仓元，陈立旭. 社会风气论 [M]. 杭州：浙江人民出版社，1996：248.
② 习近平谈治国理政：第 1 卷 [M]. 北京：外文出版社，2018：141.

第五章　文化育人：以文化传承助力青少年社会主义核心价值观培育

153

而外。要在全社会形成崇德向善的良好风气，除了需要他律，还需要自律，需要社会成员具有高度的道德自觉，具有强烈的道德责任感。风俗习惯是一定社会群体在一定时期内共同遵守的行为规范。风俗习惯一旦形成，具有相对的稳定性。但是，社会总是不断发展变化的，社会的发展与变化往往需要我们借助移风易俗来破陈规陋俗，立时代新风。社会舆论在社会风气调控中发挥着重要作用。社会舆论是社会风气的方向标，代表着社会价值的发展走向。人言可畏，众口铄金，积毁销骨，警示我们社会舆论对人具有强大的影响力。因此，我们必须敏锐观察和把握社会舆论动态与走向，运用各种手段、借助各种载体、利用各种场合，开展舆论宣传，进行舆论引导，从而促进社会良好风气形成。总之，非正式手段是通过一些"软"手段来调节和规范社会成员行为，促进社会良好风气的逐渐形成，从而为青少年社会主义核心价值观培育营造良好的社会氛围。

四、净化网络文化环境，打造风清气正的网络空间

网络自诞生起便以不可阻挡的趋势迅猛发展，改变着人们的思维观念和生活方式。在网络化的今天，"上网"已成为人们日常生活的重要组成部分。随着手机、平板电脑等移动工具的普及，人们的触网年龄越来越低，青少年已经成为我国网民的重要组成部分。《2018中国青少年互联网使用及网络安全情况调研报告》指出，青少年日常生活中除了必不可少的学习时间占第一位以外，上网时间紧随其后居于第二位，且网络使用时间呈现出逐渐上升的趋势，有七成青少年表示自己的生活已经离不开互联网，对网络依赖性较大。

网络文化是网络时代的产物，是人们以网络为载体所进行的各种活动及其成果，是网络空间运载的各种信息资源。作为文化的一个子集，网络文化拓宽了文化的存在领域，是社会文化的重要组成部分，也是社会文化的延伸和多样化的展现。当今时代，网络文化正以其时空传递性、信息多样性等不可替代的特点，迅速成为社会主义文化建设的重要

构成。网络文化和社会文化之间的内在逻辑关系决定了网络文化建设与社会主义核心价值观培育之间具有高度的契合性。一方面，网络文化建设需要社会主义核心价值观的引领。社会主义核心价值观是一切文化建设的指南，是指导网络文化建设的科学指引，是网络文化健康发展的内在价值诉求和外在推动力量。另一方面，网络文化的不断发展为青少年社会主义核心价值观培育提供了新的文化土壤和传播空间，正如习近平同志所指出的："网络空间已经成为人们生产生活的新空间，那就也应该成为我们党凝聚共识的新空间。"[①] 网络文化还为社会主义核心价值观培育注入了鲜活的时代气息，是青少年社会主义核心价值观培育的有效素材。因此，必须加强网络文化建设，充分利用网络阵地，输送和传播社会主义核心价值观，使社会主义核心价值观与网络文化相结合，在潜移默化中影响青少年的思想和行为。

网络文化是一把"双刃剑"，研究如何加强网络文化建设，以网络文化建设促进青少年社会主义核心价值观培育，对积极探索青少年社会主义核心价值观培育的新路径具有十分重要的意义。加强网络文化建设，以网络文化建设促进青少年社会主义核心价值观培育，必须加强舆论监督引导，大力发展网络文化产业，加强青少年网络素养教育，这是青少年社会主义核心价值观培育之网络文化路径的三个重要方面。

第一，坚持正确的舆论导向，营造健康的网络文化环境。"以正确的舆论引导人"是党中央对宣传思想工作的基本要求之一，坚持正确的舆论导向是网络文化建设的中心环节，也是社会主义核心价值观培育的必然要求。目前我国相关法律还不够成熟和完善，因此当前的一项重要工作是建立健全网络文化管理的领导体制和运行机制，严厉打击网络犯罪行为，净化网络文化环境，为优秀的网络文化营造良好的生存空间，将社会主义核心价值观融入网络文化之中，提升青少年践行社会主义核心价值观的主动性。同时，积极开展舆论监督，掌握网络舆论引导的主

① 习近平. 加快推动媒体融合发展　构建全媒体传播格局［J］. 求是，2019（6）.

动权，以中国特色社会主义理论为指导，弘扬与传播以爱国主义为核心的民族精神和以改革创新为核心的时代精神，使网络成为传播先进文化的重要阵地，为网络文化建设指明方向，进而增强社会主义核心价值观的影响力和凝聚力。

第二，大力发展网络文化产业，拓宽网络文化传播渠道。文化产业是价值观念传播的主要载体，西方国家正是通过将其价值观念渗透到文化产业中并使二者不断融合的手段，达到向其他国家输送其价值观的目的。当前，文化产业化并与互联网技术融合发展，形成了新兴的网络文化产业。以网络文学、网络游戏、网络电影等为代表的网络文化产品大量涌现，网络文化产品不仅可以带来可观的经济效益，更在"润物细无声"中传播其价值观念，影响着青少年的日常生活。因此，网络文化产业的发展不仅不能偏离社会主义核心价值观，更应该发挥其引领作用，为青少年社会主义核心价值观培育提供新的方式和渠道。其中，要发展网络文化产业，必须把科技创新作为推动网络文化产业繁荣发展的核心要素，加强网络文化产业的资源整合，培育发展壮大一批有核心竞争力的网络文化企业，满足青少年的各项精神文化需求，宣传符合国家发展和社会进步要求的价值导向。

第三，加强网络素养教育，促进网络文化可持续发展。网络文化建设不仅要依靠"他律"，也要依靠"自律"，要充分重视青少年网络素养教育在网络文化建设中的重要地位和作用，从根本上净化网络空间，促进网络文化健康发展。加强网络文化建设，青少年网络素养教育必不可少，这是网络文化建设的必然要求，因此，要健全网络道德规范，在青少年中开展社会主义荣辱观和网络道德教育，引导青少年增强诚信意识和社会责任意识，使其养成科学、文明、健康的上网习惯，自觉抵制有害信息和低俗之风，从而增强青少年践行社会主义核心价值观的有效性和自觉性，打造风清气正的网络空间。

第六章 榜样育人：以榜样示范引领青少年社会主义核心价值观培育

青少年社会主义核心价值观培育离不开榜样的激励和引领。中外教育家、思想家都深刻地认识到榜样教育对青少年教育的重要性。孔子说："见贤思齐焉，见不贤而内自省也。"苏联教育家 A. 马尔库沙也曾指出："在教育孩子这件事上，还没有发现有什么方法能比活生生的榜样力量更大，更能令人信服的。特别是当这种力量不是一时的冲动，不是稍纵即逝，而是目标明确，始终如一，持之以恒时，收效就更为显著。"① 德国哲学家雅思贝尔斯曾形象地把榜样教育比喻为"一棵树摇动另一棵树，一朵云推动另一朵云，一个灵魂唤醒另一个灵魂"。中国特色社会主义新时代榜样教育的实质就是通过榜样这一社会主义核心价值观人格化的载体，对广大人民群众进行社会主义核心价值观的培育和践行。

第一节 培育社会主义核心价值观
需要榜样的引领

青少年健康成长的过程需要榜样引领，青少年优良素质的养成需要榜样教育。青少年健康成长是青少年自身、家庭、学校和社会共同的愿

---

① 〔苏〕A. 马尔库沙. 家庭教育的艺术［M］. 王秉钦，李维颐，郝尔启，译，天津：天津人民出版社，1982：85.

望，而青少年健康成长包含丰富的内容，过硬的本领技能、健康的身体素质、良好的心理素质、高尚的思想道德素质是其中的重要方面。在构成青少年健康成长过程的诸多内容中，最容易忽略的同时也是至关重要的就是思想道德素质。在青少年群体中，在学校、在家庭、在社会上，部分人信奉一种观念——思想道德素质是个软指标，只要学习上去了、能力上去了，再加上一个健康的身体和良好的心理素质，就能胜任各种条件和任务了。这种观点在思想上不仅是极端错误的，而且在实践中是极为有害的。无数事实告诉我们，如果没有好的思想道德素质保驾护航，青少年的健康成长只能是一句空话；没有积极、健康、向上思想道德素质的青少年，对个人、家庭、社会和国家都是有害无益的。而青少年思想道德素质的提升尤其是科学价值观的培育需要榜样的激励、需要榜样教育的引导。

一、青少年健康成长需要榜样和榜样教育

个体思想道德水平间发展的差异性、不平衡性是榜样教育得以存在的现实依据。个体思想道德水平是由个人生活实践、教育背景、社会关系网络、价值观等综合因素塑造形成的。由于每个人的生活阅历、实践能力不同，每个人所接受的教育层次与获得的教育质量也不尽一致，每个人社会关系的广度与深度都不一样，再加上每个人价值观的差异，必然会导致个体思想道德水平发展的差异性与不平衡性，这集中表现为两种不同水平、不同层次的道德水准——落后的思想道德与先进的思想道德，而榜样人物则是先进思想道德尤其是社会核心价值观的载体。所以，先进思想道德与落后思想道德的客观存在就为榜样教育提供了基本的前提和存在的依据。通过榜样的激励、示范和导向，通过榜样教育全面深入地开展，先进的思想道德观念就能够影响、作用甚至改变落后的思想道德观念，进而妥善协调和解决个人价值观与社会主导价值观的矛盾，最终达成青少年社会主义核心价值观培育的目的。

青少年健康成长之所以需要榜样和榜样教育，既是青少年自身健康

成长的需要，也是家庭幸福的需要，更是社会发展进步的需要。从青少年自身成长角度来看，青少年需要榜样教育。一是因为青少年生活阅历浅、实践经验少，需要外在的榜样为其提供行为的导向、精神的指引。二是因为青少年喜欢模仿的天性需要榜样和榜样教育，如果没有正面的、积极的、向上的人物供青少年学习模仿，青少年就会沾上不良习气和染上有害思想。三是青少年处于价值观尚未成型的价值观培育的关键时期，此时榜样与榜样教育恰恰能为青少年科学价值观的培育塑造施加积极影响。可见，"对榜样和榜样教育的个体需要，主要是基于人的不断发展的需要。对榜样的个体需要，源于人的未完成性、人的发展性、人的生成性、人的向善性和人的开放性等这些普遍的人性基础"①。从家庭幸福的角度来看，榜样与榜样教育有利于促进家庭幸福。一个个青少年背后是一个个家庭，青少年的命运牵动无数家庭的命运。所以在青少年成长成才的道路上，榜样和榜样教育能够有助于青少年树立科学价值观，进而提升青少年的思想道德素质并促进青少年的健康成长，这为青少年家庭带去了希望、播种了幸福。从社会发展进步的角度来看，榜样与榜样教育能够推动中国特色社会主义事业和伟大中国梦的实现。榜样与榜样教育促成了青少年科学价值观的确立和思想道德素质的提升，有利于中国特色社会主义事业合格建设者与可靠接班人的培养，有利于中华民族伟大复兴的中国梦的实现。

中国革命、建设和改革开放的实践证明，榜样是思想政治教育的重要资源，榜样对青少年群体有价值观导向作用。各个时期的榜样以其先进的事迹、伟大的精神、高尚的人格激励、感召不同时代的人们为所在历史阶段的目标任务而不懈奋斗。革命时期的"红船精神""井冈山精神""长征精神""延安精神""西柏坡精神"，社会主义建设时期的"雷锋精神""铁人精神""两弹一星精神"，改革开放时期的"女排精神"

---

① 姜建蓉. 论榜样教育在构建社会主义核心价值体系中的作用实现机制 [J]. 思想政治教育研究，2009（1）.

"航天精神""抗洪精神""抗震救灾精神"，这些就是不同时期不同榜样群体精神的集中概括和生动体现。这些精神构成了社会主义核心价值观的源头活水，也是社会主义核心价值观的具体呈现与现实表达。应深入挖掘和积极利用这些精神财富，使之成为青少年社会主义核心价值观培育的丰富素材和精神食粮。

按照青少年群体的生活范围，可以将榜样划分为直接榜样和间接榜样。直接榜样是指与青少年学习生活发生直接、密切联系的榜样人物，这些榜样或许没有想象的那么高大上，但对青少年群体的思想行为更能产生直接、广泛和深刻的影响，这些榜样主要包括父母、教师；间接榜样是指与青少年学习生活没有直接联系、关系疏远的榜样人物，这些榜样人物知名度高、拥有资源多、社会影响力大，但其影响始终是间接性的、浅层次的，这些榜样人物主要包括一些身边的党员、干部，以及文体明星、道德模范、网络大咖等公众人物。

榜样人格的价值导向是榜样作用于青少年价值观层面的重要方式。榜样之所以为榜样，一个重要的原因就是它承载了社会主导价值观的核心内容与精神实质，是社会核心价值观的具体化、人格化。价值观的传递、引导是榜样与榜样教育在青少年社会主义核心价值观培育方面作用与功能的主要体现。在榜样教育中，青少年能够感知、辨别、取舍榜样在社会主义核心价值观方面所传递的信息，从而完成信息的输入、加工和内化，实现自身价值观的改变甚至重塑。在这一过程中，青少年要处理的主要矛盾就是自身价值观与榜样人物价值观的冲突。如何解决这一矛盾？首先，青少年自身要有虚心的态度、包容的心态，主动审视自身价值观，正视其中的狭隘性、错误性与非科学性；其次，青少年要主动亲近榜样，学习其先进事迹，感悟其思想魅力，领悟其精神实质，从感情上拉近与榜样的距离；最后，青少年要在行动上落实，对照榜样人物的思想境界和实践行为不断调整、矫正自身言行，以巩固和强化社会主义核心价值观培育的效果。

二、青少年社会主义核心价值观培育需要榜样教育

榜样教育总是与时代的主导价值观相联系、相结合、相适应。榜样是社会主导价值观的具体化、形象化和人格化，榜样既是社会主导价值观的物质载体，更是社会主导价值观的精神载体。社会主导价值观是榜样教育的价值导向，而榜样教育是社会主导价值观的重要教育形式。在当代中国，社会主导价值观就是社会主义核心价值观，当代中国的榜样群体就是社会主义核心价值观的具体化、形象化和人格化的载体；当代中国的榜样教育必须以社会主义核心价值观为价值导向，榜样教育是社会主义核心价值观培育和践行的行之有效的重要方略。

如今，中国特色社会主义进入新时代，对美好生活的向往已成为人民群众的新时代需求。美好生活是一个立体的、多层面的系统，人民群众不仅有对物质生活的需求，更有对精神文化生活、社会保障安全、健康生态、社会安定和谐的需求，而这些需求的满足离不开用社会主义核心价值观来武装人民群众的头脑。所以，社会主义核心价值观的倡导和践行是满足人民群众美好生活这一需求的重要思想文化保障。榜样示范作用的充分发挥、榜样教育活动的全面深入开展必将促进青少年社会主义核心价值观的培育。在发现榜样、树立榜样、培育榜样和运用榜样的过程中，在榜样先进事迹与高尚人格、道德情操的激励感召下，在榜样教育施教、受教和转化的环节中，青少年群体定能通过榜样载体的传递、榜样教育活动的开展将社会主义核心价值观内化于心、外化于行，从而实现社会主义核心价值观的培育。

榜样教育是社会主义核心价值观化抽象为具体、化理论为实践、化宏观为微观、化无形为有形的有效方法，多要素协同发力、正确处理主导与多元矛盾、榜样主导作用与受教者主体作用的充分发挥是榜样教育作用于社会主义核心价值观的有效机制。社会主义核心价值观是中国特色社会主义文化的内核，是社会主义意识形态的重要组成部分，社会主义核心价值观属于思想上层建筑。社会主义核心价值观的这些属性决定

了其高度的抽象性、理论性的特点，因此，社会主义核心价值观必须与具体的、实践的、微观的和有形的物质层面相结合，其培育和践行才有可靠的保障，榜样载体作用的充分发挥、榜样教育活动的有效开展就是完成这一过渡、转化的有效手段。

而榜样教育的有效开展则要依赖于诸多条件、诸多环节的有效运行。首先，要发挥多种力量协同推动榜样教育对社会主义核心价值观培育的有效作用。榜样教育活动的有效开展单靠榜样自身是难以胜任和完成的，榜样发现、榜样培育和榜样成长的社会整体氛围的塑造，政府政策的保障，法律与道德的支撑，个人、家庭、学校和社会的协同配合等都是必不可少的。其次，要正确处理主导与多元的矛盾。榜样教育彰显的是社会主导价值观，它所面对的则是社会价值观的多样性和多元性，榜样教育的重要任务是用社会主导价值观去整合、引领多元价值观。处于社会主义初级阶段的中国，价值多样多元是客观的社会现实，但在重大问题上尤其是涉及社会健康稳定运行、社会和谐有序、人民群众重要利益等重大社会关切问题上，价值取向的一致则是必要和必需的。这就要求对榜样教育活动的开展要有足够的底气和自信，对用社会主义核心价值观整合、引领多样多元价值观要有足够的底气和自信。最后，要做到榜样教育的主导性与主体性的并重。榜样教育主要关涉榜样教育主体与榜样教育客体两方面，组织什么样的榜样资源、传递什么样的榜样信息、采取什么样的道德教育形式、借助什么样的手段方法是榜样教育主体主导作用发挥的主要方面。但是，榜样教育的效果不单取决于榜样教育主体的一厢情愿，其中还有一个最为重要的变量就是榜样教育客体。榜样教育客体之所以被称为客体，固然存在一定的被动属性，但榜样教育客体的最大特点在于其具有主体性，而且榜样教育客体的主体性发挥程度与发挥效果如何直接决定榜样教育的成效。

第二节　充分发挥公众人物的示范效应

所谓公众人物是指拥有一定社会资源或社会地位或社会知名度或社会影响力的个人或群体，经济领域的企业家和商界名流，政治领域的党政干部、政府要员、人大和政协代表，文化领域的文体明星、艺术家、知名记者或主持人、著名作家或专家学者、网络大V，都属于公众人物范畴。公众人物属于间接榜样群体，公众人物在青少年社会主义核心价值观的培育担负更重要的使命，肩负更重大的责任，具有其他群体不可替代的独特作用。示范引领是公众人物在青少年价值观传递、价值观塑造和价值观培育过程中主要的作用方式，公众人物在价值观培育方面所具有的示范作用、示范效应是其他群体所不能比拟的。

一、公众人物在青少年社会主义核心价值观培育中的社会责任

公众人物在社会主义核心价值观的培育中拥有更大的影响、担负更大的责任，具有充分的理论依据和现实依据。在社会历史创造者和主体问题上，唯物史观坚持重点论与两点论的辩证统一。唯物史观旗帜鲜明地提出人民群众是社会历史的决定力量，人民群众是社会历史发展的主体、是物质财富和精神财富的创造者、是推动社会变革发展的决定力量。人民群众是社会历史的创造者和主体，这是唯物史观在历史创造者理论上最为重要的方面。但唯物史观还坚持实事求是的原则，认为英雄史观固然是错误的和应该受到批判的，可优秀卓越的人尤其是历史人物对社会历史发展的影响与作用的确比普通个人要大、要强。唯物史观上述的观点为公众人物在青少年社会主义核心价值观培育中的引领作用发挥提供了理论基础。在现实生活中，公众人物由于拥有较高的社会地位、更多的社会资源、较大的话语权、更大的社会影响力，是社会价值的风向标，往往会成为青少年言行的榜样，在青少年培育社会主义核心

价值观中具有道德榜样作用和引领示范作用。

公众人物在社会主义核心价值观引领中肩负更重大的责任。公众人物应是社会主义核心价值观的倡导者、信奉者和引领者。公众人物的最大特性就是"公共性"，因为公众人物总是与公共利益、公共事务、社会舆论、社会责任等公共属性紧密相关，公众人物的一言一行都会成为舆论关注的焦点，其举手投足都会成为大家效仿的榜样。公众人物的公共属性要求公众人物在享受公共资源的同时还必须承担更多的社会责任，其中科学价值观的引领是最为重要的社会责任之一。

可是与社会的高度期许和公众人物理应承担的社会责任形成巨大反差的是，少数公众人物存在思想堕落、行为失范甚至违法犯罪等现象。这大大背离了自身的职责与使命，在青少年社会主义核心价值观的培育和践行中不仅没有起到示范引领作用，反而带来了负面和消极的影响。近年来，部分党员干部丧失理想信念、贪污腐败，个别文体明星偷税、漏税、代言虚假广告、吸毒、醉驾，一些知名人物胡言乱语等报道时常见诸报端、网络。这些突破道德底线甚至是违法犯罪的行为对普通大众来说尚且不耻，对作为肩负更多社会责任尤其是承担社会主义核心价值观价值引领的公众人物来说，更应保持高度警惕、深刻反思并切实改正。公众人物之所以出现这样那样的道德失范和违法犯罪行为，一个最为重要的内在根源就在于自身价值观的不科学不正确。公众人物要能发挥社会主义核心价值观的引领作用，一个最基本最重要的前提就是自身要自觉努力培育和践行社会主义核心价值观。如果公众人物自身都不信奉、不培育、不践行社会主义核心价值观，那么期望他们对社会进行社会主义核心价值观产生引领作用也绝对是不切实际的空想。所以，公众人物要自觉审视自己的价值观，对照社会主义核心价值观的基本内容、精神实质和原则要求，改造自己的价值观，培育和践行社会主义核心价值观，勇于担负起对社会尤其是青年群体价值引领的责任与使命。

二、公众人物对青少年社会主义核心价值观培育的榜样作用机制

青少年时期是价值观培育和塑造的关键时期，但其价值观的形成又易受外在力量的影响。随着身体的成长，青少年心智也日趋成熟，自主性、自立性、自强性等特点日趋明显，思维能力、学习能力、生活能力、社会适应能力进一步增强，这些都是青年人成长的可喜变化。但不容忽视的问题是，在青少年价值观培育塑造过程中还存在诸多问题与挑战：一是青少年虽心智能力有所发展，但存在情绪不稳定、易冲动，想问题做事情过多从感性出发而缺乏足够的理性的问题；二是青少年实践经验少、社会阅历浅，再加上辩证思维缺乏，导致其道德认知和道德辨识能力较差；三是青少年观察、学习能力较强，其中最为突出的表现就是模仿能力强。这些客观事实表明，如果单靠青少年自身，是难以培育塑造科学价值观的，必须借助外界力量对青年施加积极影响。

而公众人物的典型示范作用就是最佳的积极的外在力量，它能助推青少年社会主义核心价值观的培育和塑造。这是因为：首先，公众人物是青少年心中的偶像和英雄，青少年对公众人物有一种尊敬、崇拜的心理，这就使得二者之间没有感情的隔阂，可以无障碍地传递和吸收社会主义核心价值观的相关信息；其次，公众人物对青少年来讲有着强大的示范效应，公众人物往往是青少年模仿的对象，从外在的服饰、言谈举止到内在的思想、观念，都会成为青少年模仿、学习的对象；最后，公众人物具有价值导向的丰富资源，相较于普通民众而言，公众人物拥有更多的社会资源、更高的社会地位、更大的话语权和更大的社会影响力，所以其价值观具有更广泛的传播力和更强劲的渗透力。可见，在青少年社会主义核心价值观培育塑造方面，青少年自身所具有的特质和公众人物群体的特点实现了很大的互补。也即是说，青少年与公众人物在社会主义核心价值观培育方面有着巨大的契合性。

公众人物对青少年社会主义核心价值观的价值引领作用主要是通过

榜样示范作用的发挥得以实现的，而青少年的情感共鸣、反思内省、目标激励、观察学习、外化践行是其主要的环节。第一，情感共鸣是公众人物榜样示范作用发挥的起点。青少年模仿学习公众人物的原始动力来自情感的触发，正是出于对公众人物的好感、尊敬甚至崇拜才促使青少年学习模仿公众人物，进而接受公众人物价值观的影响与作用。第二，由情感共鸣到反思内省。有了情感共鸣，青少年会主动学习公众人物的言行，并自觉不自觉地与自己的言行进行对照比较以寻求二者之间的一致性与差异性，这就是反思内省的环节。第三，由反思内省到目标激励。通过对照基础上的反思，青少年会形成关于价值观的思考和结论，会主动审视自身价值观与公众人物价值观之间的差异，进而会把公众人物的价值观纳入自己模仿、学习的目标，并激励自己努力效仿、学习公众人物的价值观。第四，由目标激励到观察学习。有了清晰的目标后，青少年就会从价值观的思想层面走向行动层面。在自己的生活、学习和工作中，青少年会逐步地摒弃自己原有的价值观，并逐步采纳公众人物的价值观来指导自己的言行。第五，由观察学习到外化践行。如果说前面的诸多环节主要停留在头脑风暴和内化阶段的话，那么外化践行则实现了重要的飞跃。青少年感悟、学习公众人物的价值观最终要落实到行动上。通过前面诸多环节的逐步推进，青少年社会主义核心价值观得以塑造培育。但价值观培育不是最终目标，它必须服从和服务于价值实践。青少年应按照社会主义核心价值观的原则要求说话做事，把社会主义核心价值观落实到自身的学习、生活和工作的方方面面。不难看出，在公众人物对青少年进行价值引领的过程中，各个环节是前后相继、层层递进的，正是在这时间上继起、空间上并存的时空统一中，公众人物才完成了社会主义核心价值观的传递、传导和引领。

三、公众人物在青少年社会主义核心价值观培育中的策略

公众人物对青少年践行社会主义核心价值观的引领作用是一个系统工程，离不开个人、社会和国家的共同努力。

（一）青少年要勤学、修德、明辨，增进对社会主义核心价值观的认同与践行

青少年要学习认知了解中国传统文化、中国历史尤其是近现代史、中国特色社会主义理论，增加对民族文化的认同和对中国特色社会主义道路、理论与制度的认可，从而增强对社会主义核心价值观的价值自信、情感认同、理论认同与行为认同；青少年要正确处理个人价值与社会价值、思想道德素质与专业技能素质、偶像崇拜与榜样学习的关系；青少年要加强思维训练尤其是马克思主义辩证法的学习，提升青少年面对复杂社会现象、多样社会思潮和人生关键阶段时的分析抉择、价值选择和价值判断能力，能够做到明是非、知善恶、辨美丑。

（二）公众人物要增强自律行为、提升道德文化自觉意识，做社会主义核心价值观的推动者、践行者和引领者

公众人物要遵守底线伦理加强行为自律，树立底线思维，协调处理好个人品德、家庭美德、职业道德和社会公德的关系。党员干部与政府要员要坚定对中国特色社会主义和共产主义的理想信念，用"三严三实"的要求规范约束自己，做到为民、务实、清廉；文艺工作者要有高尚的职业操守、良好的社会形象，创造思想性与艺术性有机统一的优秀作品，为社会传递正能量；企业家要恪守爱国、诚信、法治、友善等道德准则，血管中要"流淌着道德的血液"，要努力服务社会回报社会；专家学者应秉承求真、求善、爱国、爱民，以自己的专业技能服务社会，以自己高尚的道德情操感召社会。

（三）公众人物要发挥榜样示范作用，引领青少年培育社会主义核心价值观

在青少年社会主义核心价值观的培育中，发挥公众人物的榜样示范作用，要以公众人物优良的行为、高尚的道德品质、正确的价值取向和价值观来引领青少年培育正确的价值取向和行为规范。榜样的选拔和塑造应坚持"可亲、可信、可行"的原则，榜样应具有先进性、真实性、

代表性、群众性，榜样树立要坚持多层次性原则，在加强榜样示范作用的同时，也要发挥反面教育的警示提醒功能。

（四）用道德法律相结合的手段来规范约束公众人物的言行

道德和法律作为两种调节社会秩序和人际关系的重要手段，有着各自不同的范围、适用对象和调节方式。总的来说，道德主要通过风俗、舆论等柔性手段对公众人物施加影响，而法律则主要通过惩戒、处罚等刚性措施对公众人物的言行进行强制干涉。对公众人物跨越道德底线和超越法律边界的言行，要用道德准则去规范，用法律手段去约束，尽力抵消和化解对青少年社会主义核心价值观培育的消极影响。只有在道德方面做出表率、在法律方面做出楷模的公众人物，其价值观才具有说服力和可信度，也才能真正发挥对青少年社会主义核心价值观的引领作用。

（五）完善青少年社会主义核心价值观培育的社会环境

这些环境包括家庭、学校和社会的实体环境，也包含以网络和大众传媒为主体的虚拟环境。家庭要树立良好的家风，营造有利于青少年身心健康成长的氛围；将社会主义核心价值观融入基础教育、职业教育、高等教育、成人教育和国民教育中，让社会主义核心价值观进教材、进课堂、进头脑，学校既要注重人文关怀，又要注重心理疏导；要通过经济的发展、民生的改善、政治的清明、官员的廉洁、生态环境的改善、社会风气的改良来优化青少年培育社会主义核心价值观的社会环境。大力推进网络法制化建设，让网络媒体成为传播宣传社会主义核心价值观的主渠道，进而为青少年社会主义核心价值观的培育营造良好的网络媒体空间。

第三节　高度重视父母的言传身教作用

与学校教育中教师作用于青少年价值观的方式所不同的是，父母对青少年价值观的影响和教育不是靠正规的灌输教导，而是更多地通过言传身教，潜移默化地对其施加影响来促使其改变。在此意义上说，父母是青少年价值观塑造培育的第一个榜样。父母这种榜样的形成主要基于以下两个客观事实：一是青少年不能选择自己的家庭，更不能选择自己的父母，父母成为青少年学习效仿的对象具有客观的必然性；二是青少年模仿性特征特别突出，并且年龄越小这方面的特征尤为明显，而父母是青少年生活中第一个自觉不自觉模仿的对象。所以"广大家庭都要重言传、重身教，教知识、育品德，身体力行、耳濡目染，帮助孩子扣好人生的第一粒扣子，迈好人生的第一个台阶"①。

一、父母在青少年社会主义核心价值观培育中的独特作用

在青少年教育问题上，大多数父母存在两个最主要的误区，一是认为青少年教育就是抓学习成绩，二是认为青少年教育主要是学校的事情。现实生活告诉我们，只有父母勇于、善于承担起自己的责任和义务，把品德教育放在教育的核心地位，青少年才能真正成为一个对自己、对家庭、对社会、对国家和民族真正有价值的人。在家庭教育、学校教育和社会教育构成的立体教育网络中，家庭教育才是核心，而家庭教育的核心是品德教育，品德教育的核心则是价值观教育。在此意义上来讲，价值观教育是家庭教育的核心内容。著名教育家蔡元培先生指出，家庭教育的重要作用在于"家庭者，人生最初之学校也。一生之品性，所谓百变不离其宗者，大抵胚胎于家庭之中。习惯固能成性，朋友亦能染人，然较之家庭，则其感化之力远不及者"②。

家庭教育之所以关键，在于家庭是青少年成长的第一个环境，青少年早期的行为习惯、思想德性都是在家庭熏陶中形成的，这些行为习惯和思想德性会伴随、影响青少年整个一生。父母作用之所以重要，在于父母是青少年的第一任老师，也是其成长成才的终身导师。从某种意

① 习近平谈治国理政：第 2 卷 [M]. 北京：外文出版社，2017：355.
② 蔡元培. 中国人的修养 [M]. 北京：作家出版社，2016：39.

上来说，学校的老师最终都是青少年成长某个阶段中的过客，学校老师只能在青少年成长的某一个阶段起一定作用。尤其是在品德教育方面，学校老师更是不能替代父母的作用。而在价值观培育塑造过程中，父母肩负着最重大的责任与使命，父母才是塑造培育青少年价值观的主角。本课题组调查结果显示，在影响青少年价值观的人群中，从高到低分别为父母（28.2%）、道德模范先进人物（24.7%）、老师（14.1%）、政治领袖（12.9%）、其他（11.3%）、体育影视明星（8.8%）。调查结果让人感到意外的是，父母对于青少年价值观的影响远远大于体育影视明星，这是许多父母始料未及的。其实，细究起来这也是情理之中的事。不同人群对青少年价值观的作用力大小是与这些人群和青少年生活的密切度息息相关的，相较于其他人群来说，父母是青少年整个成长阶段最忠实、最尽责、最重要的守护者、支持者和付出者，父母理所当然地成为影响青少年价值观塑造培育的最重要角色。

在家庭教育中，价值观的传递是最为根本的。家庭教育是家庭的基本功能，父母与长辈会按照自己期望的目标对晚辈施加影响。家庭教育不仅是向晚辈传授生活技能，还要教导其社会规范，也即完成由"生物人"到"社会人"的嬗变。家庭教育中最容易被忽视的也是最根本的就是对青少年进行科学价值观的传递和培育，科学价值观的塑造与形成会使青少年受益终身。从一定意义上来讲，青少年在学校与社会中的言行是其在家庭中言行的延伸。青少年社会主义核心价值观的培育最初的作用力是家庭教育，父母长辈会将自己对社会主义核心价值观的理解认知与评价传递给孩子，同时也会在日常生活中通过自己的言行对青少年产生潜移默化的影响。

养成教育与习惯教育是家庭教育中青少年社会主义核心价值观培育的主要途径。家庭教育主要通过细微处在不经意间实现价值观的传递与内化，这种独特作用是其他教育形式难以替代的。养成教育与习惯教育主要是在家庭的日常生活中，通过父母的言传身教得以形成和培养。良好的生活习惯、学习习惯会使青少年受益终身；反之，没有好的养成习惯势必成为青少年人生成长的短板，势必会对其学习生涯、职业生涯、家庭生活产生负面消极影响。所以，为人父母者对此应有更清醒的认识，要在家庭日常生活中注重培养青少年这方面的素质。关于家庭、家庭教育对青少年价值观影响的重要性，习近平总书记有着深刻的论述："家庭是人生的第一个课堂，父母是孩子的第一任老师。孩子们从牙牙学语起就开始接受家教，有什么样的家教，就有什么样的人。家庭教育涉及很多方面，但最重要的是品德教育，是如何做人的教育。"①

二、父母在青少年社会主义核心价值观培育中的榜样作用机制

父母对青少年社会主义核心价值观培育的榜样作用机制是通过一系列相互联系、前后相继、层层递进的环节得以实现的，情感因素的投入、家规家教的制定、生活方式的熏陶和言传身教的引领是其重要的关键环节。

（一）亲情的感化与激励

青少年与父母的关系的最大特点就是以血缘关系为纽带，这是青少年的其他社会关系所不具备的。在社会主义核心价值观的传递、熏陶和培育过程中，相较于说教的生硬性、宣传的空泛性、说理的严肃性，这种基于亲情的价值观的影响与作用是最为持久、最为有效、最为根本的，也是青少年最易于接受的。父母要有培育青少年社会主义核心价值观的自觉意识，要认识到自己拥有的宝贵资源，要了解、信奉和践行社会主义核心价值观，通过亲情这种特殊方式向孩子传递自己对社会主义核心价值观的感知、理解，并通过对社会主义核心价值观自觉而积极的践行为孩子树立榜样示范。

（二）家规家教的制定与遵循

家规家教属于家庭文化的重要内容，是家庭行为的基本规范和重要

---

① 习近平谈治国理政：第2卷［M］. 北京：外文出版社，2017：354.

遵循。作为文化内核的价值观必定是在文化的浸染中形成发展的，而家庭文化则构成了青少年社会主义核心价值观培育的基础文化和首要文化环境。父母有没有培育家庭文化的自觉，有没有按照社会主义核心价值观的原则要求来构建家庭文化，有没有制定与社会主义核心价值观精神实质相吻合的家教家规，直接关系到青少年社会主义核心价值观培育实际效果的好坏。所以，夯实以家规、家教为核心内容的家庭文化，并主动自觉地将社会主义核心价值观融入家庭文化的建设之中，这是青少年培育社会主义核心价值观的家庭文化路径。

（三）生活方式的渗透与熏陶

生活方式是青少年与父母朝夕相处的生活样式与形态，一定的生活方式与一定的价值观密不可分：一方面，一定的生活方式是一定内在价值观的外在呈现；另一方面，一定价值观又是在一定生活方式的渗透、熏陶中得以培育形成的，家庭生活构成了青少年社会主义核心价值观培育的现实土壤。不同家庭会因为经济地位、社会地位、文化背景等因素的不同而呈现出不同的生活方式，但健康、积极、向上的生活方式应是每个家庭的追求，这不仅有利于和谐家庭的构建，更有利于青少年社会主义核心价值观的培育。青少年社会主义核心价值观培育的生活路径就是父母要积极主动地将社会主义核心价值观的核心内容、精神实质及原则要求融于家庭生活的方方面面当中，让青少年在家庭生活中感悟、内化和培育社会主义核心价值观。

（四）言传身教的示范与引领

父母是青少年的第一任老师，更是青少年言行效仿的第一个天然榜样，父母的言传身教是青少年价值观的直接感知来源。由于青少年的模仿天性，再加上父母言行耳濡目染的影响，青少年言行与父母言行具有高度的相关性与相似性。孔子说，"其身正，不令而行；其身不正，虽令不从"；《颜氏家训》中也说，"父不慈则子不孝，兄不友则弟不恭，夫不义则妇不顺矣"。可见，家庭长辈尤其是父母的行为示范是社会主义核心价值观培育的最好方式，青少年在这种无声胜有声的潜移默化中效仿父母的行为，从而内化培育社会主义核心价值观。这对父母的最大启示就是要高度重视自己的言行并自觉地用社会主义核心价值观来规范、提升自己的言行。同时还要明白"身教重于言教"的朴素道理，对照社会主义核心价值观的原则要求来约束、管控自己的行为，用自己的实际行动践行社会主义核心价值观，从而为自己孩子树立一个切实可行的榜样示范。

三、父母在青少年社会主义核心价值观培育中的策略

青少年社会主义核心价值观培育，父母责无旁贷。而要有效培育青少年社会主义核心价值观，大抵以下三个方面是最为紧要的。

首先，要注重平等和谐家庭关系的构建。在父母与子女的关系中，理性的模式应是平等民主型，而现实生活中权威型、专制型甚至忽视型的模式居多。平等民主的家庭关系的构建要建立在增强平等意识、尊重意识、和谐意识与底线意识的基础之上。平等意识要求家长不能视孩子为自己的私有财产，不能将自己的意愿强加给孩子，应给孩子自己的空间、权利，与孩子平等友好相处，多倾听多理解多换位思考，少一点专制作风，多一点朋友心态。家长应理性看待和正确处理早恋、厌学、网瘾、偶像崇拜等棘手问题，要有更多的耐心、更好的方法和更多的感情投入去直面解决这些问题。尊重意识要求家长尊重孩子的天性、兴趣、志向与隐私，给予孩子充分的选择权、自由权、人格权和发展权。和谐意识要求注重家庭成员间关系的和谐，尤其是夫妻之间关系的和谐。和谐意识要求夫妻之间和谐相处，夫妻关系是家庭关系中最为重要、最为根本的关系，其和谐程度直接奠定了整个家庭氛围，并会最终影响孩子价值观的培育和塑造。底线意识要求有良好的家规、家教来规范奖惩孩子的行为。尊老爱幼、孝敬父母、勤俭持家、诚实守信、勤奋好学应成为家规、家教的核心要素与根本要求，孩子尊奉执行理应肯定奖励，孩子违背破坏理应受到惩戒。

其次，要注重家庭生活的改良。从表象上看，社会主义核心价值观是一个宏大而抽象的范畴，但从本质上来说，社会主义核心价值观的培育和践行必须落实到微观和具体的层面，否则就成了空洞的说教和形式上的宣传。社会主义核心价值观的培育既要从大处着眼做好总体规划、顶层设计，更要从小处着手抓好日常生活、言行举止。注重家庭生活的改良就是社会主义核心价值观培育微观化、具体化的重要体现。家庭生活情境的形象性、示范性、参与性这些特点能让青少年在这种独特生活场景中"润物细无声"地接受社会主义核心价值观的熏陶和浸染。正如著名教育家陶行知先生所深刻指出的那样："是生活就是教育；是好生活就是好教育，是坏生活就是坏教育；是认真的生活就是认真的教育，是马虎的生活就是马虎的教育；是合理的生活，就是合理的教育，是不合理的生活，就是不合理的教育；不是生活就不是教育；所谓之生活未必是生活，就未必是教育。"[1] 为此，父母应重视青少年的习惯养成教育，要将社会主义核心价值观的内在精神和基本要求融入青少年良好习惯的培养之中，要将生活习惯、学习习惯和心理习惯有机统一和协调起来，形成做事有条理、生活有规律、消费有节制的生活习惯，培养快乐、健康、自立、自信的积极情绪，形成团结协作、诚实守信、仁爱友善、爱家爱国、关爱他人的良好道德品质。

最后，要不断提高自身素质。在青少年社会主义核心价值观培育过程中，父母示范作用的有效发挥离不开父母自身素质的提高，这些素质主要包括思想素质、文化素质、道德素质、法律素质。就思想素质来说，父母要对社会主义核心价值观的意义有深刻全面的认识，不仅要认识到社会主义核心价值观之于国家、之于民族、之于社会的重要性，还要认识到社会主义核心价值观对家庭幸福、孩子成长成才的重要意义，只有达到这样的思想认识水准，才能自觉地发挥言传身教作用。就文化素质来讲，父母应多学习了解教育学、心理学、文化学、政治学尤其是

---

① 方明. 陶行知教育名篇［M］. 北京：教育科学出版社，2005：152.

社会主义核心价值观的相关知识。相关知识的储备与理解，更有助父母在青少年社会主义核心价值观培育中言传身教作用的正确有效发挥。就道德素质和法律素质来看，父母应有良好的道德修养和自觉的道德践履能力，自觉地遵纪守法，严守道德底线和法律底线，做讲道德、守法律的楷模，用自己示范引领的作用去积极影响孩子社会主义核心价值观的培育。

第四节　特别注重教师的潜移默化影响

　　与父母一样，教师是青少年社会主义核心价值观培育的塑造者、影响者、见证者。在青少年成长过程中，一般都有十五六年时间与不同层次、不同科目、不同年龄、不同性格、不同人格的老师相处。在与教师生活学习相处的过程中，教师对社会主义核心价值观的理解、感知、评价、践行等方面都会对青少年社会主义核心价值观培育产生潜移默化、"润物细无声"的影响。毫无疑问，这种影响既有可能是积极的，也有可能是消极的，这主要取决于教师能否真正理解、能否真正信奉、能否真正践行社会主义核心价值观。因此，广大教师要深知自己在青少年社会主义核心价值观中的角色的特殊性、使命的重大性、责任的艰巨性。

一、教师在青少年社会主义核心价值观培育中的应然职责

　　思想品德素质是教师首要的基本的素质，也是社会、民间和行业对教师职业公认的基本要求。教师被誉为人类灵魂的工程师，教师职业被看作太阳底下最光辉的职业。教师这个角色之所以神圣，之所以被赋予美丽的光环，一个最重要的原因在于，教师不仅向学生传递知识、技能，而且还向学生传递积极向上、科学正确的价值观。早在一千多年前，韩愈就提出了"师者，传道授业解惑也"的经典论断，在教师"传道""授业""解惑"的三大职责使命中，"传道"居于首要的统领的地位，"授业""解惑"只能算是一些具体的"术"，它们必须服从和服务

第六章　榜样育人：以榜样示范引领青少年社会主义核心价值观培育

于一定的"道"。群众也常用"教书育人，为人师表"来概括教师的职能与作用。可见，"教书"与"育人"是教师的两大基本职能，"教书"是手段，"育人"才是最终的目的。教师既要在学问方面做学生学习的榜样，又要在品行方面起到表率和垂范的作用。教师大多毕业于师范院校，何谓"师范"？什么才是合格乃至优秀的师范生？"学高为师，身正为范"无疑是对"师范"二字的正确诠释，此处的"身正"着重强调教师职业所必备的道德修养和科学正确价值观的引领示范作用。可见，从事教师职业需要诸多的素质与能力，而首要的和重要的是品行、修养、道德、价值观等方面的素养。

作为中国特色社会主义制度下的教师，要做社会主义核心价值观的理解者、信奉者、阐释者、宣传者、践行者。不同的时代对教师的道德修养提出了不同的要求，信奉、阐释、宣传、践行社会主义核心价值观是中国特色社会主义新时代教师在立德树人方面首要的、基本的也是最为重要的要求。社会主义核心价值观是中国特色社会主义的基本价值理念，是团结全国各族人民实现中华民族伟大复兴的共同思想道德基础，是协调社会秩序实现社会治理的重要指南。作为中国特色社会主义时代的教师肩负着为中国特色社会主义培养合格建设者和可靠接班人的神圣职责和重要使命，而青少年是否了解、是否理解、是否认同、是否内化、是否践行社会主义核心价值观是衡量其是否合格、是否可靠的重要标尺。因此，教师要深刻体会、理解社会主义核心价值观之于国家、之于社会、之于人民尤其是青少年的重要性，要做社会主义核心价值观的理解者、信奉者、阐释者、宣传者和践行者。广大教师要按照习总书记的要求，"用好课堂讲坛，用好校园阵地，用自己的行动倡导社会主义核心价值观，用自己的学识、阅历、经验点燃学生对真善美的向往，使社会主义核心价值观润物细无声地浸润学生们的心田、转化为日常行为，增强学生的价值判断能力、价值选择能力、价值塑造能力，引领学生健康成长"①。

从青少年成长的时空轨迹来看，教师是除父母外影响、培育、塑造青少年社会主义核心价值观不可替代的重要群体。从时间历程来看，大多数青少年在学校待的时间比在家庭待的时间还长，教师陪同的时间比父母陪伴的时间还多。可见，青少年在学校度过的时间是其价值观培育塑造的关键时期，此段时间是连接孩童时代与出身社会这两个时间节点的重要阶段。如果此阶段教师在青少年社会主义核心价值观培育方面缺失和缺位，对青少年的健康成长将会带来不可估量的损失。从空间角度来看，学校、家庭、社会是青少年成长的主要场所，不同场所对青少年价值观的培育施加不同的影响，如果说家庭是青少年价值观培育起启蒙性和奠基性的特殊场域、社会是青少年价值观外化和践行的重要空间，那么学校则是青少年价值观培育得以系统化、理论化的重要场所。而且尤为关键的是，在学校这个独特的环境中，教师的潜移默化、同辈间的彼此影响及相互作用对青少年价值观的培育塑造起着至关重要的作用。因此，教师不能辜负家庭、社会、民族与国家的重托，要有培育青少年社会主义核心价值观的思想自觉、理论自觉和行动自觉。

二、教师在青少年社会主义核心价值观培育中的榜样作用机制

做一个好教师是每一个教育工作者的职业追求，也是家庭、社会和国家的期望。但如何做一个好教师、好教师的标准又是什么呢？古往今来，国内国外，民众或精英群体对此都做出了不同的界定和概括。2014年教师节习近平总书记在北京师范大学的重要讲话对"什么是好教师"做出了精准的概括，总书记指出，好教师"要有理想信念、要有道德情操、要有扎实学识、要有仁爱之心"。这"四要"不仅是好教师的重要

---

① 习近平. 做党和人民满意的好老师：同北京师范大学师生代表座谈时的讲话［N］.人民日报，2014-09-10（2）.

标准，也是好教师对青少年社会主义核心价值观发挥榜样作用机制的主要内容。正是"理想信念、道德情操、业务水平、仁爱之心"四大要素的相互作用、彼此影响、协同推进才得以使社会主义核心价值观在青少年心中发芽、开花、结果并最终得以外化践行。

（一）用坚定的理想信念引领青少年

理想信念是一个人最深层次的精神追求，是一个人从事某项工作的最重要动力。作为教书育人的教师，具备坚定的理想信念是塑造青少年灵魂工作和价值观培育工作的前提条件，"正确理想信念是教书育人、播种未来的指路明灯。不能想象一个没有正确理想信念的人能够成为好老师"，教师应该秉持"教育是为人民服务、为中国特色社会主义服务、为改革开放和社会主义现代化建设服务的，党和人民需要培养的是社会主义事业建设者和接班人"这一理想信念①。广大教师要树立中国特色社会主义的共同理想和共产主义的远大理想，坚持远大理想和共同理想的辩证统一，这个辩证统一主要体现在时间、层次和范围三个维度：从时间上来看，远大理想与共同理想的关系是最终理想与阶段理想的关系；从层次上来看，远大理想与共同理想是最高纲领与最低纲领的关系；从范围上来看，远大理想与共同理想是全人类理想与全体中国人民理想的关系②。总之，远大理想是共同理想的前途和方向，不能因为远大理想的遥远而放弃信仰和追求；共同理想是远大理想的前提和基础，不能因为共同理想的切近而忽视其重要性。当前，各级教师首要的是"要注重加强中国特色社会主义理论体系的学习，加深对中国特色社会主义的思想认同、理论认同、情感认同，不断增强道路自信、理论自信、制度自信，积极引导学生热爱祖国、热爱人民、热爱中国共产党"③。社

---

① 习近平. 做党和人民满意的好老师：同北京师范大学师生代表座谈时的讲话 [N]. 人民日报，2014-09-10 (2).
② 习近平. 做党和人民满意的好老师：同北京师范大学师生代表座谈时的讲话 [N]. 人民日报，2014-09-10 (2).
③ 习近平. 做党和人民满意的好老师：同北京师范大学师生代表座谈时的讲话 [N]. 人民日报，2014-09-10 (2).

会主义核心价值观是中国特色社会主义意识形态的重要内容。对教师而言，对社会主义核心价值观的笃信笃行是培育青少年社会主义核心价值观的基本前提和重要动力。如果教师对社会主义核心价值观都不能持有坚定的理想信念，又怎能指望对青少年社会主义核心价值观进行有效的培育塑造呢？

（二）用高尚的人格魅力感召青少年

教师职业之所以神圣、之所以重要，是因为它是培育科学价值观和塑造人类灵魂的工作。但这项工作不是自发就能实现的，它依赖于教师高度的思想自觉，其中一个最为重要的途径就是通过教师人格魅力的打造、高尚人格的形成来感召青少年完成价值观的培育和灵魂的塑造工作。而道德情操是构成高尚人格魅力的核心要素，从某种意义上来说，用高尚人格魅力感召青少年的工作就是用良好的道德情操去影响、感化和改变青少年的工作。所以，"老师对学生的影响，离不开老师的学识和能力，更离不开老师为人处世、于国于民、于公于私所持的价值观……广大教师必须率先垂范、以身作则，引导和帮助学生把握好人生方向，特别是引导和帮助青少年学生扣好人生的第一粒扣子"[①]。可见，只有具备文化品位、道德修养和道德践履能力的教师，才能对青少年学生形成一种感召力、征服力和向心力。唯有如此，青少年才能从内心里认可教师，才能仿效教师的言行，才能真正对社会主义核心价值观产生认同，才能真正将社会主义核心价值观的思想、理念和原则融入自己的日常生活即社会实践中。

（三）用精湛的业务水平吸引青少年

虽然科学价值观的培育是教师首要的工作，但业务水平是教师的基础工作。价值观的培育与业务能力的提升相得益彰、彼此促进：一个拥有高尚道德情操的老师会获得青少年发自内心的认可，这不仅有助于社

---

① 习近平. 做党和人民满意的好老师：同北京师范大学师生代表座谈时的讲话 [N]. 人民日报，2014－09－10（2）.

会主义核心价值观的培育工作，而且还会有助于加强青少年对所传递的知识的理解、接受和运用。同样，拥有过硬的专业技能、扎实的学识和高超的教学艺术，会更进一步增添教师的魅力，会进一步增强青少年对教师的认可、认同和信赖，从而助推教师对青少年社会主义核心价值观的培育工作。在信息化网络化的当今，教师要与时俱进地增强自己的专业技能，要丰富自己的知识结构，要改进自己的教学方法尤其是注重信息技术与网络技术的学习与运用，要深入地了解青少年的接受需求，要加强与青少年的情感交流。诚如习近平总书记所指出的那样："在信息时代做好老师，自己所知道的必须大大超过要教给学生的范围，不仅要有胜任教学的专业知识，还要有广博的通用知识和宽阔的胸怀视野。"①总之，价值观的培育与业务能力的提升是并行不悖的，这两项工作构成了教师教书育人工作的两个有机构成部分，二者不可偏废。教师既要通过业务能力的提升助推青少年社会主义核心价值观的培育工作，又要通过价值观的培育工作推动教学工作、提升教学技能。

（四）用博大的仁爱之心呵护青少年

教师的工作是做人的工作，人与其他种群最大的不同在于有思想、有意识、有情感。教师工作的最大忌讳在于用机械式的、僵死的、冷漠的方式对待一个个有鲜活生命、有丰富情感、有无限创造力的个体。价值观的培育工作包含着丰富的情感因素和情感渗透，大致说来，欲望、动机、兴趣、意志、信念、信仰构成了价值观培育由低到高的情感链条，对价值观的培育起着激发、推动、内化、外化等重要功能。可见，青少年价值观的培育工作是一项富有情感的工作，因为"教育是一门'仁而爱人'的事业，爱是教育的灵魂，没有爱就没有教育。好老师应该是仁师，没有爱心的人不可能成为好老师"②。那么，教师怎样才能

---

① 习近平. 做党和人民满意的好老师：同北京师范大学师生代表座谈时的讲话 [N].
人民日报，2014-09-10 (2).
② 习近平. 做党和人民满意的好老师：同北京师范大学师生代表座谈时的讲话 [N].
人民日报，2014-09-10 (2).

做到具有仁爱之心呢？习近平总书记在同北京师范大学师生代表座谈时的讲话给出了很好的答案："要用爱培育爱、激发爱、传播爱，通过真情、真心、真诚拉近同学生的距离，滋润学生的心田，使自己成为学生的好朋友和贴心人"，"要具有尊重学生、理解学生、宽容学生的品质"，"要平等对待每一个学生，尊重学生的个性，理解学生的情感，包容学生的缺点和不足，善于发现每一个学生的长处和闪光点"①。

三、教师在青少年社会主义核心价值观培育中的策略

教师对青少年社会主义核心价值观的培育是通过潜移默化的方式来施加影响的，但这并不是说这一活动是纯粹自发的。自发的状态抑或是自觉的状态，对实践行为的影响与改变是迥然不同的。一般说来，拥有一定方法、策略的实践活动是最有效率，也是最能达成期望目标的。所以，在青少年社会主义核心价值观培育过程中，教师一定要有方法意识和策略意识，尤其是要注重以下三个方面的努力。

第一，提升自身素质。教师要使青少年社会主义核心价值观得到有效的培育，必须具备一定的素质，其中最为紧要的素质是思想政治素质、道德修养素质。教师的思想政治素质和道德情操对青少年社会主义核心价值观的塑造培育有着直接、全面、深刻的影响。因此，政治素质过硬、师德水平高尚是教师在青少年社会主义核心价值观培育中发挥榜样作用的基本要求。就政治素质来讲，牢固树立政治意识、大局意识、核心意识、看齐意识"四个意识"，坚定中国特色社会主义道路自信、理论自信、制度自信、文化自信"四个自信"，坚持党的路线方针政策，维护国家利益和社会公共利益，不散布错误观点、虚假信息和不良信息，是教师政治素质的核心内容。为此，广大教师要认真学习、理解、内化和践行马克思列宁主义、毛泽东思想、中国特色社会主义理论尤其

---

① 习近平. 做党和人民满意的好老师：同北京师范大学师生代表座谈时的讲话［N］. 人民日报，2014－09－10（2）.

是习近平新时代中国特色社会主义思想，自觉防范和抵制各种错误思潮与不良思想文化的侵蚀，从而练就过硬的政治素质，进而为青少年做出示范和表率。就师德建设来说，各级教师应树立使命意识、责任意识、底线意识，努力捍卫教师的职业尊严、珍惜教师声誉、提升师德境界。教师要深知自己肩负着"培养德智体美劳全面发展的社会主义建设者和接班人"的神圣职责，而这一神圣职责的履行依赖于对爱岗敬业、忠于职守、为人师表、甘于奉献、言传身教的职业操守的信奉与践行。因此，广大教师"要通过自主学习，自我改进，将师德规范转化为稳定的内在信念和行为品质。要将师德规范积极主动融入教育教学、科学研究和服务社会的实践中，提高师德践行能力。要弘扬重内省、重慎独的优良传统，在细微处见师德，在日常中守师德，养成师德自律习惯"①。

第二，坚持价值引领。青少年处在人生成长的特殊阶段，是价值观塑造、培育和形成的关键时期。但由于青少年心理不成熟、社会经验缺乏、理性认识欠缺等因素又导致其价值观易受外在环境与他人的影响，从而呈现出变化性、不确定性、矛盾性的特质。这在客观上就要求教师在社会主义核心价值观的培育与践行方面做青少年的引领者。"教师是人类灵魂的工程师，是人类文明的传承者，承载着传播知识、传播思想、传播真理，塑造灵魂、塑造生命、塑造新人的时代重任"②，这一社会角色和功能定位就决定了教师在价值观方面的榜样示范作用。为此，各级教师要把立德树人作为教书育人的根本任务和首要任务，"要把立德树人融入思想道德教育、文化知识教育、社会实践教育各环节，贯穿基础教育、职业教育、高等教育各领域，学科体系、教学体系、教材体系、管理体系要围绕这个目标来设计，教师要围绕这个目标来教，

---

① 习近平. 坚持中国特色社会主义教育发展道路 培养德智体美劳全面发展的社会主义建设者和接班人［N］. 人民日报，2018−09−11（1）.
② 习近平. 坚持中国特色社会主义教育发展道路 培养德智体美劳全面发展的社会主义建设者和接班人［N］. 人民日报，2018−09−11（1）.

学生要围绕这个目标来学"①。与此同时，教师的价值引领作用要从校园、学生群体扩展到社会、群众当中去，全方位做好社会主义核心价值观的阐释、宣传、践行工作；教师要勇于承担社会义务，热心社会公益活动。总之，教师的价值引领作用要以青少年为重点，以校园为依托，并在此基础上拓展到社会和群众中去，努力为全社会思想道德水平和文明素质的提高做出这个群体的特殊的贡献。

第三，加强道德自律。社会主义核心价值观的培育工作是知行合一的过程，社会主义核心价值观培育的知行合一不仅是对受教育者的要求，也是对教育者自身的要求。教师只有将身教与言教结合，才能有效胜任青少年社会主义核心价值观培育工作。如果身教与言教反差甚大甚至互相矛盾，必然会给青少年群体带来极大的负面效应和消极情绪，从而让社会主义核心价值观培育工作大打折扣。身教合一的原则要求教育者在青少年社会主义核心价值观培育过程中不能简单地停留在口头宣传与言教上，更要用自己的垂范行为、模范作用引领受教育者仿效自己的行为以增强受教育者对社会主义核心价值观的认可度、接受度和执行力。加强道德自律是身教的重要抓手和着力点，为此，广大教师应时刻自重、自省、自警、自励，守住师德的底线与红线，尤其要做好以下"七个坚持"：一是坚持遵守社会公序良俗和维护、遵循社会法制的原则，二是坚持爱党、爱国、爱社会主义与爱学生的原则，三是坚持学术研究无禁区、课堂讲授有纪律的授课原则，四是坚持言行雅正、举止文明、作风正派的原则，五是坚持不从事影响教育教学本职工作的诸如有偿补课、收受家长财物等行为的原则，六是坚持不歧视、不侮辱、不虐待、不伤害任何学生尤其是学习成绩较差学生的原则，七是坚持在评优、评奖、招生考试等涉及学生切身利益的活动中秉持公平公正的原则。

———

① 习近平. 坚持中国特色社会主义教育发展道路　培养德智体美劳全面发展的社会主义建设者和接班人［N］. 人民日报，2018-09-11（1）.

第七章 实践育人：以实践养成促进青少年社会主义核心价值观培育

党的十九大报告在谈到培育和践行社会主义核心价值观时，特别强调要强化实践养成，要把社会主义核心价值观转化为人们的情感认同和行为习惯。培育社会主义核心价值观要坚持宣传教育、示范引领、实践养成相统一。如果说榜样教育是借助榜样示范力量推动青少年社会主义核心价值观培育，体现了社会主义核心价值观培育的人格化、形象化，那么养成教育则是通过实践养成实现青少年社会主义核心价值观的落地生根，体现了社会主义核心价值培育的生活化、日常化。在青少年社会主义核心价值观培育过程中，要重视抓好社会主义核心价值观的养成教育，并构建养成教育的长效机制。

第一节 培育社会主义核心价值观需要良好习惯的养成

英国著名哲学家培根认为，习惯是人生的顽强的主宰者。习惯是一种强大的惯性力量，习惯一旦形成，就会持久地对人产生支配作用。因此，教育在某种意义上讲就是对人的良好习惯的培养，教育要从培养人的良好习惯开始。良好的习惯一旦养成，它就成为一种自然而然的行为。由此可见，青少年社会主义核心价值观培育也必须从良好习惯养成入手，重视青少年的养成教育，使社会主义核心价值观成为青少年"日用而不知"的习惯。社会主义核心价值观正是在良好习惯的培养、形成和践行过程中得以强化、巩固与升华。

一、行为习惯是社会主义核心价值观培育实效性的试金石和检测剂

行为习惯尤其是日常生活领域中人们的行为习惯最能反映人们的价值选择与取向。习惯的养成有其规律性，我们必须遵循习惯的养成规律，开展社会主义核心价值观的养成教育。

（一）行为习惯及其养成

所谓习惯，是人类在长期的生活中逐步形成、逐步成型的行为方式，是个人由于重复实践或练习而巩固下来并变成需要的行为方式，如人们长期养成的学习习惯、生活习惯、交往习惯等。习惯虽然不是人的本性，但它一旦养成，就具有了对人的本性予以自我持守的坚韧性和不变的稳定性倾向。它是后天生成的，并且习惯一经养成，就可以成性。习惯虽然不是人的本性，但习惯养成的根源、动力却是人的本性。习惯是人类对自身本性的个性人格化的生存论释放形态，这是习惯成性的最终依据。

习惯具有养成的可能性与形成的可塑性。习惯的后天生成性以及相对稳定的自我改变性，为习惯的养成提供了可能性空间。习惯培养的可能性，源于习惯本身持守自己的坚韧性和相对稳定的不变性。因为习惯是通过对具体的行为姿态、方式、方法的重复操作而形成的行动方式或行动模式，它一旦形成，就会完全地保持自己。正是这种持守自我的坚韧性和相对稳定的不变性，才使习惯培养成为可能。习惯的可塑性体现在两个方面：一是习惯来源于可塑性，这种可塑性即是人的可塑性，是人自身的未完成、待完成和需要不断完成的可塑性的具体化表达式；二是习惯本身具有可塑性，即自我持守的坚韧性与可塑性、相对不变性与可变性，这也构成了习惯对立统一的内在本质。概言之，习惯的可塑性，使习惯的改变成为可能，也使习惯的培养变成可能。

良好习惯的培养需要遵循以下原则：第一，发挥权威在习惯养成中

的作用。凡是能引导、促进、激励、帮助人的良好习惯养成的权威，都应该成为习惯培养中所应该敬仰和尊重的权威，而且这种权威在生活世界里比比皆是，普遍存在。第二，习惯的养成必须借助教育来实现。通过对教育的本源行动的回归而实现对人的良好习惯的养成，充分利用人性氛围营造、自我意识训练、良好生活状态践行这三种工具。第三，习惯培养必须进行思想的训练与激励。良好习惯最终是思想训练的产物，思想自发或自觉训练，构成了个体良好习惯生成或改变的根本认知方法。

良好习惯的培养应该掌握以下方法：第一，培养良好的习惯或改变已有的不良习惯，需要改变习惯生成的传统背景，而改变习惯生成的传统背景的首要任务是改变习俗。第二，培养良好的习惯或改变已有的不良习惯，可以从净化习惯生成的社会环境入手，净化人习惯生成的社会环境，包括政治环境、经济环境、文化环境。第三，应该特别注重培养人们慎思、明辨的习惯。第四，应该强化训练人们重复其良好行为的意愿、兴趣和努力，激励和引导人们去体验这种重复良好行为所带来的喜悦、快乐和内在朝气与活力。

（二）社会主义核心价值观与行为习惯

任何一种思想理论、价值体系如果只是停留在精英知识分子圈子里，只是止步于典籍楼阁之中，而不能真正扎根于社会。中国传统社会中那些伦理道德与价值观念之所以能够对中国人民产生如此广泛而深远的影响，至今仍影响着中国人的思维方式与行为方式，就在于它通过不断地世俗化、大众化，深深地融入了人们的日常生活之中，并经过长期的实践与强化，内化为了人们日常生活中的行为习惯。

同理，社会主义核心价值观的培育绝不能只停留于理论的宣传与说教，社会主义核心价值观既要内化于心，更要外化为行，也就是能够外化为人们的实际行动，转变成人们"日用而不知"的行为习惯。如果在行为活动之中，人们的一言一行、一举一动都与社会主义核心价值观标准合拍，都与社会主义核心价值观导向一致，那么才可以说社会主义核心价值观真正实现了落地生根。反之，当人们的言行举止都与我们倡导的社会主义核心价值观相左、相违、相背，那就说明社会主义核心价值观并没有真正"落实"下去。由此可见，人们在学习、工作和生活中的行为习惯，尤其是那些日常性、基本性的行为习惯才是社会主义核心价值观培育效果的重要试金石和真正的检测剂。因此，青少年社会主义核心价值观培育必须植根于生活世界，决不能遗忘日常生活这一重要领域。只有将社会主义核心价值观植根于青少年的日常生活领域，将社会主义核心价值观融入青少年的经常性活动，通过日积月累、点滴养成，转化为一种行为习惯，社会主义核心价值观才会有深厚的根基、牢固的基础。总之，必须将社会主义核心价值观从思想上的行动指南转变为现实中的行动遵循，由偶尔性行动变成经常性行为，并由此逐步转化、沉淀为一种行为习惯。

二、养成教育是社会主义核心价值观培育的重要途径与手段

如上所述，既然人们在学习、工作和生活中的行为习惯，尤其是那些日常性、基本性的行为习惯才是社会主义核心价值观培育效果的重要试金石和真正的检测剂。那么，实践养成毫无疑问就成为社会主义核心价值观培育的重要环节。良好习惯的实践养成，尤其是对于广大青少年来说，总是离不开外在力量的帮助。这就需要开展养成教育，以养成教育帮助青少年形成良好习惯，养成教育是社会主义核心价值观培育的重要途径与手段。

所谓养成教育，是指渗透于学习、工作、生活、娱乐、管理等各种实践活动之中，通过潜移默化、自然熏陶，形成人们良好习惯和思想品德的一种教育理念和方法，其实就是培养人们良好习惯的教育。那么，社会主义核心价值观的养成教育就是指渗透于学习、工作、生活、娱乐、管理等各种实践活动之中，通过潜移默化，自然熏陶，使社会主义核心价值观内化于心、外化于行，成为人们稳固的价值观念和行为习

惯的教育理念和方法。养成教育与灌输教育有所不同。灌输教育侧重于理论知识、行为规范的认知传授，而养成教育则侧重于实践活动的训练熏陶。但是灌输教育是前提、是基础，首先要通过理论教育使人们打牢认识基础，而养成教育是重点、是归宿，二者相辅相成、不可分割。只有将两者结合起来，才能体现理论与实践的统一，才能促成知行合一，才能达到培育良好习惯和品德的目的。

养成教育的内容十分广泛，它既包括正确行为的指导，又包括良好习惯的训练，如良好的自学习惯、思维习惯、语言习惯、礼貌习惯、遵纪守法习惯、生活习惯等，它既要求教育者精心策划、创设条件、启发自觉、善于引导并以身作则，又要求受教育者崇德向善、严于律己、持之以恒、坚持不懈，良好的习惯和品德是养成教育的结果。养成教育渗透于种种小事之中，却蕴含了足以决定人们发展方向和命运的巨大能量。

第二节　重视青少年日常生活实践的养成作用

社会主义核心价值观属于抽象的"形而上"的层面，日常生活实践属于具体的"形而下"的层面。理论既源于实践，又必须回归指导实践，一种理论必须关照现实、结合现实，才具有生命力、执行力，日常生活实践这种感性的生活也需要理性的理论来加以改造和提升。因此，重视日常生活实践既是青少年社会主义核心价值观培育的必然要求，也是提升青少年日常生活的内在需求。

一、日常生活与价值观培育的内在机理

"日常生活"这一概念是被誉为"日常生活批判理论之父"的法国思想家亨利·列斐伏尔（Henri Lefebvre）率先提出来的。在他看来，以重复性、持续性为特征的日常生活是与"生产和消费主宰的科层制社会"相对应的一种生活样态，正是在这种日常生活中人类及其人类的各

种关系才得以塑造。列斐伏尔的弟子匈牙利著名思想家阿格妮丝·赫勒（Agnes Heller）将日常生活界定为"那些同时使社会再生产成为可能的个体再生产要素的集合"①。赫勒还就日常生活的习惯性、重复性、平庸性、自发性、经验性等特质进行了系统分析。在她看来，"自在"状态的日常生活需要批判、反思和超越。在马克思理论分析的视野中，虽然没有"日常生活"这一明确术语，但其"实践"概念与"日常生活"的内涵与外延基本一致。关注、改变、提升人类的日常生活既是马克思主义哲学以及旧唯物主义与唯心主义哲学的根本分野，也是马克思实现哲学革命的初衷与宗旨。从理论生成逻辑来看，马克思主义哲学中的实践思想直接成了西方马克思主义日常生活理论的重要理论来源。不难看出，无论是马克思还是西方马克思主义者，都对日常生活的关注、分析、批判、反思、超越抱有强烈的理论兴趣与实践旨趣。

"价值观离不开日常生活、日常生活离不开价值观"是日常生活与价值观培育之间不可分割的两个方面。

一方面，日常生活是价值观的来源。"日常生活不仅是每个人生存发展不可或缺、每天都置身其中的客观世界，同时也是一个充满意义和价值、对意识形态具有形塑与模铸功能的主观世界"②，作为社会意识的价值观反映和表征了特定社会存在的社会现实，看似抽象的价值观实则体现了现实生活中个人、社会、国家的诉求与期许。社会主义核心价值观是从中国特色社会主义实践、广大人民群众的日常生活中提炼、概括而成的，反映了中国特色社会主义实践发展的要求，体现了人民群众对美好生活的愿景。其中，"富强、民主、文明、和谐"体现了国家层面的发展诉求，"自由、平等、公正、法治"体现了社会层面的发展愿望，"爱国、敬业、诚信、友善"体现了个人层面的价值期许。可见，日常生活领域不仅是建构价值认同的现实基础，因为"日常生活通过血

① 〔匈牙利〕阿格妮丝·赫勒. 日常生活［M］. 衣俊卿，译，哈尔滨：黑龙江大学出版社，2010：3.
② 朱晨静. 社会主义核心价值观培育的日常生活视角［J］. 山东社会科学，2014（10）.

缘、习俗、传统、情感、经验等维系社会生活，并形成社会成员稳定的道德认知和个性倾向，是产生思想情感和行为习惯的重要源泉，也是个体形成比较稳定的价值取向和社会认同的现实基础"①。而且日常生活也是价值认同的来源，人们只有在日常生活中才能体验、感知、验证一种特定价值观，才能达到对这种价值观的认同与践行。

另一方面，日常生活需要价值观的规制与导引。凝练、概括价值观不是最终目的，回归日常生活、反思日常生活、规制日常生活、提升日常生活才是价值观的最终目的。日常生活往往呈现出"日用而不知"的状态，人们往往习惯于日常生活的经验性、重复性、平庸性、自发性，缺乏一种自觉的反思、批判思维，从而使日常生活陷入一种低水平的循环往复的状态。所以，用先进的价值观规范和引领日常生活是提升、超越日常生活的内在需求。中国特色社会主义进入新时代，人民日益增长的美好生活需要客观上要求用社会主义核心价值观来规范、引领、提升人民群众的日常生活。只有社会主义核心价值观内化为人民群众的信念、外化为人民群众的实践，人民群众的美好生活需要也才能得到进一步满足。

日常行为规范在青少年社会主义核心价值观培育过程中发挥着重要的功能和作用。价值观具有抽象性，日常生活具有具体性，而行为规范则是实现抽象价值观向具体日常生活转化的有效中介。行为规范之所以具有如此独特功能，是因为"日常行为规范是人们在公共生活领域中遵守的道德规范和行为准则，是最贴近人民大众的一种规制化形式，具有鲜明的实用性"②。简明、具体、可操作的行为规范对青少年价值观培育具有直接的推动作用，青少年通过遵守、执行一定行为规范来体验、感知、确证社会所倡导的价值观。但一个不容忽视的事实是，青少年在

① 马莲，付文忠. 青年价值观引导的日常生活向度探析——以马克思主义日常生活理论为视角 [J]. 中国特色社会主义研究，2017 (3).
② 和亚飞，杨军. 社会主义核心价值观融入日常生活的理与路 [J]. 学校党建与思想教育，2017 (9).

日常生活中形成的行为习惯是比较复杂的，既有积极、正面、良好的行为习惯，也有消极、负面、恶劣的行为习惯。无疑，良好的行为习惯对青少年社会主义核心价值观培育具有推动促成作用，恶劣的行为习惯对青少年社会主义核心价值观培育具有阻碍抑制作用。因此，青少年在日常生活实践中要尽可能克服恶劣的行为习惯，培养优良的行为习惯。

二、日常生活中与社会主义核心价值观相悖的行为表现

在现实生活实际中，部分青少年在一定程度上存在着有悖于社会主义核心价值观的行为表现，这不仅不利于青少年自身健康成长，最终也会危及家庭幸福、社会稳定、国家富强和民族振兴。概言之，这些不良行为表现主要体现在如下几个方面：

第一，理想信念动摇。一些青少年对中国特色社会主义共同理想不坚定，对共产主义远大理想不确定，反而推崇西方资本主义制度、西方文化价值观。他们对新中国成立以来尤其是改革开放以来国家的发展、社会的进步、群众生活的改善、国际地位的提升不认可，对中国共产党的领导不认同，丧失了中国特色社会主义的道路自信、理论自信、制度自信、文化自信。由于缺乏中国特色社会主义这一共同理想，他们对共产主义远大理想的信念更无从谈起。与此形成鲜明对照的是，一些青少年迷恋西方的文化制度，对其标榜的自由、民主、人权、博爱等价值观不加辨别地追捧。"理想信念动摇是最危险的动摇，理想信念滑坡是最危险的滑坡"①，部分青少年理想信念堪忧的状态警示我们一定要抓好青少年的理想信念教育。

第二，国家观念弱化。改革开放以来，随着国门的逐步打开，随着中国越来越多融入世界经济，随着世界文化交流的日益频繁，尤其是伴随着社会主义市场经济的逐步发展，一些青少年在价值取向上不同程度地存在个人主义、功利主义、享乐主义、消费主义等不良价值观。这些

---

① 习近平谈治国理政：第2卷 [M]. 北京：外文出版社，2017：34.

不良价值观的渗透、影响与作用导致一些青少年注重个人价值、忽视社会价值，对个人利益看得过重，把集体、社会、国家利益弃之一边、不闻不顾。在他们看来，个人利益的争取与维护是最要紧的，至于国家利益是太遥远且与自己关联不大的事。他们之所以在个人价值与社会价值、个人利益与国家利益的权衡抉择中出现如此强烈的反差，归根结底在于其深层意识中国家观念的缺位。

第三，劳动观念淡化。"近年来一些青少年中出现了不珍惜劳动成果、不想劳动、不会劳动的现象，劳动的独特育人价值在一定程度上被忽视，劳动教育正被淡化、弱化"①，导致这一不良现象的重要原因是一些青少年的劳动观念淡薄。家庭教育的缺位、学校教育的缺失、社会风气的影响共同助推了一些青少年劳动观念淡薄。家庭教育中，一些家长认为只要学习好，其他都是次要的，有的家长甚至认为孩子做家务或参与其他劳动会影响学习；学校教育中，一些学校与老师奉行升学第一的理念，忽略劳动教育在育人中的重要地位和作用；社会风气中也盛行从事脑力劳动光荣、从事体力劳动不光彩的不良风气。

第四，感恩意识缺乏。在一些青少年中，奉行一种"得到的、享受的都是理所应当的"不良心态，缺乏对大自然、对父母、对师长、对社会、对国家的感恩之情。他们在享受大自然的馈赠时，缺乏对大自然的保护与尊重；在享受父母的照顾时，缺乏对父母劳动付出的尊重与感激；在得到老师关照时，缺乏对老师的理解与感谢；在得到社会的回馈时，缺乏知恩图报的朴素情感；在得到国家发展带来的福利时，缺乏对党和人民的感恩之情。感恩意识有助于青少年责任意识的形成，有助于青少年友善、诚信等优良品质的形成，有助于青少年家国情怀的培养。青少年感恩意识的培养必将推动社会主义核心价值观的培育。

第五，规则意识缺失。在当下一些青少年的意识中，"自由"是一

---

① 中共中央　国务院. 关于全面加强新时代大中小学劳动教育的意见［EB/OL］.（2020－03－27）　［2020－04－03］. http://www. xinhuanet. com/mrdx/2020－03/27/c＿138922674. htm.

个备受追捧的热门词汇，"自由"也是一些青少年奉行的优先价值理念。其实，他们往往被"自由"这个看似美妙的词汇蒙蔽了理智，殊不知，自由是以对必然的认识和对规律、规矩的遵循为前提条件的，如果脱离了必然、规律、规矩的内在束缚，自由也就丧失了存在的根基和土壤。一些青少年把家规、班规、校规、行规、道德、法律当作行使自己自由权利的障碍，缺乏对规则意识的尊重、遵从。如此行事，不仅不能保障自己的自由权利，而且还干涉、损害了他人和社会的自由权利。规则意识的培养，有利于青少年自由、平等、公正、法治等价值观的有效培育。

第六，网络行为失范。网络空间的实践即虚拟实践愈来愈成为当今青少年重要的实践方式和行为习惯。青少年把越来越多的时间、精力投入网络空间中，越来越多的信息从网络空间获得，越来越多的社交、消费等行为发生在网络空间。换言之，网络空间日益成为塑造青少年价值观的重要场域，虚拟实践日益成为塑造青少年价值观的重要实践形式。但一个忧心的事实是，网络空间与虚拟实践中一系列的网络失范行为给青少年社会主义核心价值观培育带来了诸多负面影响。缺乏对网络的正确认知、缺乏对正面信息的汲取、缺乏对负面信息的防范、缺乏对潜在风险的认知、缺乏对道德法律的遵守是青少年网络行为失范的突出表现。

三、社会主义核心价值观视阈下青少年日常生活行为的改进策略

鉴于日常生活实践在青少年社会主义核心价值培育中的重要作用和青少年日常行为习惯中存在的有悖于社会主义核心价值观的客观事实，按照社会主义核心价值观的内在要求和精神实质来改善青少年的行为习惯就成了迫切之需的任务。为此，家长、教师、公众人物、宣传部门等培育主体应齐心协力地改善、培养青少年的日常行为习惯，更为重要的是青少年自身要有养成良好日常行为习惯的自觉性。

第一，强化理想信念教育。首先，青少年自身要加强党情、国情、世情的学习。青少年要全面学习、深入了解中国革命史、中国共产党史、改革开放史和科学社会主义发展史，在学习了解中增强四个自信，增强对中国共产党领导的认同，从而夯实理想信念的史实基础。其次，青少年要加强对马克思主义、毛泽东思想、中国特色社会主义理论的学习领会，在学习领会中树立科学的世界观和方法论、增强理论修养、培养理论自觉，从而夯实理想信念的理论基础。最后，青少年要更多地面向社会、面向实践，感悟中国特色社会主义取得的方方面面的伟大成就，感受国家富强、民族振兴、人民幸福等客观事实，从而夯实理想信念教育的物质基础。

第二，增强责任感、使命感和正义感。青少年要肩负起个人成长、家庭幸福、社会和谐、国家富强、民族振兴的责任与使命。成长环境相对优越，家庭、学校给予的压力比较单一，价值取向更注重个人利益至上，这些因素都易导致青少年责任感、使命感、正义感缺失。青少年要敢于挑重担、压责任，不仅要意识到自身要为个人成长负责，还要意识到对父母的孝顺与赡养之责、回馈社会之责、报效国家之责。在当代中国，中华民族伟大复兴的使命责任责无旁贷地落到了青少年肩上，广大青少年只有树立远大理想、热爱伟大祖国、担当时代责任、勇于砥砺奋斗、练就过硬本领、锤炼品德行为[1]，才不愧于"实现中华民族伟大复兴的先锋力量"这一神圣称号[2]。当前，社会风气存在正与邪的博弈，有时甚至会出现邪不压正的无奈。青少年是未来社会风气改善的承担者和建设者，面对各种违法违纪行为、面对各种有悖伦理道德现象，要敢于说不、善于说不，更要以自身正义行为示范社会，从而带动社会风气改善。

第三，增强劳动观念。实践的观点是马克思主义首要的和基本的观点，在马克思看来，正是劳动这种实践活动才使人和动物根本区别开

---

① 习近平. 在纪念五四运动 100 周年大会上的讲话 [M]. 北京：人民出版社，2019：6－12.

② 习近平. 在纪念五四运动 100 周年大会上的讲话 [M]. 北京：人民出版社，2019：5.

194

来，正是劳动这种实践活动提供了人类社会发展所需的物质资料，正是劳动这种实践活动构成了人之为人的本质属性和人的存在方式。因此，青少年要树立"劳动最光荣、最伟大、最美丽，劳动不分贵贱，劳动创造了人类美好生活"的正确理念，要"培养勤俭、奋斗、创新、奉献的劳动精神；具备满足生存发展需要的基本劳动能力，形成良好劳动习惯"①。青少年的劳动习惯养成要从身边做起、从小事做起，做好个人清洁卫生、分担一定家务、开展社区服务是劳动习惯养成的重要环节；青少年劳动习惯养成要从学生阶段贯穿到工作阶段，提高职业技能水平、培育爱岗敬业态度、培育发扬工匠精神、奉行"空谈误国、实干兴邦"的理念、提高创新创造能力是青年在工作阶段劳动习惯养成的主要内容。

第四，拥有孝心、爱心和善心。"仁爱"之心是流淌在中华民族儿女血液里的文化基因，"仁爱"之心更是培育社会主义核心价值观的必备道德素养，青少年更应继承发扬这一可贵品质。具体来说，青少年的仁爱之心主要体现在"孝心、爱心和善心"这三个侧面。就孝心而言，青少年首先应该感恩父母的养育之恩，继承发扬"百善孝为先"的中华民族传统美德，以个人健康成长、事业有成、赡养父母来回馈父母之爱；就爱心而言，青少年应做到爱护自然、爱护动物、爱护公用设施、爱护文物古迹、爱护家庭、爱护国家、爱护人类的有机统一；就善心而言，青少年要做到善待自己、善待他人、善待自然的整体结合，尊重生命、管理情绪、远离恶习是"善待自己"的基本要求，与人为善、己所不欲勿施于人是"善待他人"的底线原则，敬重自然、保护自然、绿色生产、绿色消费是"善待自然"的应有之义。

第五，增强自律性。"他律"与"自律"是规范和推动青少年成长的两个重要方面，在青少年成长与发展的不同阶段，二者的权衡比重各

有所不同。大体来说，在少年阶段与青年阶段前半程，"他律"的比重和影响比较大，这是因为此时段他们心智尚未成熟、社会阅历经验比较少，此阶段的青少年的健康成长还需要外在的力量来保驾护航。但到了青年后期阶段，"自律"因素上升，"他律"因素下降。而且从一定意义上来讲，"自律"因素能否上升以及上升到什么程度直接决定了青少年能否健康成长。自律性的一个重要体现就是规则意识的培养。青少年要把外在的规矩、道德、法律转化自己内心的遵循，自觉地用这些规则来指导自己的言行。"爱国、敬业、诚信、友善"作为社会主义核心价值观在个人层面的价值规定，体现了国家、社会对青少年的要求，但青少年不应把这些规定看作是外在的强迫性要求，深刻理解这些要求不仅有利于国家和社会，更有利于青少年自身。只有把这些看似他律性的因素转化为自律性的因素，才能真正激发青少年培育社会主义核心价值观的内生动力并调动其主观能动性。

第六，改善网络行为习惯。针对青少年网络行为的种种乱象，有必要采取相应的措施策略改善其网络行为习惯，夯实社会主义核心价值观培育的网络阵地。首先，要科学地认识网络空间和虚拟实践。互联网发展是时代的进步、科技发展的必然，互联网在信息获取、方便生活、交流沟通中具有独特的优势，但是网络空间不能取代社会空间，虚拟实践不能取代社会实践，青少年需要警惕防范网络信息良莠不齐、侵权行为不断、色情泛滥、犯罪不绝、舆论导向模糊等各种弊端。其次，要提高对信息的鉴别力。面对网络空间的海量信息，青少年要有自己的鉴别力，非法的、非正规的网站不要访问，对商业气息、色情信息泛滥的网站与平台要拒绝，对正能量的信息、平台要亲近。再次，对网络潜在的风险要警惕。奉行经济效益至上的信息发布者或平台建设者往往把青少年作为赚钱牟利的重要群体，让青少年轻信某种信息、沉溺于某种平台，甚至让青少年走上违法犯罪的道路。最后，遵守道德法律。不造谣、不传谣、不信谣，不制作、发布、宣传虚假信息与负面言论，不搞道德绑架和语言暴力，更不参与诈骗、诽谤等有违道德和法律的网络行为。

196

第三节　发挥社会实践活动的养成作用

以实践养成促进社会主义核心价值观在青少年内心深处以及行为活动之中落地生根，除了要重视青少年日常生活领域的实践养成之外，还必须广泛开展涵养社会主义核心价值观的实践活动。志愿服务行动、精神文明创建活动、社会公益活动、节庆与纪念日教育实践活动、道德实践活动是青少年社会主义核心价值观实践养成的一些基本实践活动形式。青少年可以在这些具体的社会实践活动中真切地感知与领悟社会主义核心价值观的精神与要求，形成社会主义核心价值观培育所需要的良好的行为习惯、健康的生活方式、高尚的道德素质、严明的法治精神。由于青少年学生是青少年群体的主体，因此本部分着重探讨的是学校当中如何开展涵养社会主义核心价值观的实践活动的问题。

一、推动志愿服务活动

志愿服务是青少年践行社会主义核心价值观的有效形式。在改革开放的新时代，大力开展志愿服务活动，采取措施推动志愿服务活动常态化，仍然有着现实的意义。建设社会主义和谐社会，增进社会团结，不仅需要增加物质投入，强化社区服务功能，更需要培养新型社会关系，传播志愿服务精神。

近年来，社会各类团体及学校中各类志愿服务组织不断发展，志愿服务也逐渐趋向常态化。以相互关爱、服务社会为主题，围绕环境保护、大型活动、扶贫济困、应急救援等方面，围绕残疾人、留守儿童、孤寡老人和困难职工等群体，组织开展了各类形式的志愿服务活动，有助于形成我为人人，人人为我的社会风气。以志愿服务来培育和践行社会主义核心价值观，需要建立健全志愿服务制度，完善激励机制和政策法规保障机制，把志愿服务活动做到基层、做到社区、做到家庭。

学校是志愿服务活动的重要组织机构，青少年学生是志愿服务活动的生力军。学校志愿服务要发挥学生党员和学生干部的带头作用。学生党员和学生干部理应成为志愿服务的领头羊，需广泛而积极地投入志愿服务活动中。要加大志愿服务工作的宣传力度，不断培育志愿服务活动参与者的有效动机，营造良好的氛围，促进学生对志愿服务的内在认同感，对志愿服务项目、志愿服务典型进行宣传报道，做好志愿服务评选表彰活动。

要优化学校志愿服务活动政策方案，合理安排志愿服务时间。充分利用寒暑假和学生课余时间开展志愿服务活动，尽量避免牺牲学生正常上课时间进行志愿服务活动。丰富志愿服务项目，不断提升志愿服务活动的吸引力。志愿服务项目要尽量结合学生的兴趣爱好、专业知识以及服务对象的需要，改变服务内容单一重复的现象。在志愿服务类型的选择上，要以职业技能服务为主，形成环境保护、大型活动、扶贫济困、应急救援等类型的志愿服务活动的规模效应。端正学生参加志愿服务活动的动机，应该以提升学生社会责任感和增强学生社会锻炼为主要目标。针对学生参加志愿服务活动的体验，应该进一步提升学生参与志愿服务的满足感，激励其继续参与志愿服务活动。

二、推进精神文明创建活动

精神文明创建活动也是宣传和践行社会主义核心价值观的重要实践形式。精神文明创建活动要在突出社会主义核心价值观的思想内涵上求实效。目前学校精神文明创建活动每年会选择一段时间重点开展，在新生入学和毕业生离校时也会针对新生和毕业生群体专门开展，在利用精神文明教育引导青少年践行社会主义核心价值观方面取得了较好的成效。

学校精神文明建设是青少年社会主义核心价值观养成教育在精神文明建设方面的重要领域。当前，学校精神文明创建工作要围绕社会主义核心价值观培育这一主题、主线，在以下方面实现突破与发展：精神文明创建活动在丰富内容、创新载体上有新进展，讲文明树新风活动在提升青少年文明素质、社会文明程度和引领社会风尚上有新进展，精神文明建设各项工作在贴近实际、贴近生活、贴近学生、提升工作科学化水平上有新进展。具体要做好以下几方面的工作：

第一，推进文明班级、文明寝室、文明课堂创建实践活动。对学校文明单位创建活动实施动态管理，定期进行复查验收，有进有出，推动精神文明建设工作健康发展。

第二，开展"读书节"活动。引导青少年阅读，对不断提升他们的文明素质和社会文明程度具有重要意义。通过"读书节"活动引导青少年树立文明礼仪，具体可设置以下几种类型的活动：首先是比赛类活动。结合青少年实际和文明礼仪主题设置活动，如"一句话书评比赛""读报设计比赛""一书一世界影像比赛"等。其次是展览类活动。可结合不同主题设计展板，营造良好的读书氛围，如"好书分享推荐活动"，或者相关知识展板等。再次是宣传类活动。可进行各种读书宣传活动来鼓励青少年读好书，激发他们的阅读兴趣，培养其爱读书的好习惯，如"名家讲座""博览之星评选"等活动。最后是其他类活动。可自行设计活动类别和形式，活动内容要贴近主题，且要求内容积极向上，有益于青少年身心健康发展，如"图书漂流"等。

第三，利用新生入学教育和毕业生离校教育开展文明修身教育实践活动。开展礼节、礼仪教育，在新生开学典礼和毕业生毕业典礼上升挂国旗，奏唱国歌，针对新生，开展文明礼仪教育主题班会、主题讲座，针对毕业生开展"再做一次表率，留下毕业生风采"主题教育实践活动，使礼节礼仪成为培育社会主义核心价值观的重要方式。

第四，开展专题文明修身教育实践活动。定期开展"告别陋习，文明修身，创建和谐校园，争做文明使者"主题教育实践活动，以"文明举止、文明宿舍、文明课堂、文明出行、文明网络"为主要内容，设立学生文明形象岗，开展"厚德端行，文明修身"主题班团日活动，开展公共场所禁烟宣传活动，争创"无烟宿舍""无烟公寓""无烟教室""无烟班集体"，开展"我最喜欢的修身格言"征集评选，开展"文明与我同行"征文竞赛，开展文明宿舍形象设计大赛，成立文明劝导队伍，鼓励志愿者积极参与对不文明行为的教育劝导，开展"清除课桌文化""建设绿色校园"等活动，开展不文明现象抓拍活动，设立不文明现象曝光台，开展文明修身评比活动等。对青少年进行文明宣传教育，为学校的文明建设贡献自己的力量。不断营造青少年基础文明教育的良好氛围，提高青少年文明礼仪的意识和践行文明的自觉性。

三、开展社会公益活动

社会公益活动对青少年社会主义核心价值观的培育具有独特优势。首先，学校公益文化和学生公益活动的生命力较强，为培育社会主义核心价值观提供了有效基础。公益文化是学校校园文化的重要组成部分，具有长期传承性，为开展公益活动提供了精神食粮，继而为培育社会主义核心价值观奠定了良好的思想准备。如自 20 世纪 90 年代以来中国海洋大学创建的"海之子"研究生支教团，在每一届研究生中薪火相传，如今已发展成为国内高校大学生支教活动的著名品牌。其次，学校公益文化和学生公益活动有利于青少年社会主义核心价值观意识的确立。青少年特有的对国家、社会和个人价值理念的不断追求是促使青少年不断发展的思想基础，而公益精神、公益意识本身就是文明社会中青少年应有的基本品质。"育人"是学校的基本功能，公益文化所独具的感动人心、砥砺品格的人格教育功能，能够促进青少年对国家、社会和个人价值追求的不断思考，从而树立社会主义核心价值观的意识。最后，学校公益活动的开展能够为社会主义核心价值观的培育提供支撑作用。一个没有公益精神的社会，再好的价值理念也不可能得到认可，只有包含社会公益精神、公益事业、公益活动、公益文化的多层次的公益体系向着健康的方向发展，形成人人爱公益、人人做公益的社会氛围，才能真正引导青少年培育和践行社会主义核心价值观。

当前要提高通过公益活动培育青少年社会主义核心价值观的实效性，需要从以下几个方面开展：

从教育管理角度来说，政府、社会公益团体和学校应该形成合力机制，促成公益活动制度化、常态化。政府和社会公益团体应为青少年开展公益活动提供项目、经费支持，学校出台公益活动具体管理规定，派遣对公益活动有经验的教师进行管理和指导，不断引导学生与社会公益活动机构建立长期合作的公益实践基地，给予优秀公益活动项目品牌化建设空间，可以在校园文化活动品牌评选中给予相对倾斜的政策，确保优秀项目得到及时有效的扶持，促进活动项目或团队做大、做强。

从宣传推广角度来说，对已经初具规模、具有较好社会反响、学生参与面较广、具有持续性的公益活动项目要进行积极的宣传推广，提高社会知名度和美誉度，从而获得更多社会资源的支持和帮助。如学校可以优化人文社科教师资源，优先开设公益活动公共选修课，使得公益活动教育进课堂，使得青少年参与公益活动入脑入心。对于影响力大、效果好的公益活动团体和个人，学校可以通过"学雷锋先进集体""十佳人物"等评选活动进行推荐，引导更多学生提高公益意识，传承公益精神。

从参与人员角度来说，在开展公益活动时，要精心设计方案，并坚持公益活动的持续性。在公益活动方案设定时，要结合自身所学专业、学科、学校的优势资源，充分发挥专业优势。如建筑类专业对村镇住宅、灾区重建具有明显的服务专业优势。来自城乡规划、建筑设计、施工等专业的学生，对村镇规划建设和灾区重建的情况更为了解，开展此类公益活动会更得心应手。

四、加强节庆、纪念日教育实践活动

开展重要节庆、纪念日的教育实践活动，对传播社会主流价值具有重要作用。挖掘各种重要节庆日、纪念日蕴藏的丰富教育资源，利用五四青年节、七一建党节、八一建军节、十一国庆节等政治性节日，三八妇女节、五一劳动节、六一儿童节等国际性节日，党史国史上重大事件、重要人物纪念日等，举办庄严庄重、内涵丰富的群众性庆祝和纪念活动，对开展社会主义核心价值观培育具有重要作用。准确把握节庆、纪念日的文化内涵，深入挖掘节庆、纪念日的教育价值，开展主题鲜明的教育活动，丰富活动内容，创新活动形式，精心打造节庆、纪念日文化品牌，是开展青少年社会主义核心价值观培育的有效途径。因此，必须采取措施加强节庆、纪念日教育活动对青少年进行社会主义核心价值观培育。

一方面，要充分挖掘节庆、纪念日的内涵，发挥主题教育价值。任何一个节庆、纪念日，都代表一种文化，都蕴含着深厚的文化底蕴和价值理念。充分挖掘节庆、纪念日文化内涵，对每个节庆、纪念日，要充分挖掘其观念要素、情感要素、知识要素、实践要素，从而在开展节庆、纪念日等教育实践活动时，完善教育活动方案，做到目的清晰、计划可行、实效良好，以达到教育实践活动的重要作用。另外，还可以将节庆和纪念日分为世界主题类、文化传统类、革命传统类、学校文化类，突出不同类节庆、纪念日的文化内涵，深入挖掘其所蕴含的教育价值。如七一建党节、五四青年节等革命传统类节日，开展主题鲜明的纪念教育实践活动，精心打造主题教育品牌，创新青少年社会主义核心价值观培育的有效途径。

另一方面，要丰富节庆、纪念日活动内容，创新节庆、纪念日活动形式。开展节庆和纪念日教育活动切忌内容陈旧、形式单一。在内容上，不仅要继承原有节庆、纪念日的内容，而且要结合时代发展和当前青少年的自身实际，精心设计节庆、纪念日教育活动内容。在形式上，充分营造氛围，发挥青少年的主体作用，引导他们利用主题演讲、班会团会、文化论坛、文艺汇演等形式加强对节庆和纪念日文化的印象。学校开展的节庆、纪念日教育，只有学生真正自愿参与，才能让学生慢慢体会到节庆、纪念日文化中体现出的传统美德，进而内化到言行举止中，才会收到良好的教育效果。

五、强化道德实践活动

广泛开展道德实践活动是践行社会主义核心价值观的必要形式。在学校通过道德实践活动开展青少年社会主义核心价值观的培育工作，对他们成长成才具有重要意义。道德实践活动是育人工程，青少年是我国现代化建设的生力军，他们的道德素质对整个社会的道德素质将产生重要影响。利用道德实践活动培育和践行社会主义核心价值观，可以通过以下一些途径开展。

加强道德实践活动宣传，营造浓厚氛围。道德实践活动在学校取得成效，离不开学生的积极主动参与和身体力行。这就要求加强对道德实践活动的宣传力度，营造浓厚的活动氛围。学校要采取多种形式加强组织领导和舆论引导。例如举办专题讲座、会议、签名活动，利用开学典礼、毕业典礼、重要节庆日、重大活动等时机，开展主题宣传教育活动；加强校园网站建设，开辟道德实践活动专栏，充分利用网络阵地对学生进行教育和引导；充分发挥学校中党团组织、学生会组织的作用，吸引大家广泛参与。

以互助、诚信、感恩为主题内容，突出活动重点。道德实践是一个比较宽泛的概念，在学校开展道德实践活动，意在道德，重在实践。要努力增强青少年社会公德、职业道德、家庭美德、个人品德意识，不断提高诚信意识和廉洁自律意识，重点可从以下几个方面入手：引导青少年以诚待人，自愿帮助别人，大兴互助之风；引导青少年诚实守信，树立诚信意识，大兴诚信之风；引导青少年树立感恩意识，提升社会责任感，大兴感恩之风。以互助、诚信、感恩为重点，引导青少年从自己做起、从身边做起、从平凡事做起，自愿做道德实践活动的践行者。

充分发挥道德实践先进典型的示范引领作用。学校要充分认识开展道德实践典型示范活动的重要意义，把具有示范意义的先进事迹作为活动的生动教材，让学生学有榜样，形成"赶、超、比、学"的氛围。学校在学生奖励规定中应设置"廉洁自律""诚实守信""助人为乐""见义勇为""感恩奉献"等道德模范，并举办他们的先进事迹报告会等，让大家从中受到感染。通过对比找差距，进而营造"树正气、讲道德、见行动"的良好校园氛围。也可适当结合社会上和校园里有违道德要求的反面典型事例，从反面加强对学生的警示教育。

建立长效机制，常抓不懈。道德实践活动在学校深入开展，是一项复杂的系统过程，具有长期性，要建立长效机制，构建德育体系。从领导到老师全员参与，既有上层设计又有底层执行。在吸收和借鉴德育工作成功经验的基础上，进一步摸索和大胆创新，让活动得以深入、持久地开展下去，不搞形式，不走过场。

第八章 制度育人：以制度建设保障青少年社会主义核心价值观培育

　　青少年社会主义核心价值观培育是一项长期的、复杂的系统工程，既需要依靠教育的引导、舆论的宣传，又需要依靠文化的熏陶和实践的养成，更离不开制度的支撑和保障。道德自律固然重要，但它只是一种内在的自我约束，并非所有的人都能很好地做到自律，每个人也并非总是能够做到自律。制度则是一种硬规则，是一种外在约束力，具有强制性。没有制度的支撑和保障，社会主义核心价值观在现实中就无法"硬"起来、"实"下去。

第一节 培育社会主义核心价值观需要制度的支撑与保障

　　"制度是核心价值观的载体，核心价值观是制度之魂。"① 制度具有根本性、长远性、规范性、强制性、稳定性等特点。培育和践行社会主义核心价值观离不开制度的支撑与保障。社会主义核心价值观借助制度化的规则得到贯彻，并形成正向强化。

---

① 秦宣. 培育和践行社会主义核心价值观的制度保障［J］. 思想教育研究，2015（2）.

一、制度是价值观的重要载体与表现形式

制度是价值观的外显或外化。众所周知，文化具有内在层次性和结构性。在文化的内在结构中，居于文化的最深层的部分，也就是其内核部分就是价值观念。正因为如此，不同文化之间的冲突最根本上讲就是价值观念的冲突。作为文化中层次的是制度，构成文化最表层次的则是器物。无论是制度，还是器物都是作为文化内核与灵魂的价值观念的外显。任何制度当中总是内在地包含着某种价值标准与价值取向，制度是一个社会价值观念体系的外在表现，是社会价值观念的外在表现形式。换句话说，价值观念本身是不可见的，是存在于人们的大脑之中、思想之中的，它总是借助于制度、器物等载体表现出来，才使我们可以看得见、能够摸得着它。

"社会主义制度是社会主义核心价值观在制度层面的体现。"[①] 在社会主义核心价值观里，"富强、民主、文明、和谐"是国家层面的价值目标。"自由、平等、公正、法治"体现的是社会层面的价值追求。"爱国、敬业、诚信、友善"则是对个人层面提出的价值要求。"富强、民主、文明、和谐"也是我们国家在经济、政治、文化和社会建设领域的发展目标。社会主义制度，无论是经济制度、政治制度还是文化制度，无论是基本制度、根本制度还是具体制度，都渗透了社会主义核心价值观的理念，体现了社会主义核心价值观的要求。总之，社会主义制度体现的必然是社会主义核心价值观，而资本主义制度必然反映的是资本主义核心价值观。社会主义核心价值观与资本主义核心价值观之间的冲突与对立必然也要反映在社会主义与资本主义两种制度的对立与斗争之中。

制度与价值观的内在统一关系决定了制度认同与价值认同是一种相辅相成、相互促进的关系。一方面，我们需要通过增强人们对于社会主义核心价值观的认同，提升社会主义文化自信来支撑人们对于中国特色

---

① 秦宣. 培育和践行社会主义核心价值观的制度保障［J］. 思想教育研究，2015（2）.

社会主义的制度认同。正如习近平总书记所讲,"坚定中国特色社会主义道路自信、理论自信、制度自信,说到底是要坚定文化自信。文化自信是更基本、更深沉、更持久的力量"[①]。文化自信最根本上体现为价值观的自信,社会主义文化自信最根本地体现在社会主义核心价值观的自信上。另一方面,我们也需要通过加强中国特色社会主义制度建设,不断健全和完善社会主义制度,增强对中国特色社会主义制度的认同,来促进和巩固社会主义核心价值观认同。

制度与价值观的内在统一关系决定了价值观培育与制度建设是一种互动关系。一方面,任何制度都是以一定的价值取向为基础的,都是在一定的价值观念的指导下确立的,制度设计和安排总是体现着一定的价值观,价值观构成了制度的内在精神和品格。另一方面,制度一旦形成,对人的价值判断起引导和规范作用,对社会核心价值观建设提供保障和支持[②]。制度更带有根本性、全局性、长期性和稳定性。如果没有制度的确认和保障,正确的价值观难免会流于空想或形式,很难在现实生活中得以有效落实、产生并形成效果。

二、制度是社会主义核心价值观培育践行的重要保障

一方面,制度是价值观的重要载体与表现形式。另一方面,制度也是价值观得以培育和践行的重要保障。社会主义核心价值正是借助各种制度的引导、监督、约束才得以真正执行,不断强化认同。在制度伦理学看来,人在某种意义上讲就是制度的产物,有什么样的制度,就有什么样的人,就有什么样的行为。美国华盛顿大学教授、诺贝尔经济学奖获得者道格拉斯·C.诺斯(Douglass C. North)认为:"制度是一个社会的游戏规则,更规范地说,它们是为决定人们的相互关系而人为设定

---

① 习近平谈治国理政:第 2 卷 [M]. 北京:外文出版社,2017:339.
② 田海舰. 论制度建设与社会主义核心价值观的培育 [J]. 保定学院学报,2013(4).

第八章

制度育人:以制度建设保障青少年社会主义核心价值观培育

207

的一些制约。"① 制度作为社会的游戏规则，它可以影响人的选择、规范人的行为。毛泽东同志从解决人们的思想问题与解决制度问题的关系角度出发指出："光从思想上解决不行，还要解决制度问题。人是生活在制度中的，同样是那些人，实施这种制度，人们就不积极，敲锣打鼓，积极性也提不起来；实施另外一种制度，人们就积极起来了。""思想问题常常是在一定情况和制度下产生的，制度搞对头了，思想问题也容易解决。"② 制度对了头，就会促进和保证人们的生产积极性和创造性，从而为各种思想问题的解决提供良好的条件，开展思想政治工作就会有效多了。反之，制度不对头，单独依靠思想政治工作来解决思想问题，是不会有什么成效的。邓小平则讲得更加简单明了，"制度好可以使坏人无法任意横行，制度不好可以使好人无法充分做好事，甚至会走向反面"③。

由此可见，制度具有导向、激励、规范、约束等功能，它是维护价值观的准则和基础。制度是通过规定人们的权利和义务以规范人们的行为、调整人们之间关系的规则体系。"制度作为具有普遍意义的、比较稳定的和正式的社会规范体系，具有给一定条件下的行为建模的功能。制度建立的规范、惯例和做事程序，在长期的作用下，就会使人们形成行为习惯乃至内化为个人的自我价值取向，对人们的价值观念和行为方式具有根本性的指导意义；而制度的强制惩戒性又使其具有遏制作用。因此，制度对人的行为具有强烈的形塑性和直接的匡正性。"④

总之，培育和践行社会主义核心价值观不能停在口头的宣传上，必须将其落实到制度之中，加强社会主义核心价值观的制度化建设。我们必须使社会主义核心价值观体现在制度的设计与制定之中，以制度来规范人的行为，以制度认同来促进价值认同，实现制度育人。我们要通过健全的规章制度，采取细致有效的具体举措，为社会主义核心价值观的

① 〔美〕道格拉斯·C.诺斯. 制度、制度变迁与经济绩效 [M]. 刘守英，译. 北京：生活·读书·新知三联书店，1994：3.
② 薄一波. 若干重大决策与事件的回顾（下卷）[M]. 北京：人民出版社，1997：809.
③ 邓小平文选：第2卷 [M]. 北京：人民出版社，1994：333.
④ 田海舰. 论制度建设与社会主义核心价值观的培育 [J]. 保定学院学报，2013（4）.

培育工作提供保障，更多地依靠制度、政策来调控社会主义核心价值观培育工作，不断提升社会主义核心价值观培育工作的科学化、规范化和制度化水平。

第二节　制度设计要彰显以人为本

从以上分析，我们已经知道培育社会主义核心价值观需要制度的支撑与保障，社会主义核心价值观应该成为国家制度设计、各类制度制定的基本理念、基本原则、基本遵循。社会主义核心价值观三个层面、二十四个字内容归根到底就是要坚持以人为本，引导人们从德向善。以人为本是社会主义核心价值观的本质内涵和集中体现。因此，以人为本应该成为社会主义制度设计的基本理念和青少年社会主义核心价值观培育的根本遵循。

一、以人为本的基本涵义

"以人为本"的要义有三：其一，以人为本是一种对人在社会发展中的主体地位和作用的肯定，它既强调人在社会发展中的主体地位和目的地位，又强调人在社会发展中的主体作用。其二，以人为本是一种价值取向，即强调尊重人、依靠人、为了人和塑造人。尊重人，就是尊重人的价值、社会价值和个性价值，尊重人的独立人格、需求、能力差异、人的平等，尊重人性发展的要求；塑造人，既要把人塑造成权利的主体，也要把人塑造成责任的主体。其三，以人为本是一种思维方式，要求我们在分析、思考和解决一切问题时，既要坚持运用历史的尺度，也要确立并运用人的尺度，要关注人的生活世界，要对人的生存和发展的命运确立起终极关怀，要关注人的共性、人的普遍性和人的个性，要确立起人的自主意识并承担相应责任。

以人为本也是科学发展观的本质和核心，彰显以人为本就是彰显人是目的、人是根本和人的自由全面发展。青少年社会主义核心价值观培育首先应该树立以人为本的理念，当代青少年比以往任何时期都更加关注个人需要和个性发展，以人为本就是以青少年成长为宗旨，注意充分启发和调动他们的积极性，关注他们成长的需要，尊重他们的个性特点、根本权利，关心他们的利益，从青少年实际出发，激发和提高他们对社会主义核心价值观的心理认同度和接受度。

二、以人为本的基本依据

在简单地阐述了何为以人为本后，我们要回答的是为什么必须以人为本，为什么在青少年社会主义核心价值观培育中必须坚持以人为本，也就是以人为本的重要性或依据问题。

（一）人类教育从"神化""物化"向"人化"转变的必然

人类教育活动经历了从"神化"教育、"物化"教育向"人化"教育转变的历史进程。人类在古代及中世纪以前，神性统治一切，教育内部的主客体关系也是"主权在神"，作为教育价值外显的教育理念，也表现为"崇拜的教育"。文艺复兴与法国大革命思想启蒙运动以来，人性得以全面的解放。但受生产力发展水平的限制，人的独立性的实现仍然建立在对物的严重依赖的基础之上，尽管破除了神性对人性的压抑，人类又自觉不自觉地把自身"外化"为了物，这时的教育集中表现为一种"物化"。近代以来，随着现代科学技术的进一步发展和人性的进一步觉醒，强调独立主体地位实现的呼声日趋高涨，"人化"教育成为必然。为什么人们喜欢旅游，喜欢到大自然中去，喜欢绿色，喜欢森林？因为人属于高级动物。人和动物高度相似，根据研究，人与黑猩猩的遗传结构 98.4% 相似，只有 1.6% 的差异。因此，我们的培育工作也要遵从人的天性，促使青少年情感、情绪的良好发展，促使他们健康成长。

（二）教育的发展需要

在当前新的形势下，我国青少年的思想观念呈现出一系列新特点。从思想现实看，青少年关心的热点在减少，少有集中的热点，即使有热点，也是一时的、局部的。对同一个问题和热点，难有统一的看法。青少年思想动态往往是一种潜流，不直接表现出来，但分散中不等于没有集中的优势，内向中不等于没有外在的表露。政治意识、社会行为的理想激情逐渐被理智、客观、现实的头脑和冷静的社会行为所取代。青少年关注热点已转移到与自身利益密切相关的事情上来，讲实际、重实惠。他们在观察问题、处理问题上往往表现出五个"更多"，即更多地采用生产力的标准而不是意识形态标准，更多地采用具体利益的标准而不是抽象的政治标准，更多地采用市场经济标准而不是传统道德标准，更多地采用批判的标准而不是建设的标准，更多地采用"与国际接轨"的标准而不是"中国特色"的标准。

从思想价值来看，由于生活经历的单纯和价值环境的复杂，青少年中一些人存在认知与行为的背离、价值目标与现实取向的背离的现象。他们主流积极、亮点突出、对未来充满信心，但缺乏艰苦生活磨炼，心理承受力不足。他们初步具备了一些现代性的思想意识，如主体意识、竞争意识、公平意识、效率意识，但科学精神、人文素养、公德意识、心理素质还有欠缺，有待进一步提高。有的政治上幼稚，容易受社会思潮的影响，有的以自我为中心，自我意识较强，集体观念、团队精神、大局意识、社会整体意识缺失。以个人为本位的"价值主体自我化、价值取向功利化、价值目标短期化"的趋势日益突出。有的面对复杂社会，面对激烈竞争，心理脆弱，信心不足，适应能力差。其思想价值特点可以概括为"五强五弱"：时代感强，责任意识弱；认同感强，践行能力弱；参与意识强，辨别能力弱；主体意识强，集体观念弱；个性特征强，承受能力弱。

从思想行为来看，青少年学习的背景与过去有很大不同，他们主体意识强烈，更加关注社会生活并注重实效，更加关注主体的自我感受，更善于独立思考，更希望在平等的交流中追求真理，更喜欢在对社会现实的思考中选择真知。从思想心理来看，青少年明显表现出心理成熟期后移、心理矛盾增多和心理压力加大等特点。

从思想走向来看，当代青少年在政治观念上，积极、健康、向上；在社会热点上，乐于关注和思考；在成才意识上，求新、求知、求素质提高；在价值取向上，注重自我，注重功利，价值取向多元。政治需求更加直接，他们不再空谈政治理论，而是把政治要求直接表现在对一些重大问题的关注上；成功需求更加强烈，他们崇尚实力，追求成功的竞争意识明显强化；文化需求更加多样，数字化、网络化、信息化的生存状态，虚拟性、多边性、交互性的网络特点，使他们的文化需求更加多样、更具个性；社会需求更加广泛，学生社团、社会实践、志愿服务是他们社交的主要渠道。

当今青少年的自我意识正在进一步觉醒，获得尊重与信任、发展个性的需求日趋强烈。然而，忽视他们的主体性，教育者主宰教育过程的现象依然存在。传统思想教育工作的观念、思路、方法已经明显不能适应我国教育发展的需要，而以人为本的新理念，可以满足我国教育发展的现实需要。

（三）创造性人才的培养需要以人为本的理念

创造性人才的培养是影响我国前途命运的重要问题，也是当前我国教育所面临的严峻挑战。创造性人才通常具有这样的素质特征：一是思维方式，主要有思维的独立性，善于从司空见惯的现象中发现未知，提出自己的主见；二是个性特征，具有高度的自主性和独立性，强烈的好奇心，旺盛的求知欲，丰富的想象力和直觉能力，广泛的兴趣和良好的心理素质。这些素质的形成首先需要唤醒青少年的自我意识，然后为其提供一个自由、宽松、友爱、信任、安全的心理空间，只有这样，才能保护和培育他们的独立性、好奇心、自信心、想象力，并使其逐渐具备上述素质特征。而我国传统教育模式更多地注重"塑造"和"干预"。因此，必须改变传统的教育观念、方式、方法，倡导"以人为本"的新理念，为创新素质的形成提供前提和保证。

三、以人为本的制度设计

以人为本是制度建设的基本理念与重要原则，这就客观上要求制度设计要充分关注人、尊重人、满足人。须知，以人为本是制度建设的重要出发点和根本归宿。党的十六届六中全会以来，特别是十八大以来，社会主义核心价值观已为全党全社会所认知，从某种意义上说已经家喻户晓，但尚未得到普遍认同，更未内化为人们的内心信念和行为准则。重要原因之一是尚未制度化。因此，在社会主义的各项制度建设中，应将社会主义核心价值观的重要内容和精神实质熔铸进去，应将以人为本这一重要理念原则贯彻制度设计的始终。

（一）制度设计要关注人的需要

人的需要反映了人的本质，也是社会发展与进步的逻辑起点，具有永恒性、多样性和层次性。制度设计最基本的要求和出发点就是要立足于人的需要。传统的制度设计主要是按照"社会对人的需要"来进行的，忽视了"人的自我需要"。这要求人的需要绝对服从社会需要，不考虑人的主体性和人的自我需要与自我发展，忽视了人的需要与社会需要的统一性。因此，新时代的制度设计，应充分考虑到青少年的需要与社会需要的统一，尊重他们的现实需要，既要做"社会的人"，也要做"自我的人"，避免把人当成制度的被动接受器，或使制度不被接受而流于形式。同时，人的需要的永恒性也决定了制度设计的持久性。在此意义上说，人的发展史就是人的需要的进步史，也是制度设计不断发展与进步的精神文明史。

（二）制度设计要关注人的个性

人是不同的"个性化"存在，人的素质结构在形成和发展的过程中，会呈现明显的个性差异。在现代多元化的社会中，人们的主体意识彰显，目标、需求、情感和价值取向随着个性的张扬而呈现越来越明显的复杂性和差异性。人之可贵，就在于他具有不同于他人的个性。生活的丰富多彩，也在于不同个性的人的存在。制度设计要关注人的个性，主要是关注人的个性发展和个性教育。个性发展的核心是使青少年养成健全的、独立的人格，这是制度设计的重要目标。而个性培育，就是使青少年的现实个性品质向理想个性品质转化。具体来看，制度设计要注重个性的弘扬和发展，尊重人的个体价值，帮助青少年树立与社会主义市场经济相适应的竞争意识、创新意识；加强社会主义义利观教育，保护个人的正当利益，形成把国家和人民根本利益放在首位而又充分尊重个人的合法利益的社会主义义利观，等等。

（三）制度设计要关注人的主体性

人的本质决定了人在社会和制度设计中的主体地位。应当在对个体尊重的基础上，使个体认识到个人利益和整体利益的统一性，正确对待它们之间的矛盾，从而使整体对人的本质要求和个体本质的形成、发展统一起来，防止人为割裂而导致的简单化、工具化、模型化，使人丧失主体性、能动性和多样性。对此，马克思曾指出："人是一个**特殊**的个体，并且正是他的特殊性使他成为一个个体，成为一个现实的、**单个的**社会存在物，同样地他也是**总体**、观念的总体、被思考和被感知的社会的主体的自为存在，正如他在现实中既作为社会存在的直观和现实享受而存在，又作为人的生命表现的总体而存在一样。"① 当前社会主义市场经济的建立与完善呼唤着人的主体性的充分发挥，制度设计要适应知识经济时代的需要，就必须积极发挥自身在人的主体性的发展中的独特作用。塑造青少年的主体人格，引导青少年树立正确的价值观念和科学的人生理想，养成优良的道德品质，培育积极的情感和坚强的意志，形成全面发展的个性，这些对青少年的主体性发挥具有重要的激励和导向作用。

（四）制度设计要关注人的价值

制度设计对人价值的关注，主要表现在它对人才的培养与塑造上。

① 马克思恩格斯全集：第42卷［M］. 北京：人民出版社，1979：123.

214

在这一过程中，它是解放人内在力量的重要动力，它能够直接提升人的价值、弘扬人的价值，并提高人实现价值的能力；它能够让人意识到人是"价值的存在物"，人必须实现其内在价值和外在价值，从而增加青少年创造价值的自觉性和主动性；它能够改造人们实现价值的态度和创造价值的行为。在此基础上，它所培养和塑造的应该是这样的人：对社会的适应性与超越性和谐统一的人，学会关心、学会生存、学会合作、学会生活的人，尊重他人、尊重社会、尊重自己的具有独立人格的人，既关爱社会、关爱他人又关爱自己的人。这样的人，重视自己的价值世界，注意丰富自己的道德情感，注重培养自己的价值理性，追求有价值的人类生活，从而实现生命的超越和人格的升华。

（五）制度设计要关注人的发展

人的发展的实质就是人的素质的全面提高。强调人的发展，关注人的素质的全面提高，是马克思人学理论的重要内涵。如上所述，马克思主义的这一人学理论是制度设计的基本出发点和归宿。制度设计关注人的发展首先就要关注青少年发展的开放性。关注人的发展的开放性要求把青少年发展作为一个动态的系统，注重在不同时期不同条件下青少年的发展的具体内涵，适时扫除不利于青少年发展的因素，使青少年向多元性、综合性、复合性等方向发展，提升他们的素质。唯有如此，才能使我们的制度要求为青少年所接受，真正发挥其应有的作用。

第三节　构建与青少年社会主义核心价值观 培育相适应的制度

传统的思想政治教育工作在实际操作过程中，常常"说"与"做"脱节，"说起来重要，做起来次要"。重要的原因是缺乏刚性的制度保障和约束。所以，要加强制度保障机制建设，使青少年社会主义核心价值观的培育"有明确制度可遵循，依靠制度而落实，为硬性制度所保障"①。在青少年社会主义核心价值观培育的过程中，要把青少年行为规范和行为引导转化为以培育为内涵的制度制定、制度执行和制度监督。制度是由人们制定的，旨在维护社会有序运行，并要求人们共同遵守的规则或准则。制度的范围十分广泛，内在之间相互联系，构成了制度体系。从大的方面来讲，制度包括了国家层面的根本制度，基本制度和其他各方面机制体制等。从小的方面来讲，制度体现为一些地方、部门、行业、单位的规章、规则、条例、管理办法等。以制度建设推进青少年社会主义核心价值观培育，既包括大的、宏观的社会制度建设，也包括与青少年学习、工作与生活场景密切相关的小的、微观的制度建设。

一、构建与青少年社会主义核心价值观培育相契合的宏观制度

社会主义根本政治制度、基本政治制度、基本经济制度以及建立在这些制度基础上的经济体制、政治体制、文化体制、社会体制等各项具体制度都属于宏观制度建设范畴，作用范围是整个国家和社会，并对社会成员有着广泛而深远的影响。社会主义核心价值观的国家维度的内容（富强、民主、文明、和谐）和社会维度的内容（自由、平等、公正、法治）需要内化到宏观制度中，个体维度的内容（爱国、敬业、诚信、友善）也需要宏观制度给予保障。

2013 年，中共中央办公厅印发的《关于培育和践行社会主义核心价值观的意见》从推进社会主义核心价值观培育和践行目的出发，站在宏观制度视野对社会主义制度建设提出了明确要求：要把培育和践行社会主义核心价值观落实到经济发展实践和社会治理中。确立经济发展目

---

① 沈壮海. 社会主义核心价值观培育和践行的着力点［J］. 思想政治工作研究，2012(12).

标和发展规划，出台经济社会政策和重大改革措施，开展各项生产经营活动。要遵循社会主义核心价值观要求，形成有利于弘扬社会主义核心价值观的良好政策导向、利益机制和社会环境。要把社会主义核心价值观贯彻到依法治国、依法执政、依法行政实践中，落实到立法、执法、司法、普法和依法治理各个方面，用法律的权威来增强人们培育和践行社会主义核心价值观的自觉性。要把践行社会主义核心价值观作为社会治理的重要内容，融入制度建设和治理工作中，形成科学有效的诉求表达机制、利益协调机制、矛盾调处机制、权益保障机制，最大限度地增进社会和谐①。

2018 年 5 月，中共中央印发的《社会主义核心价值观融入法治建设立法修法规划》进一步提出，要着力把社会主义核心价值观融入法律法规的立、改、废、释全过程，确保各项立法导向更加鲜明、要求更加明确、措施更加有力，力争经过 5 到 10 年时间，推动社会主义核心价值观全面融入中国特色社会主义法律体系。加强道德领域突出问题专项立法，把一些基本道德要求及时上升为法律规范。制定英雄烈士保护方面的法律，形成崇尚、捍卫、学习、关爱英雄烈士的良好社会风尚。探索完善社会信用体系相关法律制度，研究制定信用方面的法律，健全守法诚信褒奖机制和违法失信行为联合惩戒机制。

社会主义核心价值观培育的重要主体就是国家。国家要在顶层设计和基本制度中，在体制机制的运行中，在方针政策的制定中，在社会管理活动中渗透和融入社会主义核心价值观理念。必须把培育社会主义核心价值观纳入经济社会发展规划中，并通过政策引导，使之贯穿在"五位一体"的现代化建设事业的总体布局中，使国家法律法规、制度安排、政策措施充分体现社会主义核心价值观的内容和要求。实际上，任何社会的主流价值观念要想得到广泛认同并保持稳定性、持续性，都必

① 中共中央文献研究室. 十八大以来重要文献选编（上）［M］. 北京：中央文献出版社，2014：581－582.

须通过国家的法律法规和方针政策对其核心价值的基本精神加以彰显和体现。因此，核心价值观必须成为制定法律法规、制度设计、决策部署以及实施公共管理的价值准则，通过法规政策为培育社会主义核心价值观提供强有力的制度保障。在制度建设上，要把培育社会主义核心价值观的要求体现到制度设计、政策法规制定和社会管理中，从政策环境、体制环境、社会环境等方面给予强有力支撑，形成培育社会主义核心价值观的强大合力，充分发挥政策在社会发展中的导向功能。在国家建设中，要从根本上以社会主义核心价值观规范经济、政治、文化、社会等方面政策制定的性质和方向，让这些政策强化人们对社会主义核心价值观的认同。只有借助于制度和法律的支持，把核心价值观的要求内化为具有刚性约束力的社会行为习惯，借助法律权威推动核心价值观建设，充分发挥法律的规范、引导、保障和促进作用，进一步弘扬社会主义法治精神，最终形成有利于培育社会主义核心价值观的法治环境，才能建构有利于社会主义核心价值观践行的日常生活化机制，从而使践行社会主义核心价值观成为人们生活实践中的自觉行动。

改革开放40多年来，中国特色社会主义制度建设取得了显著成果，建立了一整套相互衔接、相互联系的制度体系，为社会主义核心价值观培育奠定了坚实的制度基础，营造了良好的宏观制度环境。其中，社会主义根本政治制度、基本政治制度和不断完善的政治体制彰显了"对社会主义民主法治的崇尚"，社会主义基本经济制度、分配制度和社会保障制度，彰显了"对富强公正、共同富裕的追求"，文化体制改革彰显了"爱国、公正和自由的价值导向"，社会管理制度创新彰显了"对公正和谐、友善互助的提倡"[①]。在看到社会主义宏观制度建设所取得的成绩的同时，我们也要看到，由于受到历史传统、快速发展、复杂国情等多方面因素的影响，我们的宏观制度建设仍然存在很多需要完善之处。因而，以制度建设为着力点承载价值指向培育和践行社会主义核心

---

① 赵庆复. 以制度自信培育核心价值观 [N]. 辽宁日报，2013-06-04 (13).

价值观显得格外重要。我们需要以宏观制度为着力点，将社会主义核心价值观的内容寓于宏观制度完善的过程中，实现两者的良性互动，推动经济社会全面发展，促进社会更加公平正义、人民生活更加幸福美满。当前，我们要不断健全完善包括人民代表大会制度的根本政治制度，中国共产党领导的多党合作和政治协商制度、民族区域自治制度以及基层群众自治制度等基本政治制度，中国特色社会主义法律体系，公有制为主体、多种所有制经济共同发展的基本经济制度，以及建立在这些制度基础上的经济体制、政治体制、文化体制、社会体制等各项具体制度，为培育和践行社会主义核心价值观创造更加良好的宏观制度环境。通过制度本身的完善与落实、制度要素结构的优化、各个层面制度之间运行的耦合，充分体现中国特色社会主义的制度优势，为提升青少年对社会主义核心价值观的认同奠定制度保障，营造良好的社会制度环境。

二、构建与青少年社会主义核心价值观培育相配套的微观制度

中共中央办公厅印发的《关于培育和践行社会主义核心价值观的意见》指出："完善市民公约、村规民约、学生守则、行业规范，强化规章制度实施力度，在日常治理中鲜明彰显社会主流价值，使正确行为得到鼓励、错误行为受到谴责"①。市民公约、村规民约、家规家训、学生守则、行业规范等都属于微观制度范畴。相对于宏观制度而言，微观制度的影响范围更小，但其影响作用更为直接而密切。微观制度有时是通过社会成员的间接影响对青少年产生不可低估的作用，很多时候，也会通过直接性影响作用于生活在其中的广大青少年。

企业是社会经济的细胞，是社会主义市场经济的主体。社会主义核心价值观突出地反映在企业的生产与经营过程之中，体现在企业的诚信

---

① 中共中央办公厅. 关于培育和践行社会主义核心价值观的意见［EB/OL］. (2013—12—23)［2019—12—06］. http://www.gov.cn/jrzg/2013—12/23/content_2553019.htm.

经营、公平竞争、遵纪守法、责任担当等企业文化与精神之中。在行业企业中，要鼓励各行各业把社会主义核心价值观融入行业、企业文化的构建与完善过程中，融入行业、企业的发展战略中，融入行业规范与行业标准以及企业规章制度的制定与执行之中，树立行业新风，促进企业发展，以行业新风筑牢社会风气根基。

在城市生活中，要在精神文明创建过程中重视加强对市民公约、市民行为守则的制定和实施。在乡村建设中，要把社会主义核心价值观同社会主义新农村建设结合起来，同村民自治制度的发展完善结合起来，将社会主义核心价值观的培育融入村规民约，保障社会主义核心价值观在农村落地生根①。在家庭生活中，要注重家风、家教、家规对青少年行为的规范作用。在虚拟网络空间中，同样要引导广大青少年自觉遵守网络行为规范，加强网络监督与管理，提升青少年网络素养。

学校是青少年社会主义核心价值观培育的主渠道。学校需要在规章制度建设过程中体现青少年社会主义核心价值观培育的规范性要求，引导青少年崇德向善，将青少年社会主义核心价值观培育的规范性要求内化于心，并以此为基础外化为自己的生活习惯和行为准则。当前，青少年社会主义核心价值观培育，要紧紧抓住制度建设这个具有根本性、全局性、稳定性的重要环节，建立健全与法律法规相协调、与学校教育全面发展相衔接、与青少年成长成才相适应的制度管理体系，不断健全、完善各项规章制度，为青少年社会主义核心价值观的培育提供强有力的保证。② 在学校各层面建立健全党政联合共抓共管的基本制度。要把青少年社会主义核心价值观培育作为学校内部治理的重要内容，明确有关领导与部门在核心价值观培育中的职责，并使它体现在学校的各项规章制度中，转化为青少年可操作的各项日常行为细则，让遵守规则的行为

① 李辉，吕彪. 社会主义核心价值观培育和践行的文化载体［J］. 思想理论教育，2015（6）.

② 杨顺清，李正升. 大学生思想政治教育保障机制创新研究［J］. 云南行政学院学报，2009（6）.

得到鼓励，违反规则的行为受到约束。也就是说，在建立健全学校内部规章制度时，要充分体现青少年社会主义核心价值观培育的要求，把思想引导与利益调节、精神鼓励与物质奖励统一起来，加强校园文明的考核奖惩，确保青少年社会主义核心价值观培育在教育管理实践中得到落实，促进核心价值观培育的基本程序制度化、机制化。制定和完善各项常规性规章制度。要将青少年社会主义核心价值观培育融入学生日常行为管理中，将核心价值观细化为学生行为规范条例，让青少年理解原则，掌握规范，引导他们的思想和言行。完善与学生学习、生活、成长成才、社会实践、就业等密切相关的一系列管理制度，强化规章制度执行力，确保友善行为得到鼓励，伪善行为受到谴责，形成善有善报的正向效应，为青少年友善品质的养成提供有效的制度保障。建立完善目标管理制度和评价考核办法。调动全社会参与青少年社会主义核心价值观培育的积极性、主动性和创造性，努力形成教育、管理、服务各司其职的全员育人新局面。将社会主义核心价值观融入学生的考评体系中，把核心价值观作为评价的基本标尺，彰显主流价值取向，使青少年的正确行为得到鼓励、错误行为受到制约。对符合核心价值观要求的行为给予奖励，背离的行为予以谴责，形成正确的舆论导向，规范青少年的言行。

主要参考文献

一、著作类

常青伟，2015．思想政治教育环境渗透研究［M］．苏州：苏州大学出版社．

邓小平，1993．邓小平文选：第3卷［M］．北京：人民出版社．

邓小平，1994．邓小平文选：第2卷［M］．北京：人民出版社．

关颖，2014．家庭教育社会学［M］．北京：教育科学出版社．

胡锦涛，2016．胡锦涛文选：第3卷［M］．北京：人民出版社．

胡正荣，1997．传播学总论［M］．北京：北京广播学院出版社．

江泽民，2006a．江泽民文选：第1卷［M］．北京：人民出版社．

江泽民，2006b．江泽民文选：第2卷［M］．北京：人民出版社．

教育部思想政治工作司，2015．加强和改进大学生思想政治教育重要文献选编：1978—2014［M］．北京：知识产权出版社．

李德顺，孙伟平，赵剑英，等，2010．马克思主义哲学范畴研究［M］．北京：中国社会科学出版社．

李建华，夏建文，等，2015．立德树人之道：大学生社会主义核心价值观的培育与践行研究［M］．北京：人民出版社．

廖小平，2009．代际互动——未成年人道德建设的代际维度［M］．北京：人民出版社．

马俊峰，2012．马克思主义价值理论研究［M］．北京：北京师范大学出版社．

马克思，恩格斯，1979. 马克思恩格斯全集：第 42 卷［M］. 北京：人民出版社.

马克思，恩格斯，1995. 马克思恩格斯选集：第 4 卷［M］. 北京：人民出版社.

马克思，恩格斯，2009. 马克思恩格斯文集：第 1 卷［M］. 北京：人民出版社.

马克思，恩格斯，2009. 马克思恩格斯文集：第 2 卷［M］. 北京：人民出版社.

毛泽东，1991. 毛泽东选集：第 2 卷［M］. 北京：人民出版社.

毛泽东，1999. 毛泽东文集：第 7 卷［M］. 北京：人民出版社.

佘双好，2010. 青少年思想道德现状及健全措施研究［M］. 北京：中国社会科学出版社.

沈壮海，2008. 思想政治教育有效性研究［M］. 2 版. 武汉：武汉大学出版社.

苏振芳，2006. 思想政治教育学［M］. 北京：社会科学文献出版社.

田海舰，2012. 社会主义核心价值体系培育纲要［M］. 北京：人民出版社.

王树荫，李斌雄，邱圣宏，2016. 中国共产党思想政治教育史［M］. 北京：高等教育出版社.

习近平，2016. 关于全面建成小康社会论述摘编［M］. 北京：中央文献出版社.

习近平，2017. 习近平谈治国理政：第 2 卷［M］. 北京：外文出版社.

习近平，2018. 习近平谈治国理政：第 1 卷［M］. 北京：外文出版社.

习近平，2019. 在纪念五四运动 100 周年大会上的讲话［M］. 北京：人民出版社.

杨安，2014. 家风：决定人生命运的精神财富［M］. 北京：中国财富出版社.

袁贵仁，2013. 价值观的理论与实践——价值观若干问题的思考［M］.

北京：北京师范大学出版社.

张世欣，2018. 思想教育规律论 [M]. 杭州：浙江大学出版社.

张未知，2007. 社会主义核心价值体系教育研究 [M]. 长春：吉林人民出版社.

张耀灿，郑永廷，吴潜涛，等，2006. 现代思想政治教育学 [M]. 北京：人民出版社.

赵馥洁，2009. 中国传统哲学价值论 [M]. 北京：人民出版社.

郑仓元，陈立旭，1996. 社会风气论 [M]. 杭州：浙江人民出版社.

中共中央文献研究室，1992. 建国以来重要文献选编：第1册 [M]. 北京：中央文献出版社.

中共中央文献研究室，2017. 习近平关于社会主义文化建设论述摘编 [M]. 北京：中央文献出版社.

中共中央宣传部，2015. 习近平总书记在文艺工作座谈会上的重要讲话学习读本 [M]. 北京：学习出版社.

中共中央宣传部，2016. 习近平总书记系列重要讲话读本 [M]. 北京：学习出版社、人民出版社.

中共中央宣传部，2018. 习近平新时代中国特色社会主义思想三十讲 [M]. 北京：学习出版社.

周玉，2012. 社会主义核心价值体系大众化研究 [M]. 北京：人民出版社.

周中之，石书臣，等，2009. 现代思想政治教育理论与实践探微 [M]. 北京：人民出版社.

二、论文类

陈剑，2016. 略论社会主义核心价值观的培育 [J]. 探索 (5).

陈延斌，2017. 高校要坚持不懈培育和弘扬社会主义核心价值观 [J]. 马克思主义与现实 (3).

樊浩，2014. 中国社会价值共识的意识形态期待 [J]. 中国社会科学 (7).

冯留建，2013. 社会主义核心价值观培育的路径探析［J］. 北京师范大学学报（社会科学版）（2）.

黄蓉生，崔健，2016. 社会主义核心价值观之于青年的战略意义——学习习近平总书记"青年要自觉践行社会主义核心价值观"讲话体会［J］. 思想理论教育（9）.

纪宝成，2011. 发挥好大学文化交融与创新的功能［J］. 中国高等教育（24）.

江畅，张景，2015. 论社会主义核心价值观的法制化［J］. 思想理论教育（10）.

姜建蓉，2009. 论榜样教育在构建社会主义核心价值体系中的作用实现机制［J］. 思想政治教育研究（1）.

李辉，吕彪，2015. 社会主义核心价值观培育和践行的文化载体［J］. 思想理论教育（6）.

李青，2011. 青年学生社会主义核心价值观的认同问题和路径培养探析［J］. 宁夏社会科学（6）.

陆铭，朱振林，2014. 大学生社会主义核心价值观教育论略［J］. 思想理论教育导刊（8）.

陆树程，杨倩，2014. 论培育和践行社会主义核心价值观的内在机制［J］. 毛泽东邓小平理论研究（8）.

马志政，1999. 论文化环境［J］. 浙江大学学报（人文社会科学版）（2）.

莫纪宏，2017. 法安天下 德润人心——把社会主义核心价值观融入法治建设［J］. 中国特色社会主义研究（5）.

潘清，2013. 探索认同机制 培育大学生社会主义核心价值观［J］. 中国高等教育（12）.

沈壮海，2012. 社会主义核心价值观培育和践行的着力点［J］. 思想政治工作研究（12）.

沈壮海，段立国，2017. 习近平社会主义核心价值观战略思想研究

[J]. 东岳论丛 (6).

唐平秋, 卢尚月, 2015. 新媒体环境下大学生社会主义核心价值观培育的思考 [J]. 思想理论教育导刊 (4).

唐旭昌, 王奇珅, 2018. 网络空间视域下社会主义核心价值观培育的若干重要问题探讨 [J]. 重庆邮电大学学报（社会科学版）(3).

陶蕾韬, 2016. 多元文化发展中社会主义核心价值观认同的困境与应对 [J]. 求索 (6).

王淑芹, 刘畅, 2007. 我国核心价值观培育成效的反思与超越 [J]. 马克思主义研究 (2).

吴潜涛, 2015. 培育和践行社会主义核心价值观重要意义的几点思考 [J]. 思想教育研究 (2).

吴烨宇, 2003. 青少年流行文化现象产生的动因 [J]. 中国青年研究 (2).

夏建中, 2000. 当代流行文化研究：概念、历史与理论 [J]. 中国社会科学 (5).

徐斌, 陆树程, 2015. 论培育和践行社会主义核心价值观的心理机制 [J]. 江汉论坛 (5).

徐海荣, 2013. 积极培育和践行社会主义核心价值观的路径 [J]. 红旗文稿 (7).

袁贵仁, 2008. 建设社会主义核心价值体系 [J]. 中国社会科学 (1).

袁潇, 风笑天, 2018. 改革开放 40 年我国青年流行文化变迁 [J]. 中国青年社会科学 (2).

袁银传, 田亚, 2014. 培育和践行社会主义核心价值观的基本路径 [J]. 思想理论教育 (10).

三、报纸类

邓堂莉，2014. 把社会主义核心价值观融入国民教育［N］. 河南日报，
2014－05－24（4）.

郭建宁，2013. 充分认识培育和践行社会主义核心价值观的重大意义
［N］. 人民日报，2013－12－30（12）.

韩振峰，2015. 社会主义核心价值观体现社会主义的本质要求［N］.
光明日报，2015－05－07（16）.

李存山，2019. 家风是家文化的灵魂［N］. 北京日报，2019－02－11
（16）.

李建华，2014. 大学生涵养社会主义核心价值观的十大机制［N］.
光明日报，2014－12－31（13）.

习近平，2013. 在同各界优秀青年代表座谈时的讲话［N］. 人民日报，
2013－05－05（2）.

习近平，2014. 做党和人民满意的好老师：同北京师范大学师生代表
座谈时的讲话［N］. 人民日报，2014－09－10（2）.

习近平，2018. 坚持中国特色社会主义教育发展道路　培养德智体美劳
全面发展的社会主义建设者和接班人［N］. 人民日报，2018－09－11
（1）.

主要参考文献

后　记

　　本书是四川青少年思想道德建设研究中心 2015 年度重点项目（项目编号：SCQSN2015A03）、2016 年度委托项目（项目编号：XKQSN2016WT06）的最终成果，同时也是四川省社会科学高水平研究团队"四川青少年思想道德教育创新研究团队"建设计划资助项目系列成果之一。

　　党的十八大报告提出："倡导富强、民主、文明、和谐，倡导自由、平等、公正、法治，倡导爱国、敬业、诚信、友善，积极培育和践行社会主义核心价值观。"培育和践行社会主义核心价值观，可以说是当前乃至今后相当长一段时期内社会主义文化建设的一个重要课题、一项艰巨任务。从国内来看，中华民族的伟大复兴包括了文化的复兴，中华民族的伟大复兴离不开文化的支撑，而文化的灵魂与核心则是价值观。在价值观念日益多元化的时代，更加呼唤主流价值观的引领和引导。一个社会如果没有共同的价值理想与价值目标，没有共同的价值标准，必然是一盘散沙，从而失去民族的凝聚力和向心力。青少年是祖国的未来，是社会主义的接班人。青少年正处在价值观的形成和确立的关键时期，因而也是社会主义核心价值观培育和践行的四大重点人群之一。如何使社会主义核心价值观在青少年学习、工作与生活中落细、落小、落实，如何让社会主义核心价值观在青少年心中生根、发芽、开花、结果，正是本书思考和探讨的问题。本书抓住青少年这个特殊群体，在历史梳理与实证调研的基础上，从教育与培育的差别性入手，抓住培育"潜移默化、润物无声"的特点，遵循青少年成长与发展规律以及价值观的形成与发展规律，分别从文化育人、榜样育人、实践育人、制度育人四个方面深入探讨了青少年社会主义核心价值观培育的措施、方式、方法、路径等，充分彰显了培育的"育人"特点。

本书由李群山、唐旭昌、陈建华、吕冰四人合作完成。提纲的拟定由李群山负责，并由大家共同讨论、完善而成，书稿最后由李群山和唐旭昌共同完成统稿。各章节的具体分工如下：导论、第二章、第五章由李群山撰写，第一章由唐旭昌、陈建华撰写，第三章、第四章、第六章由唐旭昌撰写，第七章由陈建华撰写，第八章由吕冰撰写。研究生黄红艳等参与了调研数据的录入与书稿部分章节的文字校对工作。

由于本书为四人合作完成的成果，各章节在文字表达、语言风格等方面一定程度上存在着不够协调的情况，加之作者水平有限，书中还存在诸多不足和缺陷，敬请学界前辈和同仁批评指正。

李群山

2020 年 5 月 4 日

后记